JN241205

The Conflict between Democracy and Dictatorship:
Institutional Difficulties of Democratization through Kuomintang Party Rule in Mainland China

民主と独裁の相克

中国国民党の党治による民主化の蹉跌

IWATANI Nobu
岩谷將

千倉書房

The Conflict between Democracy and Dictatorship:

Institutional Difficulties of Democratization through Kuomintang Party Rule in Mainland China

図表目次

序論　民主化の試みとしての「訓政」

本書は、中国国民党が唱導し、一九二八年から導入された「訓政[1]」と呼ばれる国家統治のモデル（段階）の分析をつうじて、中国における党主導による民主化と国民国家建設が、なぜ、またいかにして挫折を余儀なくされたのかを究明するものである。

訓政とは、一種の代行主義にもとづく開明専制である。党が指導する地方自治をつうじて、政治的に未熟な民衆を訓導しつつ、その訓導を正当性の拠りどころに党による支配（以党治国）を実現し、民衆に政治的諸権利の行使を習熟させ、最終的に民主憲政に導こうとする政治体制である。本書では、以上の理念にもとづいて形成された諸制度を訓政体制――またはそれを指して単に訓政――と呼ぶ。

一九二八年の第二次北伐の完了により全国政権として成立した南京国民政府は、それまでの軍政を改め、憲政に移行するまでの期間――より正確には――憲政を実現するための猶予期間における統治理念として訓政を掲げた。しかし、後に述べるように、その理念が具体的にどのような統治体制として成立し、変容したのか、またそれがどのような性格を帯びていたかについては、なお不明な点が残されている。

とりわけ、民主憲政の実現を目指した訓政が、なぜ最終的に蔣介石の個人独裁と、管理的で非民主的な統治制度に変容してしまったのかという問題については、さまざまな検討が試みられたものの、いまだ明確な解答が得られていない。

この問題は、清朝崩壊後、近代国民国家建設を進めた中国国民党と中国共産党が、その志向や意図の如何にかかわらず、結果的に、数年間の例外を除いて、集権的な一党独裁による政策決定機構を維持し続けることになった原因を考えるうえで非常に重要である。それは、国民党政権においては一九四七年一月に中華民国憲法が公布されてから、一九四八年五月に憲法の効力を事実上停止する「動員戡乱時期条款」が公布されるまでの一年あまりであり、共産党政権にあっては、新民主主義を指針とした一九四九年一〇月の中華人民共和国の成立宣言から、新民主主義の放棄と急速な社会主義国家建設を打ち出した一九五三年の過渡期の総路線までの数年間である。

国共両党はいずれもプロセスや方法に違いはあれ、一度は民主的諸制度の実施による政治的統合を達成しようと試み、それを実現するはずであった。しかしながら、清朝崩壊後に国民国家建設を目指した両党の試みは、いずれも事実上の一党独裁に帰した。この事実を単なる偶然として片付けてよいのだろうか。そこには、やはり両党の施政に通底する独裁との親和性が社会そのものに内包されているのだろうか。

近現代中国における民主制度の模索はなぜ挫折したのか、また一党独裁下の民主化がどのような矛盾を内包しているのか、といった課題を考察するうえで、訓政期の諸問題は多くの示唆を与えてくれるだろう。それは、一方で一九八〇年代以降、中国共産党政権のもとで徐々に進められた段階的かつ限定的な地方自治が頓挫し、段階的な政治体制改革も挫折を余儀なくされたことを想起させる。無論、共産党政権による地方自治の実施や政治体制改革の試みは、前提や環境において訓政時期の国民党と同じではない。しかしながら、基層から中央へと向かう自治の段階的な確立と、それによる持続的な正当性の獲得と安定的な政策決定機構の模索が、両者にとって共通する課題であったことに変わりはない。すくなくとも、現下の共産党政権もまた、国民党政権が解決しなければならなかった課題に依然として直面していることを示している。

その意味で、本書は、単に訓政時期における国民党政権の特質を解明するにとどまらず、中国における一党専制からの安定的体制移行に関する比較の視座と知見を提供することをも目的としている。

以下では、まず広く訓政全般に関連する先行の諸研究の成果と、その到達点をあきらかにし、続いて残された課題について検討する。

これまで、訓政の評価は国民党・共産党両者の正当性をめぐる争いから、一定の政治的制約を受けざるを得なかった。台湾においては制度的な発展を中心に叙述され、訓政を肯定的・積極的に評価する傾向にあり[2]、大陸においては実態を中心に叙述され、訓政を独裁として否定的に評価する傾向にあった[3]。

訓政時期の国民党政権をめぐっては、近年イデオロギー上の制約を離れ、より史実に即した実証的研究が進められている。訓政は他党の存在を排した単一政党制、党の優位を基礎とした党政関係、少数指導者の合議による政策決定や、地方自治による地方統治制度といった諸要素から構成されており、先行研究もまた、これらいくつかの側面をとらえ、それぞれ別個に分析を進めている[4]。

たとえば、王奇生は党組織から訓政期の国民党を考察し、国民党の支配が脆弱な党組織に基礎を持つ「弱い独裁（弱勢独裁）」であったと結論づけている[5]。これに関連して呂芳上は、党組織が中央から下層に向かうにつれて貧弱になり、その弱さに比例して機能しなくなったと指摘している[6]。

樹中毅は政治体制についての検討から、訓政期の国民党政権を軍政機構に依存した権威主義独裁と規定し[7]、同様に「党国体制」の視角から訓政期の政治体制を論じた江沛・遅暁静は、国民党の党国体制には、そもそも政治的権利を国民に還すという誠意と理念が欠落していた、と主張している[8]。

党と政府の関係から検討した田湘波は、本来党と政府の役割がそれぞれ規定され、分担することになっていたものが、その両者の境界が曖昧となったことにより、それぞれが担うべき役割を果たせず、政治的発展が阻害されたと指摘する[9]。そして、王兆剛は、国民党の「一党独裁」は徐々に蒋介石の個人独裁へと推移した、とみる[10]。

また、地方自治・地方政治改革の成否から検討した味岡や安井は、訓政が当初の意図を離れ、より管理的な統治制度に帰着したことを明らかにするとともに、未完に終わった点を強調し、その限界を指摘した[11]。

以上の研究成果を総合すると、訓政体制とは、脆弱な党組織を基礎とした「弱い独裁(弱勢独裁)」であった。中央から地方に向かうにつれて貧弱になる党組織は、その脆弱さに比例して機能を果たせなくなり、結果的に国民党の「一党独裁」は徐々に蔣介石個人を中心とした軍政機構に依存した権威主義独裁へと推移した。地方自治を進める主体であるはずの党が機能しなかったため、地方自治も進展をみず、共産党との内戦の果て、訓政は未完のまま挫折を余儀なくされた。その理由は、そもそも国民党政権に政治的諸権利を国民に還す誠意と理念が欠落していたためである、と結論付けることができよう。

先行研究が描き出す成果は、たしかに訓政が事実として引き起こした諸問題をとらえてはいる。しかしながら、それは訓政の輪郭を描くにとどまり、民主的な憲政の実現を目指した訓政が、蔣介石の個人独裁と、管理的で非民主的な統治制度に帰結せざるを得なかった原因に正面から取り組み、解を与えているわけではない。むしろ、誠意や理念の欠落といった表現からもうかがえるように、政権そのものの反動的性格や指導者である蔣介石の個人的資質に還元して説明している。研究の深化をみた今日においても、依然、中国の研究者を中心に、訓政挫折の原因を政権や指導者の反動性に求めている[12]。本書で検討するように、蔣介石はたしかに集権的な指導による国家建設を望んでいたが、それは蔣介石が独裁的志向を持つ指導者であったからだと単純に結論付けてよいのだろうか。はたしてこのような理解は妥当であろうか、という疑問が本書の出発点である。

野村や家近の研究によれば、国民党政権が法的な手続きを重視し、恣意的な制度変更には禁欲的であったこと[13]、また蔣介石についても、生来の独裁者というよりは、長きにわたって政権内の挑戦者であったことなどが指摘されている[14]。その意味で、訓政の破綻を政権の性格や指導者個人の資質に帰する見方には再考の余地がある。

しかし、問題はそのような短絡的な因果関係でないにせよ、民主的な統治制度と一党独裁からの漸進的な政権移譲の両立を目指した訓政の理念が、結果として管理的な統治制度と個人色の強い独裁体制に帰結した歴史的事実をどのように理解するか、という点にある。

これを究明するには、訓政を構成する要素が抱えていた、いくつかの課題に答える必要があるだろう。それは、たとえば、なぜ党は弱体であり続けたのか、また弱い独裁と不安定な政策決定はどのような関係にあったのか、訓政体制の諸特徴はどのような社会的基盤に根ざしていたのか、党組織の脆弱性はどのように体制を拘束していたのか、といった諸問題である。

これらの疑問に解を与えるには、訓政の諸側面を関連づけて捉えなおし、考察しなければならない。つまり、訓政の諸特徴を構成する政治体制や党組織、党政関係、また政策決定にかかわる諸問題の相互性を把握しなおすことによって、はじめて理解できる。とりわけ、各問題における党の組織的様態やその相互作用は非常に重要である。そのため、本書では、各問題を媒介するものとして党組織を措定し、党を考察の中心に据えて順次検討する。

以上の理由から、本書は各章において社会構造、理念、党組織、地方政治、政策決定、体制、平時と戦時、の各点について順次検討する。まず、第一章では政策が実施される社会の様態について、その特徴を明らかにする。続く第二章の理念の検討においては、理念的構成の解明に引き続いて予想される現実の諸問題を示唆し、以後の各章における検討課題を提示する。第三、四章は基層・地方レベルにおける訓政として、地方自治実施における党の活動や様態について実態を解明する。第五、六章では、中央政治における訓政として、指導者の政策決定や政治制度における党組織の様態がもたらす作用について考察する。第七章では戦時における訓政体制の展開と変容について検討をおこなう。

各章での具体的な検討内容は次のとおりである。

第一章（社会構造）では、地方自治を中心とした訓政の対象となる中国の郷村社会がどのような特徴を有していたのか、また、国民党支配以前にはどのような統治がおこなわれてきたのか、その歴史的経緯と背景を、社会的特徴とあわせて明らかにする。この作業をつうじて、国民党政権が直面する地域社会の諸特徴を把握する。とくに本章では、中国の郷村社会において地方自治を進めるに際して、党の存在にどのような意味があったか、という点に注目する。

第二章（理念）では、訓政の全体的な理念構想について明らかにする。ここでは、訓政の最重要課題である地方自治政策に焦点を当て、理念的な構想が現実の実態に直面した際にどのような問題を引き起こすのかを解明し、訓政の全体的な構想とその実現において予期される――そして順次各章で検討される――課題を提示する。

第三章（党組織）では、第二章での検討を受けて、党組織がなぜ散漫かつ機能不全の状態に陥ったのかについて、党内に存在した党中央指導者間の対立、党指導者と青年党員の対立、中央と地方の対立を例にとり、その原因を探る。

第四章（地方政治）は、具体的な地域社会を事例とし、訓政を進めるにあたって党がどのような役割を果たしたのか、また果たさなかったのかを検討する。本章では、従来の研究が国民党の影響力の強い地域を検討対象としてきたことに対し、多くの省において国民党の影響力が限定されていたことを考慮し、地方軍事指導者の影響力が強い地域を事例とする。当時の国民党が置かれていた条件――多くの省において限定的な影響力しか持ち得なかった――のもとで、訓政を進める主体、あるいは国民党の統治力を貫徹する主体である党がいかに機能したか、またしなかったかを、国民党の影響力の強い地域との比較から検討することが狙いである。本章では地方指導者、地方政府、地方党部の関係から、地方社会における党の実態が導き出されるだろう。

第五章（政策決定）では、訓政の制度化を進めた蔣介石と胡漢民という二人の指導者を例にとり、訓政実施にともなう党の位置づけや待遇に関する矛盾がいかに生じたのかを検討する。本章では訓政に対する各指導者の認識と政治的志向が政策に反映される過程をあとづけ、指導者の認識をつうじて「以党治国」の理念が変容していく論理を解明する。

第六章（体制）では、前章の検討を受け、党内の政治決定がおこなわれる構造を解明する。本章では訓政の諸特徴が党の組織的実態と相まった際に、いかなる政治決定の構造が生み出されるのかに注目し、それが生み出される構造的な要因を析出する。

第七章（戦時）では、第六章までの訓政体制の構造的な問題が、戦時期にいかなる変容を来したのか、とりわけ、党、政府、社会の関係がどのような変化を迫られたのかについて、その展開過程を明らかにし、訓政体制の帰結を論じる。

そして結論において、改めて本書の行論を総括したうえで、民主的な諸制度の実現を目指した訓政が、なぜ蔣介石の個人独裁と、管理的で非民主的な統治制度に帰結したのか、という最大の疑問に解を導きたい。

註

1——訓政とは、孫文が提起した統治モデルであり、その内容は政治的に未熟な民衆に対して、党が政治的諸権利の行使を訓練させ、その間における政治的諸決定を党が代行するというものである。孫文によれば、「軍法之治」から「憲法之治」に至る間に、六年の「約法之治」が設けられ、その間に軍政府は地方自治権を人民に帰し、地方議会議員および地方行政官が選挙によって選ばれる。この「約法之治」が実施される期間がいわゆる訓政期にあたる（孫中山「中国同盟会革命方略」広東省社会科学院歴史研究室『孫中山全集』北京、中華書局、一九八一年、第一巻、二九七～二九八頁）。訓政という語そのものは、一九一四年の「中華革命党総章」に「訓政時期」

として示されたものをその嚆矢とし、内容としてはほぼおなじである。その任務は「文化を以て治め、国民を率いて地方自治を建設する」というものである（孫中山「中華革命党総章」『孫中山全集』同右、一九八三年、第三巻、九七頁）。

2――たとえば、羅志淵「国民政府訓政体制之研究」『中山学術文化集刊』第一一集、一九七三年三月、蒲薛鳳「中国的政治建設」薛光前主編『艱苦建設的十年』台北、正中書局、一九七一年、栗国成「中華民国訓政時期的民主建設一九二八～一九三八」『近代中国』第一九期、一九八〇年一〇月、喬宝泰『中国国民党与中国民主憲政』台北、中国国民党中央委員会党史会、一九九四年など。こうした観点は、訓政期、とくに訓政開始から日中戦争開始前の一〇年を「黄金の十年」と呼ぶことに如実に表れている。

3――高華「関於南京十年（一九二七～一九三七）国民政府若干問題」『南京大学学報』一九九二年第二期、趙明徳・柳蘊琪「略論国民政府中央政治体制述評」『貴州大学学報』一九八七年第一期、李林宇「南京国民政府政治体制沿革」『史学月刊』一九九二年第一期。

4――なお、個別の論点に関する先行研究については各章で言及する。

5――王奇生『党員、党権与党争―一九二四～一九四九年中国国民党的組織形態―』上海、上海書店出版社、二〇〇三年、三六一頁。

6――呂芳上（李昱訳）「近代中国における『党国体制』の発展とその考察」『現代中国』第八〇号、二〇〇六年八月、一〇頁。また、江蘇省を事例として地方政府の党政関係を分析した孫岩も、当該時期の地方政府には様々な課題が課せられており、党と政府を別々に設置できるような社会状況にはなかったこと、党政間の制度保証も十分ではなかったこと、さらに国民党中央も地方党組織の充実を図らなかったことを問題として指摘している（孫岩「南京国民政府時期地方党政関係研究―以江蘇省為例（一九二七～一九三七年）」博士論文（南京大学）、二〇一一年、二二三～二三五、二三七頁。同論文をより俯瞰的な観点から論じたものに、同「南京国民政府時期中央与地方党政関係的比較分析」『吉林師範大学学報（人文社会科学版）』二〇一一年第三期）。

7――樹中毅「強い権威主義支配と弱いレーニン主義党―軍事委員会南昌行営と南京国民政府の地方への権力浸透―」『法学政治学論究』第五一号、二〇〇一年一二月、三、二六～二九頁。

8――江沛・遅暁静「中国国民党『党国』体制述評」中国社会科学院近代史研究所民国史研究室・四川師範大学歴史文化学院編『一九三〇年代的中国』北京、社会科学文献出版社、二〇〇六年、上巻、六七頁。

9――田湘波『中国国民党党政体制剖析（一九二七―一九三七）』長沙、湖南人民出版社、二〇〇六年、六一五～六二二頁。

10――王兆剛『国民党訓政体制研究』北京、中国社会科学出版社、二〇〇四年、二六六頁。

11――味岡徹「国民党『訓政』と抗日戦争」中央大学人文科学研究所『日中戦争―日本・中国・アメリカ―』中央大学出版部、一九九三年、三六一～三八九頁。味岡徹『中国国民党訓政下の政治改革』汲古書院、二〇〇八年、二〇一～二〇七頁。安井三吉「中国国民政府論―未完の訓政―」樺山紘一ほか編『岩波講座 世界歴史』第二四巻、岩波書店、一九九八年、一六三～一八三頁。

12――たとえば、李躍新「蔣介石与孫中山訓政之不同」『黄淮学刊』一九九六年第一期、曹成建「孫中山与蔣介石地方自治思想的差異」『文史雑誌』二〇〇〇年第五期。李国青「試論南京国民政府『地方自治』的封建性」『商丘師範学院学報』第一九巻第六期、二〇〇三年一二月。王兆剛『国民党訓政体制研究』北京、中国社会科学出版社、二〇〇四年、二二六～二三六頁。崔之清主編『国民党政治与社会結構之演変(1905-1949)』北京、社会科学文献出版社、二〇〇七年、下編、一五三一頁。趙紅「抗戦時期国民政府政治体制研究」博士論文(吉林大学)、二〇一一年なども同様の観点から論及されている。

13――野村浩一『蔣介石と毛沢東』岩波書店、一九九七年、六七頁。エスカラも述べるように国民政府はこれまでの政府に比べて法整備に精力的に取り組み、その内容も理想的なものであった(Jean Escarra, *Le droit chinois, conception et évolution, Institutions législatives et judiciaire, Science et enseignement*, pekin : Henri Vetch, 1936, 2ème partie)。ただ、トーネイが述べるように、その理想的な法制は「普遍的拘束力を持つ一般的規律ではなく、むしろ一つの理想を声明したもの」に堕することも往々にしてみられた点も注意が必要である(Richard H. Tawney, *Land and Labour in China*, London: George Allen and Unwin, 1932, p. 175)。

14――家近亮子『蔣介石と南京国民政府』慶應義塾大学出版会、二〇〇二年、二五七頁。

第1章 郷村社会と国民党政権の課題

1 社会からみた訓政

中国の郷村社会にとって、訓政の実施とはどのような意味を持っていたのであろうか。当初、広東省の一隅を支配するに過ぎなかった国民党政権は、北伐の完了によって中国本土の大部分を支配することになる。無論、その多くが依然として地方指導者の影響下にあり、表面的な支配にとどまらざるを得なかった地域もあったが、ごく一部の地域を統治していた時代に比べれば、はるかに広大な地域を統治しなければならなくなったことに変わりはなかった。支配地域の全土的拡大は、単に一地域から全省への量的拡大のみならず、全版図を支配の下に置くための統一的な制度を必要とする意味において、質的な変化をともなうものであった。

本章では、北伐の完了によって国民党政権が直面した一九二〇年代後半の地域社会の特徴を明らかにし、国民党が解決すべき課題がどのようなものであったのかを把握する。とくに清末以降の統治の経緯を明らかにし、統治政策が生み出す社会の様態と、また社会のあり方が政策に対して生み出す拘束力に注目しつつ検討をおこない、地域社会のなかで党の活動がいかなる意義を持ち得たのかを考察する。

まず、清朝末期以降、地域社会を統治する政策がどのように変化したのかを俯瞰する。次に、国民党のあらたな支配地域となる華北・華中を中心的な事例とし、政策が生み出す実態を基層社会の構造とのかかわりにおいて考察し、地域社会統治に関する課題の所在を明らかにする。以上の検討をつうじて、国民党政権が直面した課題、また地域社会の基礎構成と統治における党の役割や必要性について考察することが本章の狙いである。

2 地方統治の再編

清朝中期に始まる人口の急増と社会的流動性の高まりは、行政にかかわる諸経費をいちじるしく増大させたが、清朝はあらたな対策を打ち出すのではなく、既存の行政システムで対処しようとした。そのため、それ以前においても人口や資源の規模に比して低かった行政機構の非効率性に拍車をかける結果となった。それは、たとえば明末以降、市場町は全国的に急増をみたにもかかわらず、それらを管轄する末端の行政単位である県の数は固定されており、決定的に不足した状態であったことからもうかがえる。一説によれば、これを仮に漢代や唐代を基準として人口や資源の増加分を調整した場合、清代の県の数は実際の一二八九県の数倍にあたる八〇〇〇県位にのぼったであろうとされている[1]。また明代から民国時期にかけての定期市に関する石原の研究からは、清代以降、人口や定期市が急速に増加したことが読み取れる(表1)[2]。このような市鎮や人口の増加に対して、行政都市である県城の数が増加をみないとすれば、その管理能力に限界を

表1　河北省における定期市の時代別平均値

	明代	清代前半	清代後半	民国時期	民国／明
定期市数	8.7	11.3	14.5	21.0	2.41
市日数	21.0	26.0	37.9	47.7	2.27
一定期市当たり市日数	2.12	2.56	2.65	2.43	1.15
定期市密度	0.95	1.44	1.71	2.50	2.63
人口	37,842	86,536	173,180	191,577	5.06
一定期市当たり人口	5,122	8,901	15,580	16,446	3.21
人口密度	36.3	101.6	176.8	225.4	6.21

出所：石原潤「明・清・民国時代河北省の定期市」『地理学評論』第46巻第4期、1973年、252頁。

来たすことはおのずと明らかである。

徴税についても、県の数が圧倒的に不足している状況では、行政に見合うだけの十分な収入を確保することが困難であったことは容易に想像がつく。くわえて、清朝は、康熙五〇年（一七一一年）に、康熙五〇年（一七一一年）の税額を定額として、以後これを加賦しないと定めた[3]。さらに雍正元年（一七二三年）には丁銀（成人男子に課された人頭税）を地糧（田畑に課された税）にあわせて、従来定額の地丁銀は、すべて地糧を納付する義務を持つ者に割り当て徴収され、地糧納付の義務を負わない者は地丁銀も免除されるに至った[4]。これにより、田賦正税額は固定され、長らく増加することはなかった[5]。

王業鍵の研究によれば、一七五〇年から一九一〇年の間に、清朝の実徴税額は二倍程に増えたものの、人口比の負担でいえば、三分の一にまで減少していた[6]。これは人口一人あたりに対する行政実行能力が、往時の三分の一にまで減少したことを示している。近代国家建設にとって必要とされる戸籍制度、地方統治制度の確立、税制の整備などには多大な財源を必要とする。しかし、これらの財源は上述の近代的諸事業の達成により可能となることもまた事実である。清朝末期以来の諸政府が直面した課題とは、この矛盾を解決することにあった。

これらの課題に対する解決策として——その思惑に違いはあるとはいえ——、清末以来の各政府が採用した方法が、いずれも地方自治制度の導入であったことは注目に値する[7]。王朝政府は郷村社会に対しては、治安と徴税を除いては無関心であり、おおよそ公共の便益を提供する存在ではなかった。したがって、各地域社会における公共財は、徐々に各地域社会の有力者らによって担われるようになっていった。こうした諸事業を制度上も地方社会に負担させようというのが、帝政末期の清朝の考え方であった。

たとえば、光緒三四年（一九〇九年）に発布された「城郷鎮地方自治章程」は、各県の人口五万人以上のものを鎮、また五万人以下のものを郷に分けて自治単位とし、郷董などを置いて各々定められた教育、衛生、道路および土木工事、産業、慈善事業、公共事業、事業にかかる費用の徴収、その他（当該地域の習慣によりおこなわれていた事業で弊害ないもの）のうち、国家の行政に属さないものを執りおこなう、と定めていた[8]。無論、これは住民による自治を——望むと望まざるとにかかわらず——、うながすものであったが、実態としては王朝政府が管理しきれなくなった地方行政を地域の有力者が担っているという地方社会の実情、これを地方自治という語によって追認したにすぎない。

その後、自治制は袁世凱によって取り消され[9]、清朝による自治は停止されたが、新たに同様の法令が一九一四年一二月に「地方自治試行条例」として、さらに一九一五年四月に「地方自治試行条例施行細則」として北京政府によって公布された[10]。袁世凱による一九〇一年以降の「北洋新政」から、北京政府に至る「自治」も基本的な考え方はおなじであるが、より支配の効率や管理に重点が置かれるようになった点に相違がある。江南地方では自治に一定の成果がみられたが[11]、そうした自治が、政府による管理の強化をともなった上からの自治と対抗関係にあったことに注意する必要がある。

いずれにせよ、以上の過程を通観するならば、一方で行政力の限界から地方の「民治」を地方自治として取り込む流れと、他方で近代国家建設に必要となる諸事業遂行のために「地方自治」の枠組みを利用する流れがあり、徐々に前者から後者へと変化していった。近代国家建設への志向が強まるにつれ、効率や管理への志向もまた強まらざるを得ない。ここに、国家が郷村へと密なる支配を伸ばしていく動機が生まれる。その意味で、国民党政権は、清朝以来、近代国家が要請する諸事業のために、全国規模において本格的に郷村にまで支配を広めようとした最初の政権であった。

これは、放任的な「自治」から、政府による上からの「自治」への移行にほかならず、国家と郷村社会の関係があらたな調整を模索する過程であった。

3　王朝による郷村統治

国民党政権が統治することになる広大な郷村社会を、歴代王朝はいかに支配したのであろうか。王朝期において、村落に対する政府の干渉が、主として徴税と治安にとどまるものであったことは、多くの論者が指摘するところである。したがって、ここではまず、郷村統治において、徴税と治安を担った里甲制[①]と保甲制を中心に、その制度的な系譜をたどり、確認しておく。

唐代の両税法以降、王朝政府は村落を徴税単位として便宜的に分割し、その構成員に徭役として租税徴収の諸事務を負担させた。また、この組織をつうじて治安の維持をはかることがもっとも一般的な形として明代にまで及んだ[12]。明朝洪武一四年(一三八一年)に里甲制が確立すると、村落は一一〇戸の賦役義務戸をもって一里とし、このうち丁糧(人頭税)の多い者一〇戸を里長戸とし、残り一〇〇戸を一〇甲として分け

①——里甲制は、華北にあっては元代の遺制を強くとどめているために、里社なる名称が多く用いられるなど、その呼称は地域的な差異をふくむが、本書では煩を避けるため里甲制に統一して記述する。

た[13]。明朝はこれら里甲長に命じて、徴税台帳である賦役黄冊を編纂させ、戸籍を整備し、税の徴収をおこなわせた。これにより、役などの多岐にわたる複雑な税制を、里甲制をつうじて戸単位に割り当てて賦課し、またその税に対して連帯責任を負わせることが可能となった。一連の施策をつうじた村落組織の形成と戸口の把握によって明朝は村落統治をおこなった。

その後、銀の流通一般化と商業経済の発達により、一方で江南を中心として人頭税の土地税への繰り入れと銀納化、すなわち一条鞭法が普及し、また他方で土地集積により課税対象となり得ない小作農の増加と、人丁が少なく土地の多い地主が現れるにしたがい、戸数を単位とした組織の有効性が失われ、課税単位としての里甲制は明末にほぼ形骸化した[14]。

明末には一条鞭法による納税が江南地域を中心に普及した。清代に至り、その税制は、租税の中心をなすものを地賦と丁賦とに分け、前者は畝を、後者は丁を単位とするそれぞれの税率にしたがってその税額を定め、両者を総合して各戸に賦課する形態が一般的となった。これは、里甲制をつうじた明初の税制とは異なっていたものの[15]、一条鞭法をはじめとする税制の展開が、地域的な差異をともなって旧来の税制と混在していたために、清朝初期においては里甲制が踏襲された[16]。しかし、税制の変化にともない、課税単位としての里甲制における形骸化の進行は抑えがたく、可耕地面積の減少と相まって、その維持はついに限界に達した。

康熙五一年(一七一二年)、清朝は康熙五〇年(一七一一年)を基準として、新たな人口に人頭税を永久に賦課しないことを決定した[17]。また、これにともない雍正元年(一七二三年)より丁賦を地賦に割り当てて土地所有者からのみ徴税する決定をおこなった[18]。そのため、税制との関連を失った戸口編審(戸口調査)は形式的なものとなり、ついに乾隆三七年(一七七二年)、編審は停止された[19]。里甲により編審が実施され、編審によって里甲が改められることから考えて、編審は里甲と不可分の関係にあり、編審の停止はすなわち里甲の瓦解を意味した。ここに村落組織としての里甲制は機能を喪失した。

しかしながら、里甲制の形骸化はあらたな問題を引き起こした。それは戸籍簿の作成である。税制の変化によって停止された編審であるが、戸籍の把握は徴税にかぎらず治安など国家運営において必須の事業である。清国行政法によれば、里甲制の形骸化にともなって、里甲制に結びつけられていた戸籍簿編成の事務が停止されたため、その事務を執りおこなうことを目的として、保甲が活用されるに至った[20]。

保甲制は、清朝が長城を越えて関内にまで支配を拡げるにともない、地方秩序の恢復・維持のために導入した治安を主目的とする制度である。清朝による保甲は、順治年間(一六四四～一六六一年)に頒布された「総甲法」を嚆矢とする。その概要は「一〇家ごとに一甲長を置き、一〇〇家ごとに一総甲を置く。甲内の一家に盗賊、逃人、姦宄、竊発等の事故あれば隣家の者はただちにこれを甲長に告げ、総甲は地方官に告げ、地方官はその実情を調査のうえ、これを兵部に通達する」というものである[21]。里甲制と違ってすべての住民が編成に組み入れられる点が特徴である。

ただ、この総甲制は当初、直隷を中心とした地域に限られ、全国的な施行は康熙四七年(一七〇八年)であった[22]。その後、雍正年間(一七二三～一七三五年)に保甲制が戸口編審など里甲制の代替機能を備えるようになり、それにともない運用も兵部から戸部に移され、郷村自治組織としての性格が賦与されるに至った[23]。

康熙以降の規定をみるならば、「毎戸に印牌一張を給与し、姓名丁数を書写させ、出る際にはその往くところをはっきり註記し、入るにはその出発地を検査する。…一〇戸に一牌頭を立て、一〇牌に一甲頭を立て、一〇甲に一保長を立てる。村荘に人少なく、戸がその数に及ばぬ時は、その少ない数でこれを編成する」とあり、編成時に戸数が足りないなどの場合は、適宜事情にあわせて編成することが考慮され、その編成においては、里甲制時に比べ自然村としての組織に近いものとなっている[24]。また、乾隆年間(一七三六～一七九五年）には保長・保正の職に村内の誠実かつ文字を解するもの、家産に恵まれているものなどを皆に選ばせ、その保長・保正によって村内を管理させた。さらに「地方」と呼ばれる役職を置いて村内の犯罪を処理したり、田賦の催促などをおこなわせたりするなど、保甲は村落自治組織としての性格を強く持つものであった[25]。これは戸口調査や治安のほか、事実上村落にかかわる一切の公事を担わせるものであったが、裏を返せば徴税と、ある程度の治安が維持されるならば、国家は村落にまで関与しないということを意味した。さらに嘉慶年間（一七九六～一八二〇年）以後、戦乱が相次ぐなかで、村政への政府の関与が一層弱まり、自治的な傾向が強まることによって、保甲はその形式的な意味をとどめるだけとなった[26]。

清代における村落統治は、制度的には徴税を主とする里甲と、治安を主とする保甲の両制度が併存しつつ、徐々にその両機能が保甲制へと収斂していった。これは、一面では政府の都合により区画設定された行政村が徐々に解体され、自生的な集落をその基礎とする自然村によって村落統治が取って代わられる過程であり、その意味するところは積極的に評価すれば自治の萌芽であり、実質的には村落統治からの政府の撤退であった。

❖郷村統治の構図

以上が清朝末期に至る村落統治の制度的概要であるが、こうした制度にもとづいた実際の郷村統治の実態は、どのようなものであったのだろうか。次に、清朝末期の郷村において、上述の制度が実際にどのような形で機能していたのか、華北・華中を事例とし、先行研究に依拠しながら、その実態を検討する。

清朝末期の華北郷村では、里甲制はその区画に名残りをとどめるのみであり、制度的には保甲制を中心としていた。たとえば、河北省磁県では、明洪武年間に里甲制により全県を四二里に分け、里長、甲長を置いたが、清乾隆年間に至り県を四路に分け、各々郷長を置いて村落を統治し、村落には保長・地方を置いてそれぞれその職務にあたらせた[27]。里甲制の衰退後、里長をつうじて実施していた徴税は里書、社書と呼ばれる請負人に任され、里甲制をつうじた国家と村落の直接のかかわりは失われた。里書・社書は民間から選ばれ、徴税を請け負っていた[28]。

清朝末期の華北郷村では保甲をつうじた統治がおこなわれ、県以下には保が、村落内には甲が置かれていた。宝坻県の例では、四郷の下に二〇里、その下に四六保が置かれ、保には郷長・保正なる役職が五八あり、九一〇村落を管理していた[29]。

この郷長・保正、いわゆる郷保(一般に郷長・保正をつづめたものを郷保と呼ぶ)[30]が県と村落を繋ぐ紐帯となり、村落統治の実質的な役割を担っていた。郷保は民間から保証人による推薦を経て、知県の承認を得て任命された。郷保のおもな任務は治安維持や滞納租税の催促、また村落内で郷保からの伝達を受ける牌頭や甲長の任命などである。県からの命令は郷保をつうじて村内の甲長・地方へと伝達され、村内の問題も同様に郷保をつうじて県へと伝達されるため、県の衙役は郷保の協力がなければ村落の人間を捜し出すことすらできなかった[31]。宝坻県の事例では郷保が失踪することが多々あり、実際このような状況が起きていたという。さらに郷保の失踪に際して保証人たる有力者を県城へ召喚するものの、出頭した例はごくわずかにとどまり、郷村に対する県政府の強制力は非常に限られたものであった[32]。

県政府は郷保を媒介とすることにより、かろうじて郷村を管理できたに過ぎなかった。さらに郷保は地域の有力者によって選ばれるため、郷保も有力者の意向を無視できず、県政府は郷保を媒介とするも、郷村社会への影響力の行使についてはもとより限界があった。

さらに同治年間(一八六二~一八七四年)以降、村落への差役徴収の増大にともない、その負担形態が有力者による負担から土地数に応じた負担へと転換されるに及んで、村落内の首事人や会首などの有力者層が郷村統治に参与するようになる。その帰結として、郷保の保証人も政府に近い里甲・保甲の役職にあたるものから、村落の自生的な有力者へと変化していった。

県政府は里甲・保甲の役職にあたる人々を介し、郷保に課せられた業務および差徭（郷村に課された負担金）の徴収を把握していた。咸豊・同治年間（一八五一～一八七四年）以降、その役割は村落内の首事人が引き受けることになったため、これら諸事務をつうじた郷村政治の中心は村内の有力者へと移っていった[33]。

図1　郷村統治の構図

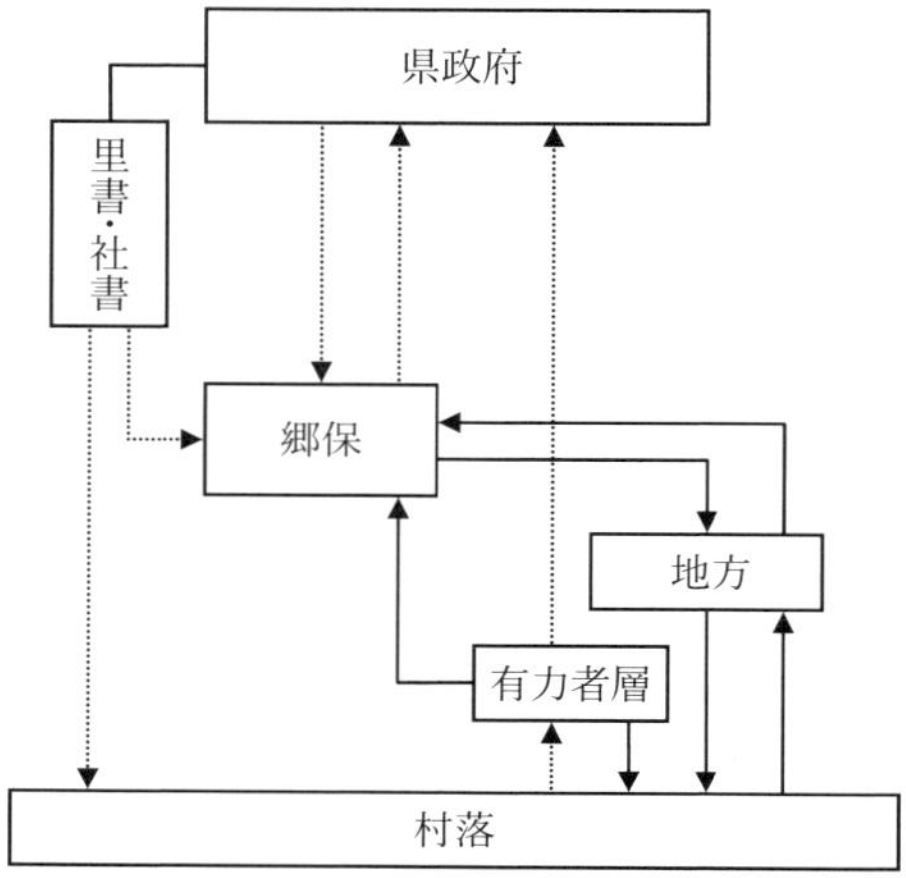

出所：筆者作成。実線は直接の、破線は間接の影響を表す。

華中でも県とそれ以下の組織との関係に大きな相違はない。無錫県を例にとれば、開原郷では扇董、総理、郷務と呼ばれる役職を設け、郷の下には図を設けていた。また、図の下には甲を設け、図には図董を、甲には甲長を置いていた。全郷は一六の図からなり、各図は一〇甲からなっていたという[34]。

蘇州郊外の唯亭山では、全郷を三図に分け、三図ごとに経漕と呼ばれる役職を置き、経漕が図内の田賦を徴収する仕組みとなっていた。また、経漕は訴訟やけんかの仲裁、戸籍調査などについても扱い、その裁量権は大きい。また、経漕の下には図董がおり、図内の財があって勢力があるものを経漕が招聘して任命する。図董は経漕の補佐役であり、図の代表でもある。なお、図董の職は義務職であった。つまり、図董は官と民の間を取り持つ役割を果たしていた。また、その下に保長なる役職があり、保長は図董の使役で、各図に二人いるが、かれらに権力はない。図董は世襲であるが、保長は輪番である。その他には各種の小領袖と補佐がいた[35]。

呉淞郊外の沈家行では、紳董が五人おり、村民の選挙ではなく互選によって選ばれた。彼らは村内の諍いを調停したり、官と民の間に立ったりし、多くの者が財産を有する。その他には三人の地保がおり、一人が指導者格である。一図は二〇〇〇畝からなり、一図に一地保が設けられた。かつては一〇〇畝を所有していれば地保になれたというが、当時は多くの人が条件を満たすので、県長が選ぶことになっていた。地保の仕事はおもに税金の徴収と刑事事件の報告であった[36]。

このようにみてみると、華中においても県と村落間の関係は基本的におなじである。華中ではさきに述べた扇董、図董、紳董が華北における郷保の役割を果たし、その下の保長や地保が華北の「地方」と対応しており、県以下の統治機構はほぼ同じような構図にあったといえる。

清末に至る中国郷村における統治とは、以上のような構図において成り立っていた。こうした国家と郷村との関係について、張純明の説明を借りれば、「中国農村は太古以来常に何等かの形に於ける自治制が存在していた。農村は交通の便宜を欠き、連絡不可能のため、県長によって代表せられる政府の影響を感じることはほとんどなかった。県長は、その衛《ママ》門の奥深く座居することに満足し、殺人事件が起こった場合とか云ったような極めて例外的な場合だけ村に赴くのであった。そして村民も納税若しくは訴訟に関与した場合を除いては県城に姿を現すのはまれ」であった[37]。清朝末期までの村落は県政府との関係も交渉もほとんどなく、実際、村落統治機構は政治的組織であるよりは、村落自治のための社会的組織としての性格が強かった[38]。また、「死んでは地獄にいくな、生きては衙門にいくな」[39]、「役所の扉が開いていても金がないなら自分に理があろうとも入っていくな」という諺は[40]、中国の農民にとって、政府が「公共的・社会的機能を果す目的合理的な機構ではなく、私的な恣意的な、何をするか分らぬ、恐るべく避くべき、力を持った私人の集団」であったことをよく表している[41]。王朝期の中国において、政府は公共的サービスの提供者などではなく[42]、そのため村落に必要な事業は村落みずからでおこなわなければならなかった。王朝期の政府と郷村の関係は、ほとんど関係を持たず、積極的にいえば自治的、消極的にいえば放任的、粗放的な関係を特徴としていた。

4　村落政治

では、このような自治的あるいは放任的ともいえる郷村にあって、どのような政治がおこなわれていたのだろうか。まずは華北郷村の村落の特徴から探ってみよう。華北地域の自然環境の特徴を簡単に示せば、その大部分が黄土に覆われた台地や平原からなり、土壌は肥沃である。しかし年間六〇〇ミリ以下という稀少な降水量(表2)は、保水に不向きな土壌と相まって、耐乾性作物に頼らざるを得ない環境を形成していた[43]。そのため、華中や華南に比して土地の生産性は低く、零細な自作農が多く、広大な土地を所有する大地主の不在という土地所有形態を生み出した。またこの降雨は、一年のうち、その約半分が七、八月に集中し、さらに二四時間内に一五〇ミリから一七〇ミリという豪雨も珍しくなく、しばしば洪水を発生させた。

一方で、こうした降雨がすこしでも耕作に適した時機を逃すと、——それは頻繁に起こり得たのだが——、旱魃やそれにともなう飢饉を引き起こした[44]。こうした気候は華北地方に恒常的な災害をもたらし、農民の匪賊化をたえず生み出す構造を形作っていた[45]。

福武の研究によれば、華北郷村の一般的な戸数は五〇から一五〇のあいだにあり[46]、また、河北二四県二七四〇村の調査でも、その半数近くが五〇から一〇〇にある[47]。ギャンブル(Sidney Gamble)による調査もあわせて考えれば、平均的な村落はおおよそ一〇〇戸からなっていた[48]。そして華中と対照的に、その聚

表2　冬麦－高粱地区における季節別降水量

	観測所数	季節・年別平均降水量（単位はミリ）							
		冬季 12～2月	春季 3～5月	夏季 6～8月	秋季 9～11月	年間	平均 増減範囲	最高	最低
冬麦－高粱地区	32	45	81	384	82	592	418～897	1916	144

出所：John Lossing Buck, *Land Utilization in China*, p.111.

落形態は密集住居である。集住は耕地との距離を遠くし、耕作上不便ではあるが、それにもかかわらずこのような形態をとるのは、軍隊や匪賊に対する防衛のためである[49]。それは華北の多くの村落が土塀や土壁で囲まれていることからうかがえる。華北郷村の住居形態は、さきにみたような土匪や兵匪の害が構造的に発生し得る環境にあったことと無関係ではない。

時代を経るにしたがって、村落への新たな人口移入や農民の経済的な分化により、村落としての一体性が希薄化していく場合も認められるが、華北における集住は、農業上の協同慣行などと相まって、一つの社会単位としての村落意識を村民に与えたことは十分に考えられる。無論、そうした意識が「戒能－平野論争」[50]で問われたような「共同体」性をも包含するかどうかは措くとして、やや閉鎖性を帯びた、また一体感をともなうものであることに違いはない。

次に、村落における同族結合はどうであったか。通説にしたがえば、華北の村落はあまり宗族の発達をみないのであるが、その主要な原因について、天野元之助は次のように述べている。「同族村落が、中国南部に多くして北部に比較的少ない原因については、歴史的には北部がたびたびの外敵の侵入、国内戦争、さらに一層頻繁に繰り返された天災が、住民の移動を余儀なくさせた」と[51]。しかしながら、宗族の発達をみないとはいえ、これはまったくの雑姓村であるということを意味しない。華北の村落は、同姓村や一姓が大多数を占めるのではなく、二～三の有力姓が同数程度存在し、互いに均衡を保ちつつ共存している[52]。李景漢による定県六二村の調査結果も、この見解を支持している（表3）[53]。

表3　定県62村における最大姓と第二姓の村落内での割合

全村家数に占める割合	村数	
	最大姓	第二姓
10%以下	…	6
10～19	2	23
20～29	6	18
30～39	9	10
40～49	15	4
50～59	8	…
60～69	10	…
70～79	4	…
80～89	4	…
90～99	3	…
100	1	…
総合	62	61

出所：李景漢編『定県社会概況調査』定県、中華平民教育促進会、1933年、170頁。

一〇〇戸程度からなる、比較的密集した住居形態を特徴とする華北郷村における政治は、村落単位でおこなわれていたが、華北では村落機構は一般に会、公会、または青苗会と呼ばれ[54]、村の中心である村廟に置かれた[55]。青苗会とは、元来割り当て徴収を含む作物の見張りにともなう諸事を取り扱う会であり、また会も上供会として廟を中心とした祭祀にかかわる徴収などを合議するものであった。福武はこのような会が村落の全般的な政治を司る公会を兼ねる、すなわち従来の制度のほかに、あらたな組織を必要としない点に、華北郷村における自治活動の消極性を見出している[56]。また、公会なる語は地方政府とのかかわりにおいてのみ用いられ、村民にとっては、ほかの青苗会などとの区別が明確に認識されていない場合もみられた[57]。

二〇世紀以前は、おおむね公会が村落のあらゆる問題を処理していた。公会は会首なるメンバーによって形成され、合議によって決定されるのが一般的であった。その方法は、数人の会首が一年ごとに輪番でその長を務める場合と、比較的力のある者がながいあいだ指導者となる場合とがある[58]。

一般に宗族が弱いとされる華北においても、宗族、あるいは同族結合が村落において果たす役割は依然として無視できない。ギャンブルによる華北郷村の調査でも、家産あるいは族産（家族が所有する土地等の財産）の多いことが、村落指導者となる資格である場合がしばしばみられる[59]。また、各宗族から代表を出して村落組織を形成し、村政について合議する事例も多い[60]。このように、宗族単位で合議し村政を運営する含意は、村落内の摩擦や負担を、宗族を媒介することによって解決する一方で、構成員の少ない姓は村政から排除されることにある[61]。これは華北郷村においても一部の有力者による専制が生まれやすいことを示唆している。

ギャンブルの調査によると、一般に会首たる資格は、一九二〇年頃まで家産・族産の多さ、つまり富裕であることが重要な条件であった[62]。他の例では、土地を多少有し、信望および能力ある者で、不識字者や他村に移った者はなれないとし、年齢は二〇歳以上で、一般に四〇歳以上である[63]。土地を沢山持っていることが第一条件で、次に能力があること、という場合もある[64]。また、会首を輩出する家については、「能力・信頼によるため不一定」とされるが[65]、概しておなじ家から、あるいはおなじ宗族から世襲で選ばれ、またその任期も期限がなく、病気や死亡を除いて続けられる場合が多い[66]。かれらの役職は名誉職であり、報酬はないのが普通である。そのため土地があり、ある程度の暇ができるほど生活に余裕がなくては務まらず、おのずと一定の範囲に限定される[67]。こうした一部の有力者を除く一般の村民は、その政治から排除されていた[68]。

村費を例にあげれば、華北では村費を所有地に応じて賦課する村が圧倒的に多く、それゆえ無土地所有者は村費の支払いを割り当てられない一方、村民として処遇されていなかった[69]。華北郷村では、これら同族や財産を背景とした一部の有力者によって村政が担われていたが、とくに村の祭祀や一部の協同慣行、ならびに紛争の調停をめぐって決定がおこなわれる程度で、県政府とのかかわりも頻繁ではなかった。華北郷村の村落統治機構が社会的組織であると述べたのは以上の理由による。

華中においても、村落政治と呼べるほどの政治組織は存在しておらず、またその村落構造からみて、華北以上に村民の政治意識は低調であった。喬啓明が指摘するように、「華中一帯の郷村は、華北と異なり、村落が小さく、普通は三〇~五〇家で少ない場合は数家で、一家で一村の場合さえある。村中の農民は多くが佃農であり、地主から与えられた土地に住居を建てており、つねに隣人と隔たっている。村においては、以前は血縁関係があったが、工商業の発展と土地の不足、および交通の発達等により、農民の移動性が高く、農村の結束は以前のように堅固でない」という特徴があった[70]。

たとえば江寧県淳化鎮付近の五六村落のうち、一〇〇戸を越えるものは一四・二パーセント、一〇〇戸から五〇戸は二一・四パーセント、五〇戸以下が六四・二パーセントであり、そのうち二〇戸以下が一九村と三二・二パーセントを占めることからも、他地域に比べて村落の規模は小さい[71]。また居住形態もクリークに沿って二〇戸内外の村落が散在しており、村落としてのまとまりを意識することが困難である。華中村落の特徴は、開放的であるとともに散漫で一体性に欠けるところにある[72]。

福武によると、一般に華中江南地域では、〔概念上の〕近隣〔約一〇戸内外〕、〔概念上の〕部落〔数十から一〇〇戸内外、華中では自然村に相当〕、〔概念上の〕村落〔二～四〇〇戸内外、華中では郷鎮に相当〕と集団が拡大していくが、社会的な相互義務や協同関係が存在するのは、同族の範囲と一致することが多い近隣にとどまる。部落〔自然村〕は同族団たる近隣からなり、集団的自覚を持つものの、経済的に鎮に依存していることもあって、その凝集性は近隣ほどではない。また村落〔郷鎮〕においては、周辺部落〔自然村〕と経済的な繋がりを持つものの、一聚落を形成していることはまれで、分散的な部落〔自然村〕より構成されているために、集団性は強くない[73]。

そのため、華中では「集団性の強い同族村等にみられるような村規もなく、農村生活の違反者に対する制裁も村内で行われることは少な」い。村落の統制者、すなわち村の領袖も、その背景に同族の力を持つことも家格によることもなく、結局能力と富力による。したがって統制される一般民衆との差が少ないために、特別な権威が生じない。それゆえに村民への圧制がない代わりに強力な統制機能も行使し得ず、村意識の低調さを反映して村の自立的自治も極めて消極的である。福武は、「かくて村の統制は自然の推移に任され、そこに指導者の権力も発生せず、輿論を無視する専制のない反面、積極的に輿論が村を動かすこともなく、逆説的ではあるが輿論なく而も輿論に沿った統制が行われる」と指摘する[74]。

その理由は「華北に於いて見られるような、例えば市の開催日の協定とか、所謂連圏や防衛のための聯荘会の組織とか、村落間の紛争の解決、という様な自立的自治に於ける村落間の政治的関係が成立しない」という点に求められる。したがって、「之を要するに村落相互の政治的関係は、他律的な郷鎮自治に於いて低度であるのみでなく、自然村の自立的な面に於いても殆んど論ずべき問題がな」い[75]。このように、村落間の協同関係が必要とされる華北においても、またそれ以上に村落内外の協同関係が希薄な華中にあっても同様に村落政治は低調であった。

5 郷村支配の実態

郷村における「自治」とは、有力者層が郷村社会に必要とされる諸事業を実施させることによって、保護的な作用をもたらすものの、そうした諸事業も有力者層の利害にもとづくかぎりのものであり、村全体に公共財を提供するものではなかった。戒能が「団体意識の微弱なほど、一般的秩序の形成は微弱であり、実力的均衡関係が之を左右する余地を残している」と指摘したように[76]、少数の有力者による村政は村民の無関心、また物理的な能力の欠如と相まって、郷鎮に居住する少数者による専制支配をつねに生み出す可能性があった。また、従来「郷里の福利増進と利益保護をみずからの責務とみなしている」とみられてきた、郷村民に対して保護的であったエリートたちが[77]、一九〇〇年代以降、とりわけ一九二〇年代に入ってから郷村政治より徐々に退場していったことも見逃せない[78]。この背景には科挙の廃止にくわえて、農業経済の不安定化が増したため[79]、土地を収入源とする安定的な富裕層が減少したことがあげられる[80]。とくに一九三〇年以降、一九三六年に至る期間、地価が下落を続けたことはその傾向を加速させた[81]。たとえば、河北省濮陽県のある村では、かつて村政は読書人層、宗族の輩長や一部の地主の手中にあったが、近年では商人が政治の中心にあると報告されていることも、この点と無関係ではない[82]。

県以下において、放任ともいえる「自治」がおこなわれつつも、元来村落の凝集性が低く、また村落政治も低調であった郷村社会において、一定の役割を担っていた保護的な指導者層が一九〇〇年以降、徐々に郷村政治から退出していった。このような状況下において進められた地方自治は、あらたな対応を求められることになる。というのも、地方自治の施行は、県以下の政府(団体)に対する権限の委譲をともなうのであり、戸口調査や道路の修築など、あらたな事業にともなう経費を徴収する権限、またそれら事業の執行権限の付与は、恣意的な権力の濫用をもたらしかねない。

たとえば、河南省での調査によると、国民政府があらたに設置した自治単位である区(県と郷の中間)についてみると、区公所の経費は区長が報告したところではさほど多いものではないが、実際にはその何倍、さらには何十倍にも達し、その額は万単位にのぼると報告されている[83]。調査当時は財務委員会から毎月支払われる一〇〇元程度をあてることになっていたが、それだけでは足りず、区長自身が語ったところによれば、以前同様、経費はすべて農民の身の上に攤款(割り当て徴収金)として背負わされていた[84]。陝県でも違法とされているにもかかわらず、区公所が県から受領する一〇三元以外に勝手に税金を徴収している、と省主席が報告している[85]。

これら区長についてみてみると、その土地所有が一〇〇畝以上の者が七割近くに達する[86]。河南省では農民の九割以上が五〇畝以下であることを考えれば、この数字がいかに大きいものかがうかがい知れる。また、輝県では、「過去において地主などの大規模な農業経営を営む者が多くいたが、近年来の税金の取り立て、天災、農産物価格の下落などの影響で現在では減少した」と述べているのとは対照的である[87]。

土地所有が区長の地位をもたらしたのか、あるいは区長の役職を得ることによる結果なのかを明確に判断する材料はないが、これらの所有地が次のような状況からもたらされた可能性は大いにあり得る。たとえば、調査によれば「区長たちはその資格と地位に頼り、郷村においてしばしば一種の特殊勢力を形成している。かれらは訴訟を一手に引き受け、思うままに金を巻き上げ、ひどい場合は善良な民を惨殺し、個人の専横によって権力を拡大している」という[88]。輝県でも「区長の権力は非常に強く、武力あり、司法権ありと、郷里において自由に税金を取り立てて」おり[89]、「郷村でもっとも勢力のあるものは区長」であった[90]。こうした事例は華中でも事欠かず、たとえば無錫の礼社でも同様の事態が報告されている[91]。

区長の専横を防ぐために求められるのは、農民自身の積極的政治参加であり、またその政治参加をつうじた政治権力に対する監察である。しかしながら、村落の凝集性が低く、民衆もまた政治に無関心であるならば、地方自治による権限の委譲は、保護的な指導者の退場と相まって、少数者の支配を強める結果となる。次章以降で検討するように、このような社会構造を変革し、民衆の参加を引き出すために、すなわち真の自治を生み出すために国民党の党組織の存在が必要とされたのである[92]。孫文が訓政の目的を「清朝の遺民を訓練し、民国の主人公として直接民主主義をおこなえるようにすることである」と述べたのは、まさにこのような社会構造との関連で理解される必要がある[93]。党による訓導とは、一面において、凝集性が低く環節的な郷村によって形成される中国社会の特質に対応するものであった。

6 小結

二〇世紀初頭に至る中国郷村においては、徴税と治安が確保されれば、国家はあえて郷村社会に介入することはなかった。そのため、県以下の社会に対する把握に限界があり、またその必要もなかった。このような没交渉ともいえる国家と社会の関係は、王朝末期から近代国家建設が目指されるにしたがって、徐々に再構築が迫られた。

その再構築の方法として採用されたのが、地方自治であった。地方社会に自治を実施させることによって、地域の支配者層に負担を肩代わりさせ、支配にともなうコストを低減するとともに、効率的な資源の吸収が目指された。

しかし、他方で環節的性格を持つ郷村社会にあって、郷村の諸事業が族産や家産を背景とした有力者層によって担われた結果、一般の農民は村政から排除されるか、そうでなくとも村政に関心を持たない状況を生み出した。郷村社会における指導者が村民に対して保護的な場合であれば、指導者による「自治」は自治として機能する。しかし、近代国家建設への志向と軌を一にして、一九〇〇年以降、郷村から保護的な指導者が徐々に退場していった。

県とそれ以下の組織間の交渉が緊密ではなく、村落の凝集性も低く、村落内の政治も低調であるような状況下においては、保護的な指導者の退場は、地方自治政策にともなう権限の委譲により少数者の壟断を容易にする。ここに権力の行使に関してなんらかの監察手段が必要となる。この場合、新たに政府に対する監察を担う機関を設けるか、あるいは民衆の政治参加をつうじた直接的な監察に頼ることになる。この政府への監察と、民衆の政治参加を可能とする政治的諸権利の訓練という両者を達成するものとして、「党」の役割が必要とされたのである。

国民党の党組織と党員はまさにこの役割を担うべく期待されていた。ここに社会構造との関連から、自治を進めるに際して、単に党がすべてを指導する、という理念上の必要性以上に、実際的な意味合いにおける「党の必要性」が存在したのである。

以上の理念は、「訓政」として結実するのであるが、党を中心に据えた国民党の訓政が、本章で明らかにした現実の社会において実施する際に、いかなる困難に遭遇し、その結果どのような変容を迫られたのか、次章以降で検討する。

註

1――斯波義信「社会と経済の環境」橋本萬太郎編『民族の世界史五―漢民族と中国社会』山川出版社、一九八三年、一八六頁。県数については、以下を参照。廖従雲『中国歴代県制考』台北、台湾中華書局、一九六九年、一〇九頁。

2――石源潤「明・清・民国時代河北省の定期市」『地理学評論』第四六巻第四期、一九七三年、二五二頁。

3――『清史稿』巻一二一、食貨志二。

4――これは直隷省での開始年である。同右、食貨志二。

5――石田文次郎『支那農村慣行調査報告書 第二輯―土地公租・公課の研究―』東亜研究所、一九四四年、六七頁。

6――Yeh-chien Wang, *Land Taxation in Imperial China, 1750-1911*, Cambridge: Harvard University Press, 1973, p. 113.

7――この点については黄東蘭『近代中国の地方自治と明治日本』汲古書院、二〇〇五年、参照。

8――『政治官報』第四四五号、一九〇八年一二月二八日。また、故宮博物院明清档案部編『清末籌備立憲档案史料』北京、中華書局、一九七九年、七二四〜七四一頁。東亜同文会調査編纂部『第一回 支那年鑑』東亜同文会調査編纂部、一九一二年、五九〜六九頁、参照。事業のそれぞれの例については第三節、自治範囲、第五条、参照。

9――『政府公報』第六三〇号、一九一四年二月七日。

10――「地方自治試行条例」『政府公報』第九五四号、一九一四年一二月三〇日。「地方自治試行条例施行細則」『政府公報』第一〇五四号、一九一五年四月一五日。

11――この点については、以下を参照。田中比呂志『近代中国の政治統合と地域社会―立憲・地方自治・地域エリート』研文出版、二〇一〇年。

12――和田清編著『支那地方自治発達史』中華民国法制研究会、一九三九年、一五五頁。

13――なお、城中では里を坊と称し、近城では廂と称した。またこれらの編成には徴税戸のみが編入され、その他、軍・匠・竈などの戸口は別に編纂された。この点、隣戸を連ねた村落組織ではないことには注意が必要である。『明史』巻七七、食貨志一、戸口田制。

14――和田清、前掲、一〇四、一一〇頁。なお、一般にこれらの進展の度合いには地域差があり、華北での進展は相対的に緩やかであった。

15――松本善海『中国村落制度の史的研究』岩波書店、一九七七年、一五二頁。また、和田清、同右、一三七～一四四頁参照。

16――『清史稿』巻一二一、食貨志二。

17――同右、巻一二一、食貨志二。

18――これは直隷省での開始年である。同右、巻一二一、食貨志二。

19――同右、巻一二一、食貨志二。

20――台湾総督府編『清国行政法』台北、臨時台湾旧慣行調査会、一九〇五年、第二巻、第一編内務行政、第一節概論、一三～一四頁。

21――『皇朝文献通考』巻二一、職役考一。また、『清史稿』によればその他「牌甲」が用いられたとある(『清史稿』巻一二〇、食貨志一)。

22――和田清、前掲、一四五～一五五頁。

23――松本善海、前掲、一七〇～一七一頁。聞鈞天『中国保甲制度』上海、商務印書館、一九三五年、二一六頁。

24――『皇朝文献通考』巻二一、職役考一。

25――同右、巻二一、職役考一。また、『清国行政法』によれば、「地方」について以下のような説明がなされている。「郷村ニハ別ニ地方ト稱スル一職アリテ收税、裁判、警察及其他諸般ノ事務ヲ管掌シ其職務甚繁劇ナルモノノ如シ而シテ其專ラ國初ニ行ハレタル制度ニシテ後世ニ至ルマデ存續セシヤ否ヤヲ知ラスト雖モ要スルニ地方ハ胥役ノ一種ニシテ一ニ官權ニ服從シ雜務ニ奔走スルニ止マリ鄕老ノ如ク民望ヲ得テ其職ニ任スルモノニ非ス」(台湾総督府、前掲、第一巻、下、一三二頁)。

26――聞鈞天、前掲、二二二～二二四頁。

27――民国『磁県志』第十二章、地方制度。

28――『河北省税制調査報告書』によると、里書・社書による請負制が、一九二九年に省令によって改められるまで続いていたという。なお、省令の発布以後も請負徴収の習慣は完全には改まるには至っていないようであった。南満洲鉄道株式会社北支事務局調査部『河北省税制調査報告書』北京、満鉄北支事務局調査部、一九三八年、一一～一一二頁。

29――乾隆『宝坻県志』巻六、郷閭編成。

30――佐伯富「清代の郷約・地保について―清代地方行政の一齣」『東方学』第二八号、一九六四年、一二頁。また、蒲池典子「清季華北の『郷保』の任免」『近代中国研究彙報』第一七号、一九九五年、四頁。

31――蒲池、同右、一五頁。

32――同右、一四～一五頁による。

33――小田則子「清代華北における差徭と青苗会―嘉慶年間以降の順天賦宝坻県の事例―」『東洋史研究』第五八巻第三号、一九九九年一二月、一三六～一三八頁。

34――顧倬・朱雲泉主編『江蘇無錫県農村経済調査第一集―第四区―』鎮江、江蘇省農民銀行総行、一九三一年、二九頁。

35――施中一『旧農村的新気象』蘇州、蘇州中華基督教青年会、一九三三年、六～七頁。

36――張鏡予『社会調査―沈家行』上海、江滬大学勃朗社会学院、一九二四年、三六～三九頁。

37――張純明「支那農村に於ける新政治」太平洋調査部会編『支那経済建設の全貌』(日本国際協会叢書第一一九輯)日本国際協会、一九三七年、一九四頁(C. M. Chang, "A New Government for Rural China: The Political Aspect of Rural Reconstruction," 1936)。

38——Sidney D. Gamble, *North China Villages: Social, Political, and Economic Activities before 1933*, Berkeley: University of California Press, 1963, pp. 33-34. また、「調査日記」行政院農村復興委員会編『河南省農村調査』上海、商務印書館、一九三四年、附録、八九頁。万樹庸「黄土北店村社会調査」燕京大学社会学会編『社会学界』第六巻、一九三二年、二三～二四頁参照。

39——Arthur H. Smith, *Chinese Characteristics*, Fifth Edition, Revised, with Illustrations, New York: Fleming H. Revell Co., 1894, p. 214. アーサー・H・スミス（白神徹訳）『支那的性格』中央公論社、一九四〇年、二九三～二九四頁。

40——「衙門署、向南開、有理無銭莫進来」徐子長・梁達善編『民諺』上海、商務印書館、一九二六年、一三〇頁。また民国『静海県志』申集、人民部にも次の諺がある「衙門口、向南開、没有銭進不来」。

41——村松祐次『中国経済の社会態制（復刊）』東洋経済新報社、一九七五年、一四六頁。

42——同右、一三五頁。

43——Wilhelm Wagner, *Die chinesische Landwirtschaft*, Berlin: Paul Parey, 1926, S. 15-17. John Lossing Buck, *Land Utilization in China: A Study of 16,786 Farms in 168 Localities, and 38,256 Farm Families in Twenty-two Provinces in China, 1929-1933*, Shanghai: The Commercial Press, 1937, p. 111.

44——Wagner, ebd, S. 16-17.

45——こうした自然環境が農民の集団的暴力に与える影響については、淮北地域について研究をおこなったエリザベス・ペリーによって指摘されている（Elizabeth J. Perry, *Rebels and Revolutionaries in North China*, Stanford: Stanford University Press, 1980, pp. 10-47）。

46——福武直『中国農村社会の構造』大雅堂、一九四六年、三七〇～三七四頁。

47——張培剛「冀北察東三十三県農村概況調査」朱炳南・千家駒主編『社会科学雑誌』国立中央研究院社会科学研究所、第六巻第二期、一九三五年六月、二七一頁。

48——Gamble, *op. cit.*, p. 315.

49——福武直、前掲、三七四頁。

50——「平野・戒能論争」に関しては旗田巍「中国村落研究の方法―平野・戒能論争を中心として―」旗田巍『中国村落と共同体理論』岩波書店、一九七三年所収、参照。また華北農村における共同性、共同関係については同書および、石田浩『中国農村社会経済構造の研究』晃洋書房、一九八六年。また内山雅生『中国華北農村経済研

究序説』(金沢大学経済学部研究叢書四)金沢大学経済学部、一九九〇年参照。

51——天野元之助「解放前の華南農村の一性格」追手門学院大学文学部『追手門学院大学文学部紀要』追手門学院大学文学部、第三号、一九六九年、二六頁。また同様の記述が天野元之助「支那農村調査覚書」『支那農村襍記』生活社、一九四二年、一五〇頁にもみられる。

52——福武直、前掲、三八七頁。

53——李景漢編『定県社会概況調査』定県、中華平民教育促進会、一九三三年、一七〇頁。

54——正確には青苗会が公会を兼ねる場合が多い。

55——万樹庸、前掲、二〇、二五頁。

56——福武直、前掲、四〇五頁。

57——順義県于辛荘および紅寺村の事例より(中国農村慣行調査刊行会編『中国農村慣行調査』岩波書店、再刊、一九八一年、第一巻、六、九頁(以下『中国農村慣行調査』、巻数、頁数と表す)。また、黄土北店でもそのような記述がみられる(万樹庸、前掲、二五頁)。

58——前者に関しては、『中国農村慣行調査』の沙井村、万樹庸の調査になる黄土北店村(二〇頁)、ギャンブルのC村(p. 187)、H村(p. 232)、J村(pp. 288-289)、河北省遵化県盧家寨(水野薫『遵化県盧家寨農村実態調査報告』天津、(北支経済資料第二七輯)南満州鉄道株式会社天津事務所調査課、一九三六年、五五頁)など、後者にはK村(pp. 294-295)など。ただし、沙井村、候家営村では大会首を立て、県との対応にあたるなどの記述がみられる。これはより後者に近いものといえよう。また総会頭とも呼ぶ。沙井村『中国農村慣行調査』第一巻、一七三～一七四頁。候家営村『中国農村慣行調査』第五巻、四七頁。

59——家産については、ほぼ全村で指摘されるが、族産についての言及は次を参照(Gamble, *op. cit.*, p. 51)。しかし、こうした村落指導者に求められる資質も一九二〇年代以降変化していく。これについては後述。

60——そのような例としてH村など(Gamble, *op. cit.*, p. 232)。

61——たとえば、順義県前郝家疃での農民の応答(会首を選ぶに際して)「一戸とか二戸とかしかいない姓のものはどうするか＝そんな姓の者には会首を依頼しない。そんな雑姓は大体貧しいから依頼しない。各族から会首を出しているから村民お互いに事情がよく了解されているので攤款とか出役に都合がよい」(『中国農村慣行調査』第一巻、七五頁)。

62——Gamble, *op. cit.*, p. 51. またC村に関しては、p. 187.

63——『中国農村慣行調査』第一巻、五、九頁。

64——『中国農村慣行調査』第一巻、五、七四頁。

65——『中国農村慣行調査』第一巻、九頁。

66——Gamble, *op. cit.*, pp. 3-4.

67——会首について扱った専論として以下参照。平野義太郎「会・会首・村長」東亜研究所第六調査会学術部委員会『支那慣行調査彙報』東亜研究所第六調査会学術部委員会、一九四一年（平野義太郎『大アジア主義の歴史的基礎』河出書房、一九四五年所収）。内山雅生「中国農村社会の構造と『会首』・『会頭』」I・II『アジア経済』第二五巻第二・三号、一九八四年二・三月。または、内山雅生「華北農村社会の構造と会首・会頭」『中国華北農村経済研究序説』（金沢大学経済学部研究叢書四）金沢大学経済学部、一九九〇年所収。

68——『中国農村慣行調査』第一巻、七五頁。

69——中村治兵衛「華北農村の村費—現代中国の地方財政の一研究—」仁井田陞『近代中国の社会と経済』刀江書院、一九五一年、九六〜九七頁。

70——喬啓明『中国農村社会経済学』上海、商務印書館、一九四七年、四二八頁。

71——喬啓明「江寧県淳化鎮郷村社会之研究」金陵大学農学院『金陵農学叢刊』第二三号、一九三四年一一月、八〜九頁。

72——福武直『福武直著作集』東京大学出版会、一九七六年、第九巻、二四〇〜二四一頁。

73——同右、一五二〜一五三頁。

74——同右、二四九頁。

75——同右、二一五頁。

76——戒能通孝「支那土地法慣行序説」東亜研究所『支那農村慣行調査報告書』東亜研究所、一九四三年、第一輯、一六四頁（戒能道孝『法律社会学の諸問題』日本評論社、一九四三年、九二頁、所収）。

77——張仲礼『中国紳士』上海、上海社会科学院出版社、一九九一年、四八頁。

78——ギャンブルの調査では、一九〇〇年以降、村落の指導者の役割が繁雑となり、一九二〇年代には村落レベルの指導者も実力が要件とされるようになっていったという（Gamble, *op. cit.*, pp. 38-39, 51）。バックによれば、済南近郊の農村において郷紳の指導的役割が喪失するのは一九二〇年代になってからであるという（David D. Buck, *Urban Change in China: Politics and Development in Tsinan, Shantung, 1890-1949*, Madison: University of Wisconsin Press, 1978, p. 150）。またドゥアラによると華北農村における村落レベルのエリートがその保護的仲介者の役割から後退していくのは一九三〇年代とみている（Prasenjit Duara, "Elites and Structures of Authority in the Villages of North China, 1900-1949," Joseph W. Esherick and Mary Backus Rankin ed., *Chinese Local Elites and Patterns of Dominance*, Berkeley: University of California Press, 1990, p. 279）。また、それに代って利益追求的な仲介者が郷村政治に出現したという。

79——また、マイヤースは、一九二八年から一九三三年における土地分配の不平等な変化の基本的原因は、農村の市場不安であるとしている（Ramon Mayers, "*The Agrarian System*," John K. Fairbank and Albert Feuerwerker ed., *The Cambridge History of China*, New York: Cambridge University Press, 1990, p. 266）。

80——郭の分析によっても、土地の占有は集中よりは分散の傾向にあった。郭徳宏『中国近現代農民土地問題研究』青島、青島出版社、一九九三年、五八～六三頁。

81——たとえば、旧済南道に属す二一県の一九三二年から三三年にかけての地価下落率は上等地－三九・七パーセント、中等地－四二パーセント、下等地－四八パーセントであった。黄孝方『山東旧済南道属農村経済調査』鄒平、山東郷村建設研究院、一九三四年、第四表、地価低落表。また、河北省涿県の例では五年で土地が半額となった。陳伯荘『平漢沿線農村経済調査』上海、交通大学研究所、一九三六年、附件一、二頁。

82——紀彬「農村破産声中冀南一個繁栄的村荘」『益世報（天津）』一九三五年八月一七日。

83——行政院農村復興委員会、前掲、七二～七三頁、九二頁。

84——同右、七三頁。

85——「巡視陝県霊宝閿郷等県県政状況及応予興革整理各事項摘要」内政部公報処編『内政公報』内政部公報処、第七巻第一五期、一九三四年四月、七二七～七二八頁。

86——行政院農村復興委員会、前掲、七五～七六頁。

87——附録「調査日記」同右、九三頁。

88——同右、七六頁。

89——附録「調査日記」同右、九八頁。

90――行政院農村復興委員会、前掲、八六頁。また、その他、他地域における同農村調査にも区公所、区長に関して同様の記述がみられる。行政院農村復興委員会編『陝西省農村調査』上海、商務印書館、一九三四年、一四七頁など。

91――余霖「江南農村衰落的一個索引」『新創造』第二巻第一・二期、一九三二年七月、一七一～一七二頁。

92――ビアンコが「農民はかれらを搾取し、不利益をもたらす既存の秩序に暴動を起こすのではなく、この秩序に打撃を与える新たな措置に対して反抗する」と述べたように、農民はかれらが一定の支配を受けつつも保護を受ける指導者層を中心とした旧来の秩序に対して反感を持つのではなく、――無論それにも限度はあるが――、一方的に不利益をもたらす措置に反抗するのであり、あらたな秩序の利点を広めつつ、農民に対して保護的な役割を担い、農民をみちびく意味において党が必要とされた点に注意する必要がある（Lucien Bianco, "Sociétés secrètes et autodéfense paysanne (1921-1933)", Jean Chesneaux ed., *Mouvements populaires et sociétés secrètes en Chine aux XIX et XX siècles*, Paris: F. Maspero, 1970, p. 407）。

93――孫中山著・広東省社会科学院歴史研究室他編『孫中山全集』北京、中華書局、一九八五年、第五巻、一八九頁。

第2章 理念と実態

1 理念からみた訓政

「未完の訓政」と表現されるように、国民党・国民政府の訓政は、その目標を達せられないまま憲政へと移行したと評価されている。これは地方自治が成果をあげることができず、そのため、憲政の準備が十分におこなわれなかったことが主たる原因とされる[1]。ただ、憲政の準備が地方自治の完成を条件とすることを考えれば、訓政の成否はまさに地方自治の成否と同義であった。

従来、南京国民政府の地方自治をめぐっては、所期の成果を挙げ得なかった点において、おおむね評価が一致しており、おもな争点はその原因にある。そもそも国民党が地方自治を実現しようとしたことに懐疑的な立場を取る研究を除けば[2]、経費の不足、自治にかかわる行政人員の素質の低さなど、先行研究は一様に政府の能力不足を問題視する[3]。

しかし、これら一連の研究は政府に注目する一方、訓政期の重要なアクターである党、とりわけ基層党部の働きについてほとんど論じていない[4]。おそらく実態として党が地方自治、また基層政権の構築になんらかの作用をおよぼし得なかったがために、検討すべき対象とされなかったのであろう。これは、既往の研究が実態解明に重きを置くあまり、理念や制度との関連に注目していなかったこと、また、国家と社会という図式的な二分法で捉えたために国家を単一のものとして把握したことが大きく影響している。そのため、地方自治、また基層政権の構築が訓政とのかかわりにおいて十分把握されてこなかった。しかし、後に検討するように、訓政期にあって党が果たすべき機能は非常に重要であり、逆説的ではあるが、機能しなかったがゆえにこそ、あるべき党の作用が検討されなければならない。

それゆえ、本章では訓政を地方自治とのかかわりにおいて把握することに努め、そこでいかなる機能が党に期待され、またあるべき党との乖離がいかなる帰結をもたらしたかについて検討する。したがって、本章では、国民党の描いた訓政の理念と現実――とりわけ党の役割と実態――の乖離に焦点が当てられるであろう。

以上の諸点を考慮に入れ、国民政府の地方自治政策に立ち返ると、その課題は、まず民衆の参加をともなう効率的な自治組織の整備と、基層レベルでの民主の涵養を達成し、それを基礎として中央政局の代表を選出し、憲政を開始することにあった[5]。元来の訓政の規定にまでさかのぼると、それは次のような構図となる。前者の法制的意義における自治、すなわち合理的かつ機能的な自治体の整備を政府部門が担い、後者の政治的意義における自治、つまり民衆による「民権[①]」(以下括弧をとる)行使という民主の涵養を党部が担うという役割分担である。さらに、党には民衆が民権訓練を実施しているあいだ、政府を適切に監察する役割が期待されていた。民衆が民権の行使に習熟するまでは、党が民衆の「政権[①]」を代行する規定にあったためである。つまり、訓政初期の地方自治政策とは、党と政府が各々の機能を果たし、両者が相まってはじめて所期の目標が達成されるのであり、とりわけ党に期待される役割は大きかった。

注意すべきは、訓政期、とくにその初期の段階にあって、民権の訓練を実施できるのは、基層の党部（党組織）のみであったことである。なぜならば、後に明らかにするように、自治に先行して達成されるべき諸事業を完遂するまでは、基層の党部以外に民権を訓導する機関が「実質的に」存在しなかったからである。

2 訓政構想と地方自治政策

一九二八年六月、北京占領により北伐を完成した後、国民政府は「全国統一宣言」を発し、軍政期の終了を宣言した。八月八日から開かれた中国国民党第二期中央執行委員会第五次全体会議（以下、二期五中全会のように○期○中全会と略す）の開会の辞において、蔣介石は「今日、総理が我々に託した軍政時期は一段落を告げた。しかし、今後五中全会の開会日より、我々は国民革命を継続し、訓政時期の工作を開始しなければならない」と述べ、訓政の開始を宣言した[6]。これを受けて九月三日、第二期第一七二次中央常務会議において「訓政綱領」が採択され[7]、続いて一九二九年三月に開催された中国国民党第三次全国代表大会（以下、同様に○全大会と略す）は「訓政綱領」を追認し、党大会として訓政の開始を宣明した[8]。また、この大会は孫文が過去に著した「三民主義」、「五権憲法」、「建国方略」、「建国大綱」、「地方自治開始実行法」を訓政時期における中華民国の最高根本法と定め、これらの著作を訓政時期における参照すべき最高綱領とした[9]。

①——民衆が有する選挙権・罷免権・創制権（法律を制定する権利）・復決（法律を改廃する権利）の四つの政治的諸権利。この四つの政治的諸権利を指して「四権」、また政治的諸権利の意味で「政権」とも用いる。以下、「政権」と括弧付きで記述する際は、政治的諸権利の意味で用いる。

❖訓政構想

周知のように訓政という概念は孫文の規定にはじまる。孫文は革命の段階を軍政・訓政・憲政という段階に分け、軍事的な統一を目指す時期を軍政とし、次に党が民衆に代わって政治的諸権利を代行するとともに、民衆が政治的諸権利の行使に習熟できるよう訓導・訓育する期間を訓政とした。では、そもそもなぜ訓政なる期間が必要とされたのであろうか。孫文が「訓政という過渡時期があることによって、人民の程度が低いという心配がなくなる」と述べているように[10]、孫文の考えでは、清朝の遺民たる民衆は政治的能力が高くなく、さらなる訓練を必要とする。それゆえ、訓導に際しては「革命の志士は先知先覚者として自負しなければならず、それは新進の国民の父兄として訓導する責任を有する」として、党の訓導が必要であると説く[11]。

以上のように、訓政期にあってもっとも肝要な点は、民衆の政治能力を高めることにあった。では、国民党はどのように民衆の政治能力を高めようと考えていたのか。後に「訓政大綱説明書」を作成する、いわば訓政の解釈者たる胡漢民が、「我々は訓政時期にあって、人民を訓練し、四権を行使させなければならない。これに着手する方法は、ただ地方自治に頼るだけである」と述べているように、それは地方自治において実践される[12]。

では、地方自治はいかなる手続きで進められるのか。孫文は「制定『建国大綱』宣言」において、訓政時期の宗旨は建国大綱第八条から第一八条にあると述べ[13]、胡漢民はこれを「建国大綱においてもっとも注意が必要な箇所」として注意を促している[14]。そこで、後に拘束力を持つことになる「建国大綱」を紐解くと、以下の規定がみてとれる。

第八条　訓政時期には、政府は訓練を経て試験に合格した人員を派遣し、各県で人民が自治を準備することを助ける。その程度は、全県の人口調査を明確にし、全県の土地測量を完竣し、警備保衛をしっかりとおこない、四方の道路敷設を成功させ、そして人民に四権行使の訓練を受けさせ、国民の義務を完全に果たさせ、革命の主義を誓って実行したものは、県の官吏を選挙して当該県の政治にあたらせることができ、議員を選挙して当該県の法律を制定することができ、これによってはじめて完全な自治県とする。

第九条　自治を完成した県では、国民は官吏を直接選挙する権利を有し、直接罷免する権利を有し、法律を直接に制定する権利を有し、直接に改廃する権利を有する。

第一四条　また各県で地方自治政府が成立した後、国民代表を一人選び、代表会を組織し、中央の政治に参与することができる。

第一六条　ある省のすべての県が完全な自治に達することを以て憲政の開始時期とし、国民代表会は省長を選挙することができ、以て当該省自治の監督とする…[15]。

この憲政の開始によって中央政府は五院（行政院・立法院・司法院・考試院・監察院）を設立し、「五権之治」を施行する。つまり、訓政時期にあっては中央政事における政治的諸権利の行使を急がず、まずは地方自治を推進し、その完成により人民の民権行使の能力を高め、四権の行使に習熟した後に憲政の開始、すなわち「五権之治」がおこなわれる。

この孫文の構想は、元来孫文個人の私的文書であったが、さきに述べたとおり、三全大会において孫文の著作が党の綱領に定められたため、参照すべき文書となった。次に、孫文の衣鉢を継いだ国民党が、いかなる形で「訓政」構想を具現化しようと試みたのかを検討する。

❖南京国民政府の成立と訓政体制

訓政綱領の採択を受け、南京国民政府は一〇月二六日「南京国民政府宣言」を発出し、みずからの課題を次のように示した。

今後の努力は政治建設を訓政の中心とし、それは建国大綱が指示する直接民権の訓練実施と五権憲法の完成である。中国民権主義の発展にはかならず県自治の完成と発展が必要であり、それを基礎としなければならない。ゆえに、試験に合格する人材を育て、全国各県の人口調査、土地の測量を実施し、警備・保衛・交通を整備し、人民に四権を与える訓練に従事しなければならない。県自治の準備過程においては、政府はその準備のために法令を制定し、成果を審査しなければならない[16]。

右の宣言には政府が実施すべき課題があますところなく記されている。「政治建設」が最大の課題であり、それは地方自治による民権主義の発展によって達成される。

では、一方の党についてはどうか。ここで訓政期における政治体制を規定した文書である「訓政大綱」をみると、次のように規定されている。

中国国民党は三民主義を実施し、建国大綱に依拠して訓政時期に国民が政治的諸権利を行使する訓練を実施し、憲政の開始に至らせ、全民政治を助けるため以下の綱領を制定する。

(一)中華民国は訓政期間において、中国国民党全国代表大会が国民大会を代表し、国民を領導して政治的諸権利を行使する。
(二)中国国民党全国代表大会閉会時には、政治的諸権利を中国国民党中央執行委員会に付託し、これを執行する。
(三)総理の建国大綱に定められた選挙・罷免・創制・復決の四種の政治的諸権利は国民を訓練して漸次これを推し進め、以て憲政の基礎を打ち立てなければならない。
(四)治権である行政・立法・司法・考試・監察の五項は国民政府に付託し、総攬してこれを執行し、憲政時期の民選政府の基礎を打ち立てる。
(五)国民政府の重大な国務の施行に対する指導監督は中国国民党中央執行委員会政治会議がこれをおこなう。
(六)中華民国国民政府組織法の修正および解釈は中国国民党中央執行委員会政治会議がこれをおこなう[17]。

つまり、訓政期には党が民衆の「政権」を代行しつつ、一方で民衆が「政権」を使用する訓練を実施し、憲政の開始に至らせ全民政治を助ける。その期間にあっては、党によって「政権」が代行され、「治権」たる政府を監督する。つまり「党の目的は徐々に全国民衆に政権を授け(ること)、政府の目的は徐々に国民全体の直接的指揮と監督を受ける」ことにある[18]。

しかし、ここで注意を要するのは、元来憲政の開始後――すなわち民権の行使が可能となった後――に設立される五院が、訓政の開始とともに組織されたことである。「治権」たる五権に対し、「政権」たる四権が対置されることによって、はじめて両者の「平衡を保つことができ、民権問題は真に解決され、政治はようやく軌道に乗る」と孫文が述べていることを考えれば[19]、このおこないは本末顛倒である。

孫文が「政権」を優先し、「治権」を後にした理由は、橘樸が指摘したように「国民の行政監督機能が未熟な際に、膨大複雑な行政機関を設けることは、徒《いたずら》に政治を腐敗せしめ、その効果を低下せしめる虞《おそ》れがあるから」にほかならない[20]。

この指摘は地方自治政策の推進にあって、以下の点を含意する。それは、政府に対する監察は民衆ではなく党によってしか果たし得ないということである。一九二八年三月に公布された「立法程序法」(立法手続法)が、その立法過程について中央政治会議が一切の法律を制定し、中央執行委員会を経て国民政府により公布すると規定しているように、中央レベルでは法制上政府に対する党の絶対的な統制が担保されてはいる[21]。他方、基層レベルにあっては民衆の民権訓練を適切に実施し、その一方で民衆が地方政府に対して監察できないあいだ、地方党部による政府の監察が適切におこなわれるよう、その権限が担保される必要がある。しかしながら、基層にあっては党と政府の紛糾時、あるいは政府に問題があるときにも、党が直接的に政府を監察もしくは弾劾する法制上の規定はない[22]。つまり、ここで問題となるのは中央のような絶対性が担保されていない基層レベルであり、基層レベルにおける党の能力、および党と政府の役割分担が、訓政の成就、また地方自治政策の完遂において肝要であることがうかがえる。

3　党と政府の役割

❖地方自治政策の実施過程

訓政期の地方自治政策推行における党と政府の役割、またその関係を明らかにするために、まず当該時期の地方自治政策がいかなる順序で進められようとしたかを簡単に確認する。

国民党は一九二九年に開催された三全大会で可決された「確定地方自治之方略及程序以立政治建設之基礎案（地方自治の政策と実施予定を確定し政治建設の基礎とする案）」にもとづき[23]、三期二中全会で「完成県自治案（県自治完成案）」を決議し、三四年末までに県自治を完成させる日程を掲げた[24]。それを受け、内政部では一年を一期として計六年のプログラムを具体化し、中国国民党中央執行委員会第二〇七次政治会議で修正のうえ可決された[25]。それは次のとおりである。

第一期（一九二九年）「県組織法」により県の等級を確立し、県政府機構を改革し、各県の境界を整理する。区および郷鎮の自治区域の画定をおこなわせる。

第二・三期（一九三〇・三一年）県政府および政府各局の機構を完備する。区を画定し、区公所を設立し、区長を選任する。郷鎮を画定し、郷鎮公所を成立させ、郷鎮長・郷鎮監督委員を選任し、同委員会を成立させ、各郷鎮に閭長・鄰長を設ける。

第四・五期（一九三二・三三年）各地の状況に応じ区長民選を実施し、民選の実施と同時に県議員を選挙し、県参事会を設立させる。郷長・鎮長の選任罷免は郷民大会あるいは鎮民大会によりこれをおこなわせる。

第六期（一九三四年）県長民選の実施、県自治の完成、県民の四権行使[26]。

次に、右のプログラムにあって、政府と党の役割がいかなる規定にあったかを検討する。

❖政府と党の役割

二期五中全会で決議された方案によると、政府の役割は次のように規定されている。「県自治制の実施および一切の訓政の根本政策と法案の執行は、国民政府およびその所属の主管機関によりこれをおこなう」[27]。これは政府をおもに執行を中心とした機関として位置づけるものである。三全大会の「政治報告決議案」では当面の努力すべき中心課題として、「治権」の建設と「政権」の訓導を挙げているが、政府の役割は「治権」、すなわち政権の建設を担うことにある[28]。

この基層政権の確立という課題は、「完成県自治案」に明文化されている。それは、県および県以下の政府(自治機関)の組織を規定したものであった。さらに、「地方自治程序推進案(地方自治実施予定推進案)」に至っては、その組織化に必要とされる人材の養成、自治経費の確定などが明記されている。これによれば自治機関は下層より積み上げ形式によって組織され、機関の成立後はさらに多岐にわたる業務を執りおこなうことが指示されている。ただ、県には具体的な執行業務が規定されていない。そこで基層レベルにおける自治推進にあって「自治の単位は県にあり、自治の重心は区にある」といわれ[29]、県を補助する実質的な執行機関と位置づけられていた区公所の規定をみるならば、区公所は建国大綱に規定された政務を含め、戸口調査、土地調査、土木事業、教育、保衛、国民体育、衛生、水利、森林、財政など二一にも及ぶ多大な権限を有する実質的な執行機関とされている[30]。県政府の任務とは、まずこれらの機関を組織することにあった。

その他、「訓練を経て、試験に合格した人員(党員に限る)を選んで国民政府より派遣し、各県で人民に協力して自治を準備する」ことが規定されている[31]。しかし、本規定は暫行法規として具体化されたのが一九三一年であり、訓練期間に対応したものとはいえない。これは具体的な機関設立後に応じるものであって、民権の訓練にはあまり関係がなく、そのうえ実際の派遣状況からして空文に近く、あくまで補助的なものである。政府の役割は、おもに自治体などの機関(団体)を組織し、建国大綱で定められた戸口調査などの事業を推進することにあった。

次に、党の役割とはどのようなものであったか。訓政時期の党と政府の役割分担について述べた方案は、「地方自治の社会的基礎を育成し、訓政方針を宣伝し、人民を教え導いて四権の使用を訓練し、人民を指導して地方自治に必須である先決条件の完成を目指し、地方自治にかかわるその他の工作を促進することは、中国国民党中央執行委員会の指揮ならびに監督により下級党部がこれを推進する」と定めている[32]。

本方案は、さまざまな課題に言及しており、おおよそ党が担うべき課題がくまなく述べられているが、その中心的課題とはなんであろうか。中央執行委員会の報告が、「訓政時期における党の唯一の任務は、民衆を訓導し民主政治の基礎を樹立することであり、民衆訓練はじつに党務工作の重要部分である」と述べているように、それは民衆の訓導であった[33]。たとえば、「各級党部訓練工作実施綱領」は、党の任務を政府の役割と対比して、次のように述べている。それによると、「訓政時期の建設工作は、地方自治の完成を最大の任務とする。地方自治の完成は建国大綱の規定に依拠し、第一に戸口を精査し、土地を測量し、警衛を実施し、道路を修築する以外に、第二に人民に四権の使用を訓練し、国民の義務をまっとうさせ、革命の主義を実行させる」と記されている。

また、それ「ゆえに、訓政時期に実施する訓練工作は、党員を訓練し、地方建設を促進する以外に、党員を指導して人民の四権行使を訓練し、国民の義務をまっとうさせ、革命の主義を実行させることにもっとも注意しなければならない」と注意を促しており、戸口調査などの事業推進を中心とした政府の役割に対し、民衆の訓練を党の任務として挙げている[34]。

では、党はなにを主体とし、またいかにしてこの任務を遂行するのであろうか。「訓政時期党務工作方案」

は、「訓政時期の党務工作は地方自治の組織の宣伝と訓練を重視し」なければならないとし、また、孫文が県を地方自治の単位としたことから、「県党部を地方自治監督の主要機関」と規定した。そこで、県党部の工作についてみると次のように規定されている。

（一）下級党部を指導し、あるいは人員を各郷村に直接派遣し、党義の宣伝を普及し、全県人民を三民主義に通暁させ、軍政時期の人心開化の工作を完成させる。
（二）政府に協力し、地方自治開始の際に、（イ）戸口の精査、（ロ）機関の設置、（ハ）地価の設定、（ニ）道路の補修、（ホ）荒地の開墾、（ヘ）学校の設立の各事業について、利益を宣伝することに尽力し、政府が訓政を遂行することに利便を供し障害をなくす。
（三）合作事業を提唱し、生産改良を指導し、県全体の経済能力を十分に発展させる。
（四）教育の普及にとくに注意し、その程度を高める。
（五）人民が自治組織を組織することを指導し、「民権初歩」に準じて四権の使用を訓練する。

ここから理解し得ることは、民生事業の展開については政府に協力して副次的な立場にとどまる一方、自治の推進にあたっては、自治機関の組織および民権の訓練に対し、先導的役割を担うということである。しかし、これだけでは民権の訓練がどのように進められるのか明らかではない。

そこで、さらに県党部の下級機関である区党部の工作についてみると、第四項に「全区人民が各種団体を組織するよう教導し、上級党部の指導を受け、全区民権の運用を訓練する」との規定がある[35]。さらにさかのぼってみると、訓政の開始を受けて策定された「三民主義訓練綱要」に、次のような記述が見出せる[36]。

民衆団体の構成員たる民衆とは民権の訓練を授けられた民衆であり、それゆえ地方自治の準備期間、さらには民衆が四つの民権を行使する時期にあっては、民衆団体はまさに領導的地位にある。民衆団体が自治の鼓吹に従事するよう党が指導し、民衆自治の思想を養成する。…機関を創設する方法は、民衆が選挙権を行使し、適当な人員を選んで自治機関を組織することであり、選挙権の訓練は民衆団体によって実行する

ここから、民権の訓練は各種団体をつうじておこなうことが理解できる。

では、この各種団体とはどのような団体が想定されていたのであろうか。もっともはやく民権訓練の詳細に触れた「三民主義訓練綱要」によれば、「民衆団体とは各職業(に従事する—引用者)民衆の代表」であると規定されている。当該時期の規定からすれば、この各種団体とは、一九二八年七月以降に再組織化された農民協会、工会、商民協会を指す[37]。しかし、「訓政時期党務工作方案」においては、「各種団体」と改められている。これは同法案の区党部の工作欄に「各職業団体・各社会団体・各文化団体」とあるように、訓練が実施される団体を広く「人民団体」一般へと拡大したことがうかがえる[38]。おそらく、三全大会開催時の民衆運動に対する政策転換にともなう措置であろう[39]。いずれにせよ、重要な点は職業団体であれ、その他の人民団体であれ、その組織化から、登記、代表者の選出、集会に至るまで、すべて党の監督のもとに進められ、三民主義を受け容れた団体においてのみ、民権の訓練が実施される[40]。

つぎに、その訓練についてみると、「(自治—引用者)機関を創設する方法は、民衆が選挙権を行使し、適当な人員を選んで自治機関を組織する。選挙権の訓練は民衆団体をつうじて以下の方法で実施する」として、選挙の準備から開催に至る具体的方法が指示されている[41]。党が指導する民権訓練とは、民衆団体を組織

し、当該団体において選挙や大会を開くことによって民衆を訓練させ、政治意識を高めていくものであった。このように、地域別代表たる地方自治ではあっても、その機関（自治団体）が設立される以前の訓練にあっては、ただ党によって認可された諸団体をつうじた訓練のみが想定されていた。

訓政期の地方自治推進の規定に関する検討から、党・政府の役割が明らかとなったが、次に問われるべきは、これらの役割がどのように実行されたのかであろう。とくに党と政府の両者が、期待された機能分担を達成し得たかが注目される。それは党と政府の関係、また党が政府に対する監察などの諸任務を担うことができたかどうかによって検討されるべき課題である。政府については既往の研究で明らかにされているため、ここでは党政関係および党の実態について、当該時期の政治状況とのかかわりにおいて検討する。

4 訓政の矛盾

❖党政関係

まず、党政関係が法制上どのような規定にあったかを、政府に対する党の統制度合いを中心に確認する。国民党は二期五中全会において、党と政府に関する規定を暫定規則として発布した。それによれば、党あるいは政府が互いの行為に問題を発見した場合の解決法を次のように規定している。

（一）各級党部は同級政府の人事、行政、司法およびその他のおこないが不当であると認められるとき、上級党部に報告し、上級党部よりその上級政府に諮り処理しなければならない。

（二）各級政府は同級党部のおこないが不当であると認められるとき、上級政府に報告し、上級政府よりその上級党部に諮り、処理しなければならない[42]。

この規定は訓政期に入ってからも有効な規定となり、訓政開始後の三期二中全会で可決された「訓政時期党務進行計劃案」においても踏襲された[43]。

しかしながら、訓政綱領が追認された三全大会では、この暫定処理案をめぐる提案が相次いだ。その多くは地方政府に対する地方党部の優位を確保せよ、というものであり、その提案数はその他の提案に比べて多く、注目に値する。たとえば、広州特別市党部は同級政府が本党の政策実施に対して努力していない、または、その施政が適切ではないと当該地方の党部が認めたときは、少なくとも上級党部に諮ることなく、地方党部自身が指導できるよう改訂せよと提案している[44]。また、梅思平らも政府・行政に対する党の監察の立法権を認め、党の権力を高めよと訴えている[45]。さらに、天津市党部に至っては、各級政府が所在地の同級党部の指導と監督を絶対に受けなくてはならないよう規定せよと提案しており[46]、提案によっては県長の任命・弾劾にまで踏み込んだ権限を望んでいるものすらみられる[47]。

では、なぜこのような要求が相次いだのであろうか。黄昌穀は「県市党部と県市政府の関係が中央党部と国民政府間のような党治関係の方式ではないため、両者はばらばらで相互にまったく関係せず、党といえば地方を建設する決議を有してはいるが執行する能力がなく、政府は地方を建設する能力を有してはいるが党の決議にもとづいて執行しない」と述べ[48]、中央とは異なり、地方では党が政府を指導・監督する党治の制度が保証されていないことが原因だと指摘する。また天津市党部は、政府が党部の指導を受け容れることを喜ばず、それが党政間の紛糾に繋がっていると述べる[49]。これらの理由だけを考慮しても、党と政府の関係がたがいに協助するというあるべき規定とは異なり、たがいを認めずに思うに任せて行動しているか、たがいに干渉しあい紛糾を起こしていることをうかがわせるに十分である。これが自治の中心となる県レベルにおいて、「とくに党部と政府間の懸隔が大きい」となれば、事態はいよいよ深刻である[50]。

実際、政府が党部に対して協力せず、また政府の業務に党部が干渉する党政間の紛糾は、訓政期にあってながらく指導者の悩みの種であった。党政紛糾は長江流域、とくに江蘇省ではなはだしかったが、これは葉楚傖も述べるように、その他のどの省にもある一般的現象であった[51]。孫科もこうした現象がどの省にもあり、違いといえば程度の差ぐらいであると指摘している[52]。

ただ、この程度の差が地域固有の問題に根ざしていることもたしかである。黄昌穀が「党治方法を採用している広東や広州市などは党治による円満な効果を収め、各種建設の成果をあげているが、河北省や北平市などのように政府と党の責任者がまったく関係を持っていないところでは、それぞれ勝手にやるため紛糾が絶えない」、また「党部がまだ成立しておらず、党員の少ない黄河以北の省では紛糾はほとんどなく、党部が成立し党員の多い長江以南の各省では、政府と党部が衝突を起こさない日はなく、ひどいときには闘争し、罵りあったりしている」と述べるくだりはまさにそれを裏付けている[53]。

それゆえに、これには党そのものの問題と、地方の政治環境や地域に根ざした問題とがかかわっていると推測される。もとより両者を明確に辨別することは困難であるが、まず地域に根ざす問題を政府間関係に注目しつつ検討する。

❖政府間関係

南京国民政府は北伐の完成により全国を統一したとはいえ、東北地域の易幟[②]に代表されるように、その多くを各省の支配者による表面的な帰順に依っていた。その帰結として、当然ながら各省に対する中央政府の影響力は限定されたものとなる。たとえば、日本側の調査では、北伐直後、国民党の真の勢力範囲といえる地域は江蘇、浙江、福建、安徽、河南、湖北、陝西、甘粛であったという[54]。田弘茂は「一九三六年までに中央が影響力を保持したのは浙江、江蘇、安徽、江西、湖北、河南、湖南、福建、甘粛と陝西」の一〇省にすぎないと述べる[55]。また財政的にみても日中戦争開始前においては「中央の地方に対する統治力は、華中六省に於ては相当見るべき進展を示したが、華北および西南の各省に対しては未だ十分浸透せず、四川、雲南の両省の如きは財政上中央の羈絆《きはん》から殆ど独立した状態にあった。また広東、広西の両省に対しても中央の財政・金融上の統制力が完全に行き亙らなかった」といわれている[56]。

このように、地方の独立性は依然として維持されている例がままみられるのであった。たとえば、この頃、山西の閻錫山は蔣介石への対抗心をあらわにし、「中国はこのように大きいのになぜ一人で治めなければならないのだ」、「長江一帯は蔣先生がより多くの責任を負い、華北は私がより多くの責任を負う、中間はかれら(馮玉祥等―原注)が多くの責任を負い、我々は競争をするのだ」とまで述べていた[57]。

各省がこのような状況では、いきおいそれぞれ独自の地方建設が進められる[58]。とくに党の基盤が未発達の地域では、党の浸透が忌避される傾向にあり、独自の建設を進める政府と、勢力を拡大し浸透に努める党との間に軋轢《あつれき》が生じることは避けがたい。実際に、閻錫山が実権を握っていた河北省などでは、党務経費の発給停止は随意におこなわれる状況であり、閻の一声で県党部を閉鎖することも可能であった[59]。また易幟後の東北でも、表面上は三民主義を受け容れ、党の活動を許すものの、実際にはさまざまな手段を用いてその浸透を阻止したことがこれまでの研究でも明らかにされている[60]。

このように、地方の権力者が依然として省の実権を握っているため、政府側の力が圧倒的な地域では、そ

②――幟(はた)を易(か)える。国民政府の旗を掲げることで中央政府に服したことを表す。

れらの実力者が党の浸透を嫌い、党政紛糾の原因を生み出していた。他方、広東などのように党員数が多く、これまでの党の活動期間がながく、実務経験の豊富な省では、地方党部に対する省党部の力、また地方政府に対する地方党部の圧倒的な力が担保されているためにあまり問題が起きない地域もある[61]。

しかし、組織化の度合いが高く党員数も多いうえ、他省に比べ中央の権力が及んでいるとされているにもかかわらず、党政間の紛糾が起きる地域もある。それは、さきに挙げた長江以南の諸省であるが、とくに江蘇省などでその程度がはなはだしい[62]。陳銘枢は「党務は広東方面に於いては何等の紛糾も不良現象も無き処上海、南京方面に於いては往々党部万能の弊を生じ党部は衆怨の府と化したる観あり」と三期四中全会の報告で指摘している[63]。江蘇省は党員数で広東に次いで全国で二番目に多く、人口一万人あたりの党員数においても三番目と多く、県内すべてに県党部が成立するなど、その組織化の程度はきわめて高かったが、組織率の高さがかならずしも党部の健全さを保証するものではないことがうかがえる[64]。

たとえば、江北地域では「基層党部の成員がさまざまな派閥によって複雑に構成されており、そのうえ党員の審査がなおざりにされていたため私利を貪る党員が簇生し、下級党部に腐敗をもたらしている」と指摘されており、ある党員は、党員の厳格な再登記を実施するよう要求し、その際に権限を県党部に与えずに中央から人員を派遣し、登記員は本省人以外を充てるよう訴えていた[65]。これは地方党部における党員登記が、中央の意図とはべつに、地方の事情にもとづいて実施され、厳格な党員登記がおこなわれていなかったことを示している。しかし、たびかさなる下級党部の再整理からして、この訴えの実効性はなかったとみえる。実際、それを裏付けるかのように、中央の要人からの電報は、「現在各省市党部指導委員会中には中央より指名派遣せしものあるも、其の行為は中央の意図に反すること甚しく殆ど共産党に類似するもの多く、為に党部に対する怨恨の声到る処に充ち、且つ中央党部は最高の機関たるも何等積極的手段を以て之を取締ることなく、今や党部に対する悪評は覆すべからざる事実」であると吐露していたという[66]。

また、北方においても多くの派閥が存在し、各省を視察した馬超俊は「新中、実践、改組、西山および大同盟などのほか、ざっと十数の小組織が存在」し、「このような複雑な党員構成でどうして華北の党基盤を動揺させずにいられようか」と危惧していた[67]。これらの組織は陰に陽に中央に反対しており、事実、改組派（第三章参照）の影響が強かった北方を蔣介石が視察した際、「北京でも天津でも歓迎のスローガンもなければ、党機関による出迎えの行列もなかった」という[68]。この地方党部における派閥が省レベル、ひいては中央レベルでの派閥と関係しており、中央での派閥争いが地方の混乱を助長していた[69]。

これらの事実から、江蘇省・北平市など党員が比較的多く、改組派を含めた各派閥が影響力を保持している地域ではさまざまな派閥が争いあっており、中央が統制できる程度は限られていたとみるのが妥当である。以上の状況を勘案すると、地方実力者との権力争い以外に考えられる問題は、第一に地方党部に対する党中央の統制力にあった。つまり、これは党内コミュニケーションの問題ではあるが、地方党部そのものに問題があることも推測される。というのも、党中央の統制力がおよばないとはいえ、仮に地方党部そのものに問題がなければ、紛糾は起こり得ないはずであり、それはさきにみた再登記の事例にあるように、地方党部の性質が中央の統制を妨げている点からも理解しうる。

❖地方党部問題

三全大会における党部の実権を高めよとの提案は結局のところ受け容れられることなく、従来の規定がひき続き通用することとなった。ではなぜこの提案が受け容れられず、民衆に代わって政府を監察すべき地方党部に直接的監察の権限が与えられなかったのだろうか。蔡武雄は「政府に対する直接の監督権を党部に与えないのは、優れた人材を政府に送り込むことから、党部の人材が劣ったものとなるため」であるとし[70]、地方党部の人材の質の低さを指摘している。これは、党政紛糾の原因を地方党部、とくにその質や能力に求めるものである。

この地方党部の脆弱さをもたらす要因には、上級党部・政府による地方政府への人材の優先的配分以外にも、少ない経費や給与のために有能な人材が集まらない、という問題もあった。たとえば、さきに問題となった江蘇省では、「党の収入は非常に少なく、勢力も至らず、生活費もままならないため、学識や経験に富んだ人間が手弁当で公事に従事するのは難しい」と省の党執行委員会は述べる[71]。党の人員の待遇を政府の人員と同等にせよとの提案では、政府に比べ党の待遇がはなはだしく低く、「党に従事する者の生活費は自己の生活を維持するにも足りず、その他については論ずるまでもない」と述べ、党の人員に対する待遇改善を訴えている[72]。

実際、南京特別市党部代表の劉紀文が報告するところでは、区党部の経常費は月にわずか三〇元であり、区党部の党務委員ですら毎月の生活費が四〇元、その他の各委員はわずか一〇元を支給されるだけであり、行政機関の給与と相当の差があると不満を述べている[73]。南京市各区公所の毎月の経常費が一五〇〜二〇〇元であり、区長の給与は月四〇元、助理員は三〇元、区丁(区の用務員・使丁)ですら二〇元の給与を支給されているという待遇からすれば、その不満ももっともなことである[74]。比較的財政に余裕のある江蘇省でさえ、県の党務費の七五パーセントが党員の生活費に消え、活動費はわずかに五パーセントにすぎなかった[75]。陳立夫も後に「訓政時期には、党は議会の機能を持っていた。中央党部は国民大会に相当し、地方党部は地方議会に匹敵した。そうであるならば、党は党員に金を支給し、党員の収入が政府の同レベルの職員の収入と同じになるようにすべきであった。そうしてはじめて、党にも有能な人間が集まって政府の管理もできるというものである。…党員の多くは困窮しており、党のためにつねにその義務を果たすというのは容易ではなかった」と反省している[76]。

このように、地方党部の質は、地方党部運営、また地方党部を成立させている経済的基盤が大きくかかわっていることがみてとれる。さきにみた党員の待遇の悪さ、また経費の少なさによって地方党部に有能な人材が集まらないだけでなく、党員はその生活費の缺乏から来る困窮に喘《あえ》いでいたことを物語っている。また、南京市の事例から判断されるように、首都の区党部ですらこのような待遇であれば、農村部、とりわけ基層の区分部ではさらなる困難が予想される。というのも区党部・区分部の経費は、党員たちにより維持されなければならなかったからである。

たとえば、「区党部区分部経費負担標準」では、「区分部の経費は党員が負担し、区党部の経費は区分部が三分の二を負担し、上級党部が三分の一を負担する」と規定していた。その後、第二期第一九三次中央常務会議において同案が修正され、「区分部が担う経費が党費では賄えない場合は、党員より特別捐(特別寄付金)を徴収する」と定めたように、下層党部は原則自前で維持されなければならなかった[77]。さらに、「各級党部経費支配辦法」でも、区党部・区分部の経費は党員により独力で維持しなければならないと規定され、党員による自弁を義務づけている[78]。

党費以外にも、党員は各自の収入に応じて所得の一部を党部に納める必要があった[79]。他方で、党に寄生し、民間や政府に対して党費に名を借りた徴収をする党員が増え、地方の実力者と謀り私利を貪るということもしばしば起こり、党中央は各級党部に通達を出して、そのような行為を戒めざるをえないほどであり、党への信頼は揺らぐ一方であった[80]。

党中央はこうした事態に対し、党名義によるあらゆる徴収の停止を徹底し、区党部・区分部の経費を党員の所得から賄うという厳しい対応で臨むのだが[81]、当時の党員の生計を考えたならば、容易に解決できる問題ではなかった。なぜならば一九三三年に至っても、党員のうち家計が富裕なものは六・六パーセントにすぎず、家計が赤字である党員は二六・三五パーセントにも達していたからである[82]。北伐後、党執行委

図2　1929年の中国国民党員の各種社会構成

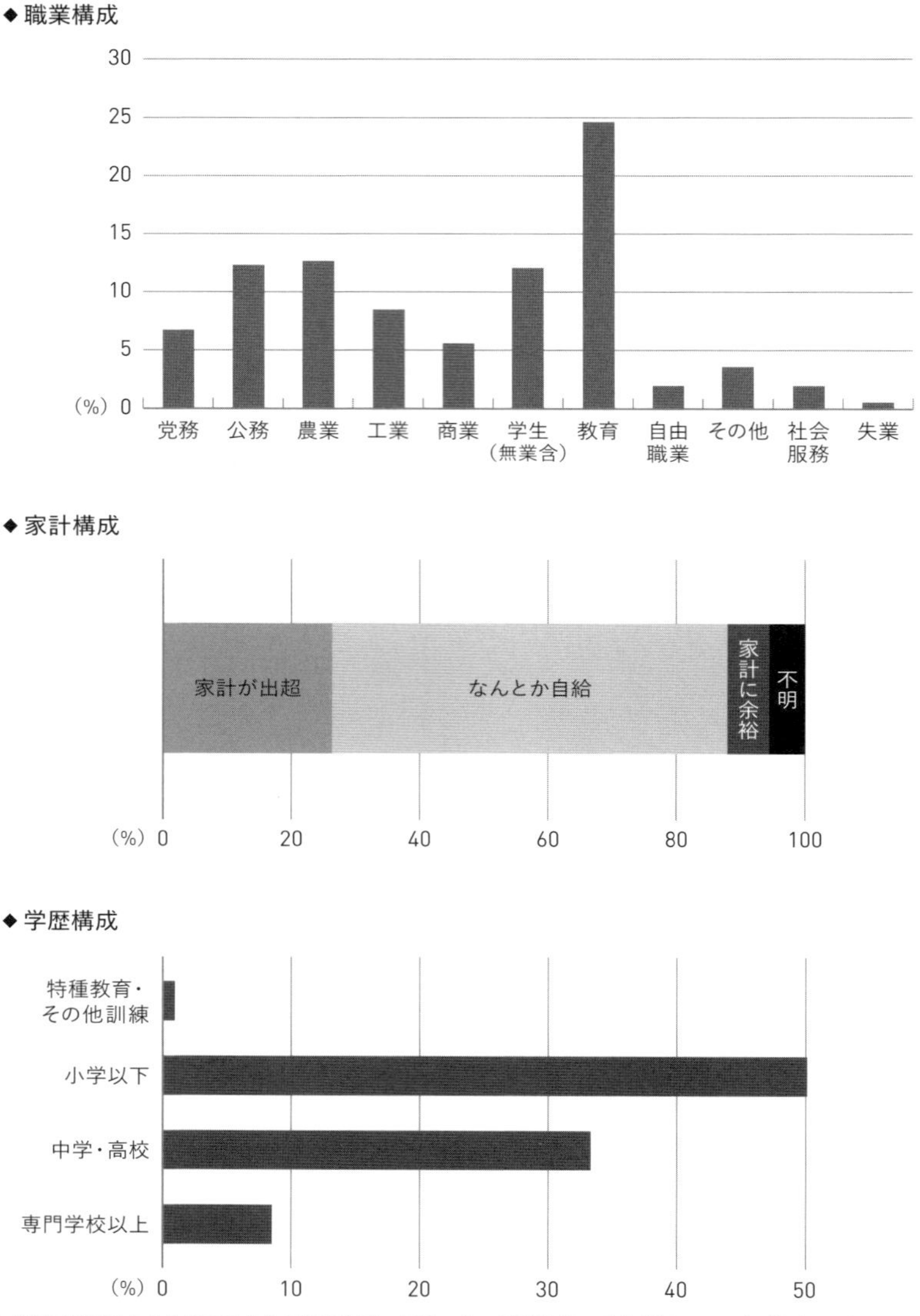

出所：『中国国民党中央執行委員会統計処報告第二類第二号－党員統計－省市部份』1929年（各表とも）。

員会が「本党の党員は数からいえば日毎増加しているが、その質はまったく進歩がみられない」と危惧した状況は、改善されるどころか悪化していった[83]。

党執行委員会が指摘したように、党員の増加はかならずしも党の基盤を強固にしたわけではなかった。たとえば、一九二九年から一九三〇年にかけての全国統計によれば、党員の教育程度は教育を受けていない者(不明を含む)が一四・六八パーセント、家庭教育を受けた者が一四・一二パーセントであり、両者をあわせて二八・八パーセントにのぼる。これに小学教育をくわえると四九・七四パーセントとなり、党員の約半数以上が党務の推行に対してなんらかの訓練を必要とする状態であった。南京特別市党部のように未教育・家庭教育・小学教育を合わせたものが全体の五パーセントにすぎない都市部とは根本的に条件が異なり、大部分を占める農村では党部の任務遂行にはかなりの困難が予想された[84]。そもそも、一九二九年の後半に至っても党員の約半数が党のために活動した実績がなく、訓練に従事したことがある党員は、じつに全体の一パーセントにすぎなかった[85]。

地方党部の困窮は、おのずと地方自治の推行にも重大な影響を及ぼした。なぜならば、民権の訓練に際しては、まず党員を訓練する必要があったからである。「各級党部訓練工作実施綱領」によれば、区党部はまず、「識字教育を施し、総理の遺教である四権を研究させ、各種訓練が相当の段階に達した時点で党員を召集して四権の運用を実際に練習し、その後、区分部組織訓練委員は随時四権の運用を諳んじた党員を各社会団体や人民の中に参加させ、人民の四権運用を訓練する」とある[86]。このように、民権の訓練はまず党員の訓練から始める必要があった。胡漢民は「党員の訓練が不足しているなかにあって、もっとも重大な点は選挙権の行使が適切に実現していないことである。訓政の最大目的は人民に自治を達成させることであり、四権を行使させることである。選挙権は四権のなかでもっとも広く応用されるものである。党員自身が選挙権を行使できないにもかかわらず、どうして人民を訓導できようか」と述べ、現状の打破を訴えていた[87]。

しかしながら、一九三二年末に至るまで実質的な訓練はおこなわれなかった。一九三二年一一月、四全大会が挙行され、これまでの訓練工作に対し、「現在党員は事実上まったく訓練を受ける機会を持っていない。そして中央もまた党員の訓練を切実に実行するための計画を持っておらず、これは本党にとって非常に大きな危機である」と評したことがそれを物語っている[88]。これは「各級党部の工作報告がいつもかなり遅れ、ひどい時には数ヶ月も届かず、そのため中央は下級党部の工作に対して考査のしようがない」という状況からすれば、致し方ないことではあった[89]。実際問題として、農村部では区分部に集まるだけでも一苦労であり、山西省の報告では、区分部の所在地は近くても一〇から一五キロ、遠いところでは四〇から四五キロも離れているため、会議を開くだけでも大変で、訓練どころではないと述べている[90]。

党員の訓練ですらこのような状況であれば、民権の訓練に至ってはさらに困難がともなう。地方党部の報告書に民権の訓練が記載されることはほとんどなく、わずかに南京特別市などで確認される程度である。首都南京でさえ、報告を読むかぎり主要な工作としては扱われていなかった[91]。この点は、一九三〇年に開かれた全国訓練会議の提案において、「民衆行使四権訓練方案（民衆の四権行使の訓練に関する方案）」を策定し、全国の党部に通達して各民衆団体で訓練を実施するよう提起されていることからも、一九三〇年に至るもなお、さしたる進展がみられなかったことが理解できる[92]。

これは地方党部および民衆団体の度重なる再登録から考えれば当然の結果であった。結局のところ、この民権の訓練は「各級党部訓練工作実施綱領」以後、党の工作を規定した文書から姿を消すのであった[93]。民権の訓練が進められていた首都南京でさえ、坊長（特別市の区画で区の下位にあって、閭（一五〜三五戸）鄰（三〜七戸）に次ぐ区画）の選挙に際して、一九三二年に至ってもなお、「一つには少数の人間が選挙を操作し、もう一つには坊の公民が坊務に関心を持っていない」という弊害が報告されていた[94]。

民権訓練の停頓は、結果的に政府に対する監察能力にも影響し、政府機関の腐敗を効果的に抑制できなかった。たとえば、県の公民が省民政庁に対し、区長の民選以前にあっては区長民選後に組織される監察組織が欠如しているため弊害が大きいとして、その改善を訴えている[95]。民衆による行政組織に対する監察は、民権訓練の後におこなわれる首長の民選後にしか予定されておらず、それ以前の時期にあっては、ただ党のみが監察の役割を担える規定にある。この間、党が民権の訓練を実施せず、また政府に対して効果的な監察ができないならば、専横と腐敗を抑制することは難しい。ここに基層の党部が機能しない際に生じる訓政の欠陥が集約的に表現されており、党政の分担が実際には機能していないことがみてとれる。ゆえに、地方政治環境の問題を除けば、党政紛糾の原因は、ひとつには党中央が地方党部を制御できないことに、もうひとつには党優位の理念と実際の規定とが乖離していることに求められる。問題は、このような状況にもかかわらず、党が一切を訓導すべき訓政を進めざるをえなかったことにある。国民党は本来の自治完了予定を目前に控えた一九三三年に至ってなお、「地方自治に対する近年の各級党部の指導を調べたところ、多くはまだ重視をしておらず、各地党員および民衆はいまだ一致して自治に参加していない。これこそが地方自治の成績がよくない最大の原因である」と吐露せざるを得なかったのである[96]。

5 小結

訓政期の地方自治にあって、党は民衆に自治の利点を宣伝するとともに民権を習熟させるための訓練を実施し、また政府を協助すると同時に適切に監察するという役割を期待されていた。しかし、実際に「以党治国」であったのは中央のみで、地方、とりわけ基層部では、党組織は実際の任務を遂行するだけの力量を欠いており、党は非常に弱体であった。その意味で訓政は推進すべき主体を欠いていた。

基層部において、党の役割に期待できないということは、訓政下の地方自治にあっては、次のことを意味する。ひとつは民権の訓練が実質的に進展しないということである。民衆の訓導において党が指導的役割から徐々に後退し、ついには党の指導綱領から民権の訓練が姿を消したのはその表れであった。地方自治の推進、とりわけ民権の訓練は、国民党にとって訓政の正当化を根本において担保するものであり、民権の訓練が実施されないことは、理念としての訓政が現実において破綻していることを意味する。

もうひとつは、政府に対する監察が実施できないということである。党は地方議会たる機能を期待されていた、と陳立夫が述べたように、監察委員会が組織されない期間（その組織化には民権の訓練と自治の完備が必要となる）には、ただ党のみが政府の施政を監督できる。しかし、さきにみたように、能力のあるものは政府に転じるため、政府に対する党部の関係は監督指導するどころではなく、たがいに争う関係となってしまう。仮に党がこの機能を果たせないならば、政府の自浄作用に頼るほかない。

一九三二年以降、蔣介石は「剿匪《そうひ》（共産党掃討）区」という限定された地域においてではあるが、県政を監察する行政督察専員制度の導入、区公所の補助行政機関化、保甲制（一〇戸を一甲とし、一〇甲を一保とする隣保制）の推進など、さらなる政府機構の増長をはかっていく。これは自身に与えられた監察機能を党が果たせないために、政府機構の拡大によって、その機能を代替しようとした試みではなかったか。しかし、これは訓政の前提を変えないかぎり矛盾を拡大こそすれ、本質的な解決策とはなり得ない。そのうえ、一部の地域では地方政府に対する中央政府の影響力が限られており、有能な人材が不足している状況下において政府組織を増加させなければならないことを考慮するならば、政府の自浄作用に頼るにはかなり厳しい状況であった[97]。

無論、訓政の中心課題である地方自治が奏功しなかった要因は、単に政策の立案、執行にのみ問題が還元されるわけではない。ただ、本章で明らかにしたように、個別に検討されるべき問題以前に、理念的規定と運用面での個々の規定が相反するという制度的問題、また実態として、そうならざるをえない党の脆弱性という体制的基礎を有していた点は、あらたに指摘されてよいだろう。しかし、ここでの問題は、単に地方党部の脆弱性にあるのではない。問題は、基層党部が脆弱という条件にあってなお、訓政にとって――そしてそれはとりもなおさず国民党にとって――、もっとも重要な民権の訓練を政府の役割とすることなく、党の役割として規定し続けなければならなかった点にある。なぜならば、民権の訓練、またその訓練をつうじた訓政の完成とは、革命政党たる国民党の存在意義そのものであったからである。訓政が内包する問題は、ここにこそ見出されなければならない。

ただ、注意すべきことは、国民党が訓政にかかわる綱領や方案において、地方自治政策遂行時の党の指導的な役割、とりわけ民衆の政治参加を志向する政治的諸権利行使の訓練という重要な役割を規定し、党がその役割を果たすことを積極的に期待する一方で、実際の工作を遂行する基層の党部に対しては、政府への直接的監察権を与えず、またその条件を改善する試みはおろか、政府に有能な人材を送るなど、むしろその弱体化を黙認しているかのような矛盾した態度が見出せることである。この点については、訓政全般とのかかわりにおいて、なお解明される余地がある。しかし、これまでの検討から明らかなように、本章で扱ったような個々の制度に焦点を当てる分析では、この矛盾が生じた原因を解明することは困難である。この問題を考察するにあたっては、本章で検討した個々の制度や現象が生み出される機制そのものに注目しなければならない。

本章における理念と実態との対比から示唆されるさらなる課題は、第一になぜ党が脆弱であったのか、第二に具体的な地方政治の場において党はいかに活動し、作用したのか、第三に訓政の実施における党の地位をめぐってなぜ矛盾した決定がおこなわれたのか、の諸点について究明することにある。

註

1――味岡徹「国民党『訓政』と抗日戦争」中央大学人文科学研究所『日中戦争―日本・中国・アメリカ―』中央大学出版部、一九九三年、三六一～三八九頁。同『中国国民党訓政下の政治改革』汲古書院、二〇〇八年。安井三吉「中国国民政府論―未完の訓政―」樺山紘一ほか編『岩波講座 世界歴史』二四巻（解放の光と影 一九三〇年代－四〇年代）岩波書店、一九九八年、一六三～一八三頁。

2――李国青「南京政府推行『地方自治』的動因探析」『東北大学学報（社会科学版）』第五巻第二期、二〇〇三年三月、一三三～一三五頁。

3――趙小平「試論国民党地方自治失敗的原因」『貴州社会科学』一九九二年第一二期、四三～四七頁、賈世建・王暁崗「試論南京国民政府『訓政前期』的地方自治」『華北水利水電学院学報（社科版）』第一八巻第四期、二〇〇二年一一月、二五～二九頁、陶炎武「南京国民政府地方自治初探」『広西梧州師範高等専科学校学報』第一九巻第一期、二〇〇三年一月、一二～一八頁。曹成建「二〇世紀二〇年代末三〇年代前期南京国民政府的地方自治政策及其実施成効」『四川師範大学学報（社会科学版）』第三〇巻第一号、二〇〇三年一月、五二～五六頁。

4――党の役割には触れていないものの、政府が進める官制自治の弊害を指摘する研究として、黄珍徳「南京国民政府初期地方自治制度探論」『中南大学学報（社会科学版）』第二三巻第五期、二〇一七年九月、一九〇～一九五頁。ただし、本論の主要な論点は自治の範囲や経費の不足など政府の能力にある。

5――横山英「孫文の地方自治制度論」孫文研究会編『孫中山研究日中国際学術討論会報告書』法律文化社、一九八六年、八八頁。陳之邁『中国政府』上海、商務印書館、一九四六年、第三冊、六四頁。

6――蔣中正「蔣中正致開会詞」中国国民党中央執行委員会秘書処『中央党務月刊』第二期、一九二八年九月、第二届中央執行委員会第五次全体会議経過、一四頁（以下編者省略）。

7――「中国国民党中央執行委員会第一七二次常務会議速記録」（「二届常会速記録 第一六八次至一八一次（第二届中央執行委員会第一六八到一八一次常務会議速紀録）」台北、中国国民党文化伝播委員会党史館蔵档案、会議、2.3/105.1、所収（以下「党史館、分類、番号」と略す））。「中央常務会議―第一百七十二次―」中国国民党中央執行委員会宣伝部『中央週報』第一八期、一九二八年一〇月、専載、一一頁（以下編者省略）。

8――「中央執行委員会第一七二次常会決議訓政綱領請追認案」『中央党務月刊』第一〇期、一九二九年五月、決議案、二二一〜二二二頁。

9——「根拠総理教義編製過去一切党之法令規章以成一貫系統　確定総理主要遺教為訓政時期中華民国最高根本法」同右、決議案一九〜二〇頁。

10——孫中山「三民主義」広東省社会科学院歴史研究所・中国社会科学院近代史研究所中華民国史研究室・中山大学歴史系孫中山研究室合編『孫中山全集』北京、中華書局、第五巻、一八九〜一九〇頁。

11——同右、一八九頁。

12——胡漢民「大家応該趕緊努力的三件大事」胡展堂『革命理論与革命工作』上海、民智書局、一九三二年、五六一〜五六二頁。

13——「制定『建国大綱』宣言」『孫中山全集』前掲、第一一巻、一〇三頁。

14——胡漢民「大家応該趕緊努力的三件大事」前掲、五六〇頁。

15——孫中山「国民政府建国大綱」『孫中山全集』前掲、第九巻、一二七〜一二八頁。

16——「国民政府宣言」国聞週報社『国聞週報』第五巻第四三期、一九二八年一一月、二頁。

17——「訓政綱領」羅家倫『革命文献』台北、中央文物供応社、一九六〇年、第二二輯、三一六頁。

18——胡漢民「訓政大綱説明書」中国第二歴史档案館編『国民党政府政治制度档案資料選編』合肥、安徽教育出版社、一九九四年、上、五八五〜五八六頁。

19——孫中山「民権主義第六講」『孫中山全集』前掲、第九巻、三五二頁。

20——橘樸『中国革命史論』日本評論社、一九五〇年、三六三頁。

21——「中央政治会議第一二九次会議通過『立法程序法』」中国第二歴史档案館編、前掲、上巻、二五四〜二五五頁。

22——「各級党部与同級政府関係臨時辦法案」『革命文献』前掲、第七九輯、九七〜九八頁。上級党部をつうじ上級政府に通達の後、上級政府より同級政府へと指示するという形で影響を及ぼすこと、また党部の監察委員会をつうじて検査することは可能である。「省監察委員会組織条例」「県監察委員会組織条例」「省監察委員会組織条例」「県監察委員会組織条例」中央組織委員会編印『中国国民党現行組織法規輯要』南京、一九三五年、四八〜五〇、五八〜五九頁（以下『法規輯要』とする）。

23——「確定地方自治之方略及程序以立政治建設之基礎案」『中央党務月刊』第一〇期、一九二九年五月、決議案、二一四〜二一七頁。

24――「完成県自治案」『中央党務月刊』第一二期、一九二九年七月、決議案、五頁。

25――「中国国民党中央執行委員会政治会議第二〇七次会議速記録」党史館、会議、中央207。「中央第二〇七次政治会議―十八年十二月四日―」『中央週報』第八〇期、一九二九年一二月、二六～二七頁。

26――「訓政時期完成県自治実施方案内政部主管事務分年進行程序表」内政年鑑編纂委員会『内政年鑑』上海、商務印書館、一九三六年、第一巻、(B)九三四～九三八頁(以下『内政年鑑』とする)。銭端升等『民国政制史』長沙、商務印書館、一九三九年、下冊、五五三頁。

27――「確定訓政時期党政府人民行使政権治権之分際及方略案」『中央党務月刊』第一〇期、一九二九年五月、決議案、二二一～二二四頁。

28――「中国国民党第三次全国代表大会対於政治報告之決議案」『中央党務月刊』第一〇期、一九二九年五月、決議案、七頁。

29――孔充『県政建設』上海、中華書局、一九三七年、四一頁。

30――「区自治施行法」徐百斉編『中華民国法規大全』上海、商務印書館、一九三七年、第一冊、行政、六三八～六四一頁。

31――「確定地方自治之方略及程序以立政治建設之基礎案」『中央党務月刊』第一〇期、一九二九年五月、決議案、二六頁。後に「国民政府派遣地方自治指導員暫行辦法」(徐百斉編『中華民国法規大全』上海、商務印書館、一九三七年、第一冊、行政、五八八頁)として法制化される。規定によれば、政府が派遣する地方自治指導員は、(一)中央党部で一年以上服務し成績が優良なもの(二)地方において服務しその地方の情況を知悉しているもの、とされている。

32――「確定訓政時期党政府人民行使政権治権之分際及方略案」前掲。

33――「中国国民党第四次全国代表大会第三届中央執行委員会報告」李雲漢主編『中国国民党党務発展史料―常務委員会党務報告』台北、中国国民党中央委員会党史委員会、一九九五年、二一七～二一八頁(以下『党務報告』と略す)。

34――「各級党部訓練工作実施綱領」(一九三二年一二月九日通告・頒布)『中央党務月刊』第五三期、一九三二年一二月、九三七～九三八、九五七頁。

35――「訓政時期党務工作方案」中国国民党中央執行委員会秘書処編印『中央党務月刊中国国民党第三届中央執行

委員会第三次全体会議特号』南京、一九三〇年三月、決議案、二三～二四頁。

36——本綱要は中央執行委員会民衆訓練委員会が一九二八年一〇月に作成し、同年一二月の『中央党務月刊』第五期に計劃として掲載されたものである。一九二九年三月に当該委員会の職務が中央訓練部と中央組織部に移管されたこともあり、本綱要が党の文書として正式に採択されることはなかったが、民権訓練の概要については後の「訓政時期党務工作方案」、「各級党部訓練工作実施綱領」に受け継がれている（「三民主義訓練綱要」『中央党務月刊』第五期、一九二八年一二月、計劃、一〇頁、「国民党中央民衆訓練部擬定民衆団体三民主義訓練綱要」中国第二歴史档案館編『中華民国史档案資料匯編』南京、江蘇古籍出版社、一九九四年、第五輯、第一編、政治、第三冊、三二頁（以下『資料匯編』と略す））。なお、表題にみえる「中央民衆訓練部」は「民衆訓練委員会」の誤りである。

37——「農民協会組織條例」「工会組織暫行例條《ママ》」「特殊工会組織條例」「商民協会組織條例」「民衆団体的組織原則及系統」『中央党務月刊』第三期、一九二八年一二月、法制、一八～三八頁。

38——人民団体とは、農会・工会・商会・工商同業工会などの職業団体、学生団体・婦女団体・文化団体・宗教団体・各種慈善団体などの社会団体を指す（「修正人民団体組織方案」『中央党務月刊』第二四期、一九三〇年七月、法規、四一～四四頁）。

39——「確定訓政時期党政府人民行使政権治権之分際及方略案」『中央党務月刊』第一〇期、一九二九年五月、決議案、二六～二八頁。

40——「修正人民団体組織方案」前掲。また、実際の法規解釈については以下を参照。中央民衆訓練部編印『人民団体法規釈例彙編』南京、一九三七年。

41——「三民主義訓練綱要」前掲。

42——「各級党部与同級政府関係臨時辦法案」（前掲、九七～九八頁）。なお、地方における党政紛糾の問題を、この規定に注目しつつ論じたものに王奇生（「党政関係—国民党党治在地方層級的運作（一九二七—一九三七）」『中国社会科学』二〇〇一年第四期、一八七～二〇三頁、『党員、党権与党争—一九二四～一九四九年中国国民党的組織形態—』上海、上海書店出版社、二〇〇三年、第七章）がある。同論文は豊富な一次史料を丹念に読み解いた詳細な実証研究であり、地方党部の「虚構」が詳細に描かれ、実態解明という点ではほぼ論じ尽くされている。ただ、本書の視角とのかかわりでいえば、地方党部の「虚構」が国民党にとって、また訓政にとっていかなる意味を持っていたかについて、同論文はなお検討する余地を残している。地方党部の「虚構」、また「党政双軌」が、行政の低下や、たがいに権利を奪い合う弊害があるとの指摘にもかかわらず、なぜ地方党部が必要とされなければならなかったのかが追究される必要があろう。この点は久保（「南京政府成立期の中国国民党」『アジア研究』第三一巻第一号、一九八四年四月、一〜三三頁）が論じたように「革命」から「統治」への転換という問題に留意する必要がある。問題は「統治」に転換するに際して、党の存在をどう正当化するかという党の存在意義にかかわっている。

43——「訓政時期党務進行計劃案」『中央党務月刊』第二期、一九二九年七月、決議案、一〜二頁。

44——広州特別市党部「請脩正五中全会決議各級党部与同級政府関係臨時辦法案」一九二九年三月、党史館、会議、3.1/8.102。

45——梅思平等「制定訓政綱領案」一九二九年三月、党史館、会議、3.1/8.108。

46——天津特別市党部「重新確定党政関係案」一九二九年三月、党史館、会議、3.1/8.106。

47——江蘇省執委会「確定各級党政之権力関係案」一九二九年三月、党史館、会議、3.1/3.38。

48——黄昌穀「規定訓政期内県市党部与政府間党治方法案」一九二九年三月、党史館、会議、3.1/8.107。

49——天津特別市党部「重新確定党政関係案」一九二九年三月、前掲。ガイザートは年配者が多い県政府と若年層がほとんどを占める党部との年齢差も問題の一つとして指摘している（Bradley K. Geisert, "Power and Society: The Kuomintang and Local Elites in Kiangsu Province, China, 1924-1937," Ph.D. Dissertation, University of Virginia, 1979, pp. 136-137）。ただ、県長の年齢は時代を経るにつれ若年化し、三〇年代には党の指導者との年齢差も縮まっていた。一九三二年時点で陝西省の県長はもっとも若く、平均二八歳であった（申報年鑑社『申報年鑑（民国二三年）』上海、申報館特種発行部、一九三四年、二四九頁）。なお、当該時期の県長に関しては以下も参照（Weidner T. Michael, "Rural Economy and Local Government in Nationalist China: Chekiang Province, 1927-1937," Ph.D. Dissertation, University of California, 1980, pp. 163-166）。また、ガイザートは党政紛糾の原因は「県政府がしばしば党支部に比べてより密接に地域権力構造に組み込まれているから」であったとも指摘する（Bradley K. Geisert, *Radicalism and its demise: the Chinese Nationalist Party, Factionalism, and Local Elites in Jiangsu Province, 1924-1931*, Ann Arbor: Center for Chinese Studies Publications, University of Michigan, 2001, p. 104）。

50——「中国国民党第三届五中全会組織部報告」『資料匯編』前掲、五—一—政治—二、二九七頁。

51――葉楚傖「江蘇省行政近況」中国国民党中央委員会党史委員会編印『葉楚傖先生文集』台北、一九八三年、第二冊、三一頁。

52――孫科「辦党的錯誤和糾正」『中央党務月刊』第二九期、一九三〇年一二月、二三七頁。

53――黄昌穀「規定訓政期内県市党部与政府間党治方法案」前掲。ただ、金世昊の研究によれば、「党支部がまだ設立しておらず、党員が少ない黄河以北の省より、党支部が設立し、党員数が多い楊子江以南の各省では、政府と党支部が衝突する紛糾が相対的に多かった」との黄の指摘は理論的には認められるが、湖南の事例はかならずしも当てはまらないと指摘しているように、地域的特性や、党成立の経緯などにも注目する必要がある(金世昊「南京国民政府時期国民党地方党部의組織과活動―湖南省地方黨部의실태분석(一九二七―一九三七)을중심으로―」『中国近現代史研究』第三一期、二〇〇六年九月、二八～二九頁)。

54――東洋協会調査部編『中華民国政治勢力の現状』東洋協会、一九三五年、一四頁。

55――Hung-Mao Tien, *Government and Politics in Kuomintang China 1927-1937*, Stanford: Stanford University Press, 1972, p. 180.

56――東亜研究所『蔣政権下地方財政に関する調査』東亜研究所、一九四二年、一四頁。

57――「韓克温等復閻錫山函」苗培成『往事紀実』台北、正中書局、一九七九年、四七八～四七九頁。

58――家近亮子『蔣介石と南京国民政府』慶應義塾大学出版会、二〇〇二年、二三四～二三六頁。

59――民国『涿県志』第四編、党政組織、第一巻、党部・機関、一九三六年、一頁。閻少白「関於国民党南宮県党部(臨時登記処)的一些情況」中国人民政治協商会議河北省南宮市委員会文史資料研究委員会編印『南宮県文史資料』南宮、第二輯、一九八九年、一五〇頁。

60――尾形洋一「易幟後の東北における国民党の活動に就て」『史観』第九一冊、一九七五年、五六～六八頁。土田哲夫「南京国民政府期の国家統合―張学良東北政権(一九二八―三一年)との関係の例―」中国現代史研究会編『中国国民政府史の研究』汲古書院、一九八六年、一七四～一七八頁。

61――そのような例として広東省・広州市が挙げられるが、これらについては、深町英夫『近代中国における政党・社会・国家―中国国民党の形成過程―』中央大学出版部、一九九三年参照。

62――江蘇省における党政間の矛盾を意識的に取り上げた論考に三谷孝「南京政権と『迷信打破運動』(一九二八―一九二九)」『歴史学研究』第四五五号、一九七八年四月、一～一四頁、があり、また浙江省における「二五減租」をめぐる党政紛糾を扱ったものとして笹川裕史『中華民国期農村土地行政史の研究―国家―農村社会間関係の構造と変容―』汲古書院、二〇〇二年、があり、参考となる。浙江省の例についてはMiner Noel, "Chekiang: The Nationalist's Effort in Agrarian Reform and Construction, 1927-1937," Ph.D. dissertation, Stanford University, 1973, pp. 68-69, 72-76, 260も参照。

63――「陳銘枢による四全会議報告の訳報」(一九三〇年一二月一一日)外務省『日本外交文書』外務省、昭和期I、第一部、第四巻、一九九四年、七七四～七七五頁。おそらく、陳銘枢等「指導上海市党務案」(党史館、会議、4.3/21.7)の提案理由と思われる。

64――数字は一九二九年一〇月。「各省党員人数与人口及面積比較表」「中国国民党各省党員密度比較表」中央執行委員会統計処「中国国民党中央執行委員会統計処報告第二類第二号―党員統計―省市部份」出版地不詳、出版者不詳、一九三〇年(党史館、一般、435/215(以下『党員統計』と略す))。江蘇省党部については中国国民党中央執行委員会党史史料編纂委員会編印『中国国民党年鑑―民国一八年―』出版地不詳、出版年不詳、五九五～五九七頁参照。なお、国民党の数量的把握については以下の研究が参考となる。土田哲夫「中国国民党の統計的研究(一九二四～四九年)」『史海』第三九号、一九九二年六月、二八～五二頁。

65――「請整頓下級党政書」(王恒呈国民政府函、擬送中央党部)一九二八年一一月一三日(南京、中国第二歴史档案館、全宗一(二)国民政府档案、一三九「各方建議改進党務与糾紛」所収(王恒は当時湖北省政府委員))。

66――支那公使館附武官発参謀次長宛、支第八〇号、昭和四年二月一八日、外務省外交史料館、外務省記録、A.6.1.1.2-2「支那中央政況関係雑纂 国民党関係」第一巻、四、内部組織関係(適宜句点をくわえた)。

67――馬超俊「華北視察述要」『中央党務月刊』第二七期、一九三〇年一〇月、一四四頁。

68――陳公博『苦笑録』北京、東方出版社、二〇〇四年、一二五頁。

69――このような派閥の各レベル間の関係については、以下の研究が参考となる。Bradley K. Geisert, (2001) *op. cit.*, chap. 4, pp. 69-102. およびLenore Barkan, "Nationalists, Communists, and Rural Leaders: Political Dynamics in a Chinese County, 1927-1937," Ph.D. dissertation, University of Washington, 1983, Chap. 2. 郭緒印『国民党派系闘争史』上海、上海人民出版社、一九九二年。なお、こうした派閥間の争いの背景については、すでに久保(前掲)によって「革命」から「統治」への転換にともなう矛盾の表面化という視角から論じられている。

70――David Tsai, "Party-Government Relation in Kiangsu Province, 1927-1932," *Select Papers from the Center for Far Eastern*

Studies, vol.1, Chicago: University of Chicago, 1975-76, p. 111.

71——江蘇省執委会「確定区党部区分部経費案」一九二九年三月、党史館、会議、3.1/3.34。

72——江蘇省執委会「党政工作人員之待遇応絶対平等案」一九二九年三月、党史館、会議、3.1/3.36。

73——劉紀文「増加各級党部経費並提高党務工作人員生活費案」一九二九年三月、党史館、会議、3.1/3.5。ちなみに、南京市政府職員の給与は四一~六〇元が最多の二七パーセント、三一~四〇元が二〇パーセント、二一~三〇元が一四パーセント、六一~八〇元が一二パーセントであった(一九三一年調査)(『南京市政府公報』第一〇〇期、一九三二年、一四四頁)。なお、工場労働者の賃金は平均一〇・八元であった(工商部『全国工人生活及工業生産調査統計報告書(一)』南京、工商部、一九二九年、二五頁)。

74——『内政年鑑』前掲、第一巻、(B)七四五~七四六頁。

75——中国国民党江蘇省党務指導委員会編印『中国国民党江蘇省党務指導委員会工作総報告』鎮江、中国国民党江蘇省党務指導委員会、一九二九年、第三編、各県党部経費分配図。

76——陳立夫『成敗之鑑—陳立夫回憶録』台北、正中書局、一九九四年、一五二頁。

77——「決定区分部区党部経費標準及其実行辦法令飭遵照由(一九二九年一月二九日)」『中央党務月刊』第八期、一九二九年三月、文書、八頁。「中国国民党中央執行委員会第一九三次常務会議速記録」(「二届常会速記録 第一八二次至二〇五次(第二届中央執行委員会第一八二到二〇五次常務会議速紀録)」党史館、会議、2.3/105.2、所収)。「中央常務会議—第一九三次—」『中央週報』第三五期、一九二九年二月、一六頁。

78——「各級党部経費支配辦法」中央組織委員会編印『中国国民党現行組織法規輯要』南京、一九三五年、二二六頁。「中国国民党中央執行委員会第十次常務会議(臨時会)記録」党史館、会議、3.3/29.1(この回の会議は速記録が存在しない)。「中央第一〇次常務会議」『中央週報』第五〇期、一九二九年五月、一三頁。

79——「各級党部人員一律徴収所得捐案」『中国国民党現行組織法規輯要』前掲、二八四頁。

80——「告誡所属党員束身自愛勿與貪汚土劣爲伍」一九三二年一一月一〇日『中央党務月刊』第五二期、一九三二年一一月、七七三頁。

81——「本党経費改革案」『中央党務月刊』第二八期、一九三〇年一一月、決議案、四七~四八頁。

82——「中国国民党第四届中央執行委員会第四次全体会議中央組織委員会工作報告」『資料匯編』前掲、五—一—政治—二、四三〇頁。

83――「中国国民党第二届中央執行委員会総報告」李雲漢主編『党務報告』前掲、一二三頁。

84――中国国民党南京特別市執行委員会編印『中国国民党南京特別市執行委員会工作総報告』南京、一九三〇年、第一届、頁数記載なし(一九二九年二月調査)。ちなみに、同時期の山西省の調査では教育を受けていない者、家庭教育、小学校卒、中学校卒で七割近くを占める(中国国民党山西省党務指導委員会編印『山西党務彙刊(十八年一月至四月份)』太原、一九二九年、附表)。

85――『党員統計』。

86――「各級党部訓練工作実施綱領」『中央党務月刊』第五三期、一九三二年一二月、九五六頁。

87――胡漢民「胡委員漢民第一次会議時訓詞」中国国民党全国訓練会議秘書処編印『中国国民党全国訓練会議報告書』南京、中国国民党全国訓練会議秘書処、一九三〇年、一六〇〜一六一頁。

88――「対於第三届中央執行監察委員会党務報告之決議案」(一九三二年一一月二二日)『革命文献』前掲、第七六輯、一三四頁。無論、訓練の綱領は存在するが、それが実行される状況になかったと解するべきであろう。綱領については、中央訓練部『中央訓練部部務彙刊』南京、中央訓練部、一九二八－一九二九年、第一－二集、参照。

89――「規定『各省市及特別党部送工作報告辦法』随令頒布之」『中央党務月刊』第五〇期、一九三二年九月、五〇六頁。

90――さらに上級党部から人を参加させるのが難しく、経費や開催場所もなく、執行委員も兼職で時間がないと訴えている(中国国民党山西省党務指導委員会編印『中国国民党山西省党務指導委員会党務報告』太原、一九二九年、五二頁)。

91――「訓練部工作報告」中国国民党南京特別市執行委員会編印『中国国民党南京特別市執行委員会工作総報告』南京、一九三〇年、第一届、五六頁。山西省でも訓政の訓練を実施しようと計画を立てていたものの、民衆団体の登録も終わっておらず、実際の民権訓練を進めたものも非常に少ないと報告している(同右、六〇頁)。

92――「請速頒民衆行使四権訓練方案通飭全国一体遵行案」中国国民党全国訓練会議秘書処編印『中国国民党全国訓練会議報告書』南京、一九三〇年、七四頁。当時河南省で指導していた董霖によれば、民衆に対して四権行使の訓練を実施しようとしたが、地方官吏が党の主義を理解せず、また地方自治にも積極的でなかったために、成果ははかばかしくなかったという(董霖『六十載従政講学』台北、台湾商務印書館、一九九一年、四三〜四四頁)。

93——「各級党部訓練工作実施綱領」は一九三二年一二月に頒布・通告されている。一九三一年五月の国民会議において採択された「中華民国訓政時期約法」では、国民政府によって四権の訓練が訓導されると変更されたにもかかわらず、本綱領でなお党の工作として四権の訓練が含まれていることは興味深い。党政間の役割分担に変化が生じていることをうかがわせるが、この点については指導者の意向との関係において第五章で検討する。

94——「中国国民党中央執行委員会第三二〇次政治会議速記録」党史館、会議、政治 320。

95——「内政部二十二年七月份工作報告」南京、中国第二歴史档案館、全宗二、行政院档案 九二三「内政部一九三三年各月份工作報告」。

96——「地方自治指導綱領」『中央党務月刊』第五八期、一九三三年五月、二六九頁。

97——中国でも富裕な地域に属する浙江を事例として研究をおこなったワイドナーは、仮に保守的な官僚的政府が理論的に中国の問題を解決するのに適したアプローチであるとしても、一九三〇年代の状況は財政的基盤を欠いていたと述べる（Weidner T. Michael, *op. cit.*, pp. 2, 264-269）。

第3章 党組織の展開とその蹉跌

1 党組織からみた訓政

訓政にとって根幹をなす党組織は、なぜ機能しなかったのか。本章では、この疑問に解を与えるべく、訓政開始以降の国民党組織の展開とその帰結について考察し、国民党の党組織が訓政にいかなる影響を与えたのかを解明する。これまで、北伐完了前後における国民党組織の浸透と発展については、その伸び悩みと挫折が指摘されてきた[1]。その理由としてつねに挙げられるのが、軍政から訓政への移行時、すなわち、北伐完了時における不完全な政治的・軍事的統一である[2]。これは、中央への帰順と引き替えに、各地を支配する軍事指導者に所在地域の実質的支配権を与えたため、支配地域における国民党の活動を忌避する軍事指導者によって、党の発展が抑えられたとする見解である。この不完全な統一は、訓政開始前後における党組織の発展を評価するうえで、非常に重要な指摘である。

しかしながら、問題は、地方軍事指導者の影響が限定的な地域、さらには国民党の実質的な支配下にある地域においてなお、党組織の浸透と発展が停頓し続けた点にある。それは、むしろ軍事指導者の影響下にある地域以上にはなはだしい場合さえあった。不完全な統一そのものは党自身の発展にとって外在的な問題であったが、国民党政権が支配していたとされる地域においてなお、党組織の発展が停頓していた事実は、党自身に内在する問題から党組織の展開を再検討する必要があることを示唆している。

このような課題に対し、王奇生は非常に豊富な事例を挙げながら、清党[①]以後における党員数の伸び悩みを明らかにするとともに、党の組織化が停滞し、場合によっては後退したことを指摘した[3]。そして、党員数の伸び悩みの原因を、(一)党組織が散漫であったこと、(二)党と民衆の関係が疎遠であったことに求めた。ここでさらに検討すべき問題は、なぜ党組織が散漫かつ社会から遊離した存在となってしまったのかという点にあるのだが、残念ながら王は党の組織化が停頓している具体的状況を紹介するにとどまっている。

そこで、なぜ党の組織化が停頓し、散漫な状態にあったのかを、党自身の問題から検討すべく、北伐完了前後の国民党がいかなる問題を抱えていたかを振り返れば、当該時期の国民党内にいくつかの対立が存在したことが理解されよう。

まず、中央政局のレベルにおける対立軸として、党の主導権をめぐる蔣介石と汪精衛・陳公博らを中心としたいわゆる左派[②]の対立があり、それは徐々に表面化し、組織的な対立へと発展した[4]。この左派による対抗は「中国国民党改組同志会」(改組派)の結成へと結実し、その活動は多くの地方党員・青年党員を巻き込んで展開する。

次なる対立として、指導層と青年党員層との対立が挙げられる[5]。共産党の排除を目的として清党を断行した蔣介石であるが、二期四中全会以降、左傾党員や急進的な党員を排除して党の純化をはかるため、引き続き地方党部の整理および党員の再登記を実施した。この措置は蔣介石(組織部長)・陳果夫(組織部長代理)

を中心とした組織部と、各地の青年党員との対立を引き起こした。

また、党中央も三全大会の代表を中央で任意に選定したり、候補者の指名をおこなったりしたため、対立は党中央の指導者層と青年党員間の対立へと転じた。そのため、不満の矛先は蔣介石にとどまらず、胡漢民など広範な党の指導者層にも向けられることになり、とりわけ首都南京における指導者への反対活動は激しさをきわめた。

最後の対立は、中央と地方の対立である。この時期、中央の指導者と地方指導者の政治的対立以外にも、国民党の党内における中央と地方の対立が存在した。二期四中全会以降、地方党部の整理が進められたことはすでに述べた。その際、派遣される党員は、陳果夫の組織部における地位の確立とともに、徐々に党中央の息のかかった人物、とくに蔣介石や陳果夫に近い黄埔軍校や中央党務学校出身者が多く選ばれ、しばしば当該地域出身者で構成される執行部を排斥するかたちで党部の整理が実施された[6]。これらの措置に対して当該地域出身の党員は、地方の有力者や中央の派閥などのさまざまな勢力と結びつき、中央から派遣された執行部に対抗した。これらの反発は、潜在的に存在した地方党部内における派閥闘争を助長することにもなり、中央が企図した整理は、むしろ混乱を深める結果を招いた。

本章では、以上の党内に存在する三つの対立を軸に、北伐完了前後における党中央による地方党部の組織化を検討し、これらの対立がいかにして党組織を散漫かつ社会から遊離した存在となし、また訓政開始後の地方党部の発展を停頓させるに至ったのかを考察する。以上の検討をつうじて、当該時期の国民党が内包し

---

①――一九二七年から二八年にかけて実施された党内における共産分子の排除・粛清。

②――ここで扱われる「左派」とは一九二七年三月の武漢における二期三中全会に参加し、その後「国民党改組同志会」を結成した陳公博、顧孟餘らを中心とする一派、および彼等の首領的存在である汪精衛を指す。左派については山田辰雄『中国国民党左派の研究』慶應通信、一九八〇年、第三章、参照。

ていた党組織の発展を阻害する構造的基礎を明らかにし、党組織のあり方が訓政に与えた影響を考察するのが本章の検討課題である。

2 訓政開始前後の国民党

❖二期四中全会に至る中央政局

まず、二期四中全会に至る国民党が、どのような状況にあったのか概観しておこう。ここで検討されるのは、北伐にともなう首都遷移をめぐって、中国共産党との協力を続ける勢力が武漢を、共産党を排除しようとする勢力が南京を拠点として対抗する過程を前史とし、その対立が分共(共産党との決別)による武漢政府の南京遷都、さらに蔣介石の総司令復職を経て、二期四中全会を契機に国民党の統合が達成されるまでの時期である。この間に、上海における共産党排除を目指した四・一二事件[3]、南京国民政府の成立、広州事変[4]、蔣介石の総司令復職などが続くが、この時期の主要なアクターは、武漢政府に拠点を置くいわゆる国民党左派と、南京に拠点を置く蔣介石派と広西派[5]、および上海に拠点を置く西山会議派[6]である。その主要な対立軸は、共産党との協力に関する是非、および北伐の進展にともなう蔣介石の権力増大とそれに対する牽制である。

一九二七年四月一二日の蔣介石による上海における共産党排除の後、一五日には武漢政府が蔣介石の党籍剥奪を決定した[7]。一方の南京では一七日に南京国民政府の成立が決議され、武漢政府と蔣介石の関係悪化は決定的となる[8]。しかし、その後、武漢政府において分共(共産党との決別)が実施され、南京とのあいだに生じた基本的対立が解消されたために、分裂していた武漢政府と南京政府との統一機運が高まった[9]。しかし、この統合への最大の障害となったのが、蔣介石の処遇であった。というのも、南京政府内においても、李宗仁などの広西派は蔣介石に対して不満を抱いていたことから、武漢・南京両者の統合の際に、蔣介石の地位が問題となった。このころ、国民革命軍は孫伝芳軍の攻撃を受けて潰走し、七月二四日に徐州を失った[10]。この危機に際して、蔣は前線に赴き督戦するも揮わず、八月六日、帰京後李宗仁と面会し、翌日から二日間にわたり、李宗仁、何応欽、白崇禧らと秘密会議を開いたが、白崇禧より総司令からの離職を勧められ、形勢の不利は明らかとなった[11]。さらに八月一〇日には懐遠を失い、蚌埠より退却せざるを得なくなった。情勢を受けて蔣介石は、下野もやむなしとして、一二日に中央執行・監察委員会聯席会議において総司令辞職を表明し、一三日に下野を宣言した[12]。

これにより、上海に拠点を置く西山会議派を含め、南京政府および武漢政府の統合への機運が醸成された。この三者によって組織されたのが中央特別委員会であり、以後二期四中全会に至る過程は、特別委員会と、それに反対する蔣介石・汪精衛・胡漢民との対立によって推移する。

---

③――一九二七年四月一二日、上海占領を控えた国民革命軍が戒厳司令部を設置し、上海で武装した労働者たちを排除し、共産党員らを大量に逮捕、処刑した事件。上海クーデターとも呼ばれる。

④――一九二七年一一月に、張発奎、黄琪翔が広西省の新桂系(李宗仁、白崇禧ら)に反抗し、共産党討伐を口実に広州市党部と広州市政府を改組しようと実行したクーデター。

⑤――広西派とは李宗仁、白崇禧等を中心に広西を拠点とする一派。北伐時に功績を挙げ中央での影響力を増す。その後幾度にもわたって蔣介石と対立した。新桂系とも呼ばれる。なお当時の南京政府は蔣介石、広西派のほか、胡漢民などの元老を主要なメンバーとしていた。

⑥――一九二五年一一月反共を掲げて西山で会議を開催し、共産党員の国民党籍剥奪、ボロディンの顧問解雇などを決議した国民党内の一派。鄒魯、林森、居正、謝持、張継らを主要なメンバーとする。

蔣介石、李宗仁、白崇禧、何応欽らによる会談の翌日、李宗仁は汪精衛に向けて南京と武漢の合流を話し合うべく呼びかけたが[13]、これに対し、武漢側は党部および政府に関する問題は、中央執行委員会全体会議を開いて解決すべきことを回答し[14]、蔣介石の下野後の一九日に、中央執行委員会拡大会議を開いて南京遷都を決定した[15]。その後、紆余曲折を経て両者の妥協がなり、南京に特別委員会を組織することを決議し、共産党との協力を拒否していた元老を中心とする山西会議派をくわえた国民党の三派が合同することになった[16]。九月一五日、中国国民党中央執監委員会は臨時聯席会議を開催して「中国国民党中央特別委員会」の委員を決定した[17]。翌日には第一回会議を開くとともに、宣言を発して一応の党内統一がなった[18]。

しかし、一方で特別委員会の組織が党の綱領にもとづいたものではなかったことから、武漢派の唐生智などが反対し、さらに委員には党内有力者のうち、蔣介石、胡漢民が参加しておらず、委員会自体の有効性をめぐって対立が生じた[19]。その後も委員会の運営に対する西山会議派の干渉を嫌って、武漢派である汪精衛、顧孟餘、唐生智らが特別委員会に反対し、武漢政治分会を組織した[20]。これに対して南京側による唐生智討伐がおこなわれるなど、委員会は成立まもなく崩壊の危機に瀕した[21]。

一一月に入って、蔣介石と汪精衛とのあいだに協力に関する妥協がなり[22]、一一月中旬に上海において、南京派とともに国民党内各派の団結にむけた運動を展開し、ようやく合同の兆しがみえ始めた[23]。しかし、広東において張発奎による広州事変が起こり、汪精衛を中心とした広東派が共産党と関係しているとの嫌疑を受け、統一はまたもや頓挫を余儀なくされた[24]。

下野中の蔣介石が、二期四中全会の開催に向け奔走しはじめたのは、まさにこのような状況下においてであった。まず一一月二四日、上海の自宅で国民党執監委員会の談話会を開催し、中央政界復帰への足がかりとする[25]。続いて同会は、一二月三日に二期四中全会第一次準備会議を開催し、翌日の第二次準備会議では特別委員会の廃止を決議した[26]。一〇日の第四次準備会議では汪精衛らによって蔣介石の復職案が提起され、蔣介石が即日総司令に復職し、北伐を完成させることを決議した[27]。汪精衛らの助力により蔣介石復活の道がひらかれ、党内政治はあらたな合従連衡の段階を迎えた。ただ、この間、蔣介石は南京の広西派と元老よりは、むしろ汪精衛を中心とした広東派との協力のもとに四中全会開催を模索していたのであり、直後に起きた共産党による広州蜂起⑦は汪精衛の離職と、あらたな紛争を党内にもたらす。

二期四中全会開催前夜の国民党内の状況は、共産党との協力、また北伐による蔣介石の台頭をめぐって引き起こされた分裂が収束へとむかう過程であった。それは武漢派と南京派の対立から上海派を交えた三つ巴の争いとなり、最終的に下野を余儀なくされた蔣介石の奔走によって一応の収束を迎えるとともに、この蔣介石復活があらたな摩擦を生み出していく。また、二期四中全会に至る過程において、蔣介石は汪精衛の協力を得ることによって中央への復帰を果たした。それゆえ、蔣介石と、汪精衛を中心とした左派との関係が、その後の党内政治における一つの重要な軸となっていく。

一九二八年一月七日、蔣介石は国民革命軍総司令に正式に復職し、四中全会開催に向けて行動を起こした[28]。この間、胡漢民は汪精衛ら左派に対する強い不満を理由に、蔣介石による談話会参加への呼びかけに対して参加を固辞し、その後、視察の名目のもと、約半年に及ぶ外遊へと旅立った[29]。胡漢民の会議参加拒絶により、二期四中全会は蔣介石主導のもと、胡不在のまま広西派と左派を取り持つ形で進められる。

二期四中全会開催に向けての最大の問題は、蔣介石と協力関係にあり、その後の広州事変および広州蜂起により嫌疑を受けた汪精衛を中心とした左派委員の処遇であった[30]。全体会議を開催するには中央執行委員の法定数を満たす必要があり、そのためには左派委員の一部の参加が必須であったからである。広州蜂起

⑦——一九二七年一二月一一日、広州ソヴィエト政府の樹立を宣言するも、翌日張発奎に鎮圧される。

を受け、中央執行委員会は汪精衛、陳公博、顧孟餘、甘乃光、何香凝、陳樹人、王法勤、王楽平、潘雲超ら九名の職権を停止していたため[31]、左派の会議参加にはこれらの措置の取り消しが必要であった。

汪精衛、陳公博、顧孟餘、甘乃光らの四人については、一月七日の常務委員会臨時会議において、四中全会への出席停止が決議されているため[32]、問題は残りの五人の処遇をどうするかにあった。処置を軽減し、会議への参加を可能にするため、蔣介石は譚延闓、蔡元培、張人傑、李石曾らと話し合いを持ち[33]、なんとか残りの五名に対しては逮捕令を取り消すことを得た[34]。五名は一月三一日の聯席会議において、四中全会への参加を承認され、ようやく四中全会が開催されることとなった[35]。

四中全会は蔣介石の奔走と左派の協力によって、開催が可能となったといっても過言ではない。しかしながら、広州における一連の事件により、党内には左派に対する不満がくすぶっていた。四中全会では民衆訓練委員会が設立され、左派は運営を担う常務委員において多数派を維持したが[36]、工人部、農民部、商民部、青年部、婦人部が民衆訓練委員会に統合されたことは、民衆運動を拠り所とする左派にとって、活動拠点を実質的に縮小されたに等しかった[37]。蔣介石との協力関係だけでは、広州における一連の事件にともなう左派の影響力低下を避けることはできなかった。さらに、蔣介石が二期四中全会で中央執行委員会常務委員に選出され、本会議後の二月二三日に開かれた第一一八次常務会議で組織部長に選出されたことにより、以後組織部を掌握する蔣介石と、不遇を託つ左派とのあいだで、徐々に党の実権をめぐる対立が深まっていく[38]。

❖国民党——その組織と概況

次に、当該時期の国民党が組織としてどのような状況にあったのかを概観しておく。まず、党員数である

図3　日中戦争開始前の各省市党員数

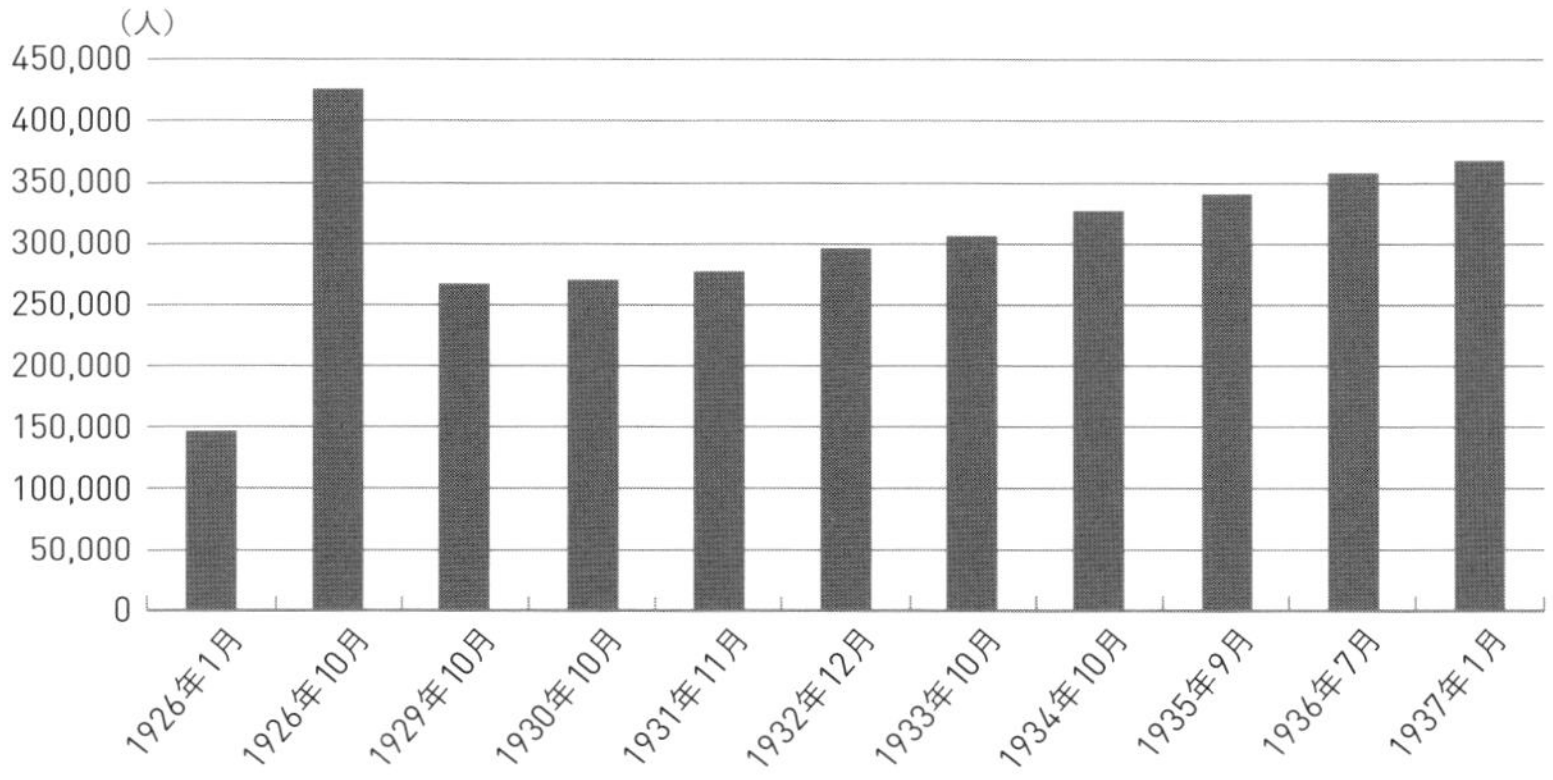

出所：巻末統計参照。

が、四・一二事件に続く清党により、国民党の党員数は一九二六年の五四万四〇〇〇（海外党員、軍隊党員含む）から二六万六〇〇〇人に激減した[39]。年齢についてみると、一九二九年時点の統計では、二九歳以下の党員が五六パーセントに達し、半数以上を占めていたことがわかる[40]。清党の犠牲者の多くが急進的な思想を有する都市青年党員であったことを考慮すると[41]、清党以後のおもな再登記者もまた、青年党員であったことが理解できる。また党員の職業についてみれば、教育界が最多の二一・三パーセント、次いで学生が一〇・五パーセントで教育関係が全体の三割を占める[42]。

さらに、入党年についてみると、実際の工作を担う地方党員の八割は、共産党との協力関係にあった「聯ソ容共」時期に入党しており、地方党部においては、依然として左傾思想の強い影響が予想される。党員の経済状況についていえば、党員の八七パーセントの家計が赤字か、あるいはぎりぎり自給できる生活状況であったことから理解されるように、党員のほとんどは裕福ではなかった。二〇年代後半の国民党は民衆運動や革命の継続など、いわゆる左派の主張に親和的な思想を有する学生や、教育に携わる青年党員が多数を占める政党であり、また党員のほとんどが裕福ではなかった。

では、北伐完了前後の時代は、党員にとっていかなる時代であったのだろうか。北伐完了前後の時期は、党員にとって非常に困難な時代であった。党員は、一方で共産党の工作に対処しつつ国民党としての工作をおこなわねばならず、他方で党員の八割以上が共産党との二重党籍者として排除された陝西省の例からも理解されるように、清党による粛清に怯えなければならなかった[43]。一九二七から二八年のあいだに共産党分子として逮捕されたものは四万四一二人、共産党分子との嫌疑により死に至った者は四万六四三人にものぼっており[44]、清党前の共産党の党員数が五万人程度であったことを考えれば[45]、犠牲者のなかには共産党員と誤認された国民党員も多く含まれていたであろう。青年党員はこのような困難な時代のなか、革命運動に邁進し、北伐の完了後のあらたな時代を迎えなければならなかった。

最後に、社会の側からみた国民党について触れておこう。当該時期の人口に占める国民党員の割合は、党員がもっとも多い広東省においてすら五〇〇人に一人、次に多い江西省・江蘇省・湖北省においても一六〇〇人に一人でしかなかった。また面積でみるならば、党員が多い広東省で一〇平方キロ（台東区に相当）に二・二人、党員が多く面積の狭い江蘇省で一・三人の割合であり、その他の省では一人以下というように、社会で生活する一般の人々にとって、メディアを除いて国民党は目に視えない政党であった。そうであればこそ信頼できる党員を集め、少ない人材資源を効率的に活用して工作を進めなければならない。それゆえ、問題解決のために基層党部の整理と組織化が急務の課題として認識されており、二期四中全会以降、党務整理として課題解決が実行に移されていく。

3　党務整理

❖党務整理の開始

清党を断行し、共産党員を排除した蔣介石は、引き続き党内の不純分子を排除すべく、二期四中全会において党務提案を提出し、地方党部の整理を試みた[46]。この案は「整理各地党務決議案(各地の党務を整理する決議案)」として採択され、組織部長に選任された蔣介石と、その腹心であり、部長代理である陳果夫によって進められた。同案は地方党部の整理を企図したものであることから、各地方党部とのあいだで軋轢、対立が生じることは避けられなかった。

提案の内容についてみると、要点は、(一)各地の各級党部の活動を暫時停止させ、中央が選んだものによって整理を実施する。(二)各地党員は一律に登記し直す必要があり、その間、党員の募集はおこなわれない。(三)各省および省に相当する党部は、中央より党務指導委員七人から九人を派遣し、当該省の党務整理および登記を実施する、というものである[47]。同案は蔣介石、陳果夫、丁惟汾により提出されたが、その目的は「共産党の擾乱を受け、投機的な腐化分子が相次いで党に入って以来、党全体がばらばらにされ」たため、「これらの党に危害をくわえる分子を完全に駆除する」ことにあった[48]。この「潜伏する共産党分子の粛清」と、「本党に危害をくわえる一切の腐化分子が存在できないようにする」という決意は、一九二七年六月の「対於第二期清党的意見(第二期清党に対する意見)」以来、蔣介石が達成すべき課題として位置づけていたものであった[49]。無論、おもな排除対象は党内に残存する共産党員であるが、この措置はさらに下層党部に多数存在する急進的な左派党員の排除をも狙ったものといえる。それは、蔣介石が以前より下層党部の行きすぎに対して不満を抱いており、提案の意義について、「本党の青年党員の幼稚な行為もまた根本より糾されなければならない」と述べていることからもうかがえる[50]。この時点では、同案は左派を狙い打ちするために策定されたものではなかったが、後に左派との対立が顕在化するにしたがって、地方党部に影響を持つ左派の力を弱める手段として大きな力となっていく。

このように、同案は党内における反中央的な小派閥・小組織を排除することを狙ったものであった一方、他方で蔣介石派の影響力を党内で高めていくことを企図したものでもあった。地方党部整理案についていえば、指導員の人選は陳果夫にきわめて近い張道藩と余井塘の補助のもと、陳果夫によっておこなわれた[51]。当初、陳果夫は党組織の把握において多くを丁惟汾に負っており、とりわけ丁が影響力を持っていた北方に関しては、丁による推薦者を選んだ。しかし、北方でも党務指導委員は増員が繰り返されるとともに頻繁に交代され、そのつど陳果夫に近い人物が選ばれ、徐々に蔣介石派の意向を反映した人物が派遣されていった[52]。その過程についてみても陳果夫が改組に際して人選し、蔣の指示を受けた後に最終決定をくだしており、地方党部の整理は蔣派である陳果夫によって進められた[53]。では、このような中央からの党務指導委員の派遣は、地方において、いかなる反応を引き起こしたのであろうか。

❖地方党部との軋轢

一九二八年四月以降、人選を終えた組織部は、地方党部の整理および党員の再登記をおこなわせるため、各地に党務指導委員を派遣する。しかしながら、党務指導委員の派遣は各地で反対や妨害をもって迎えられる。反対や妨害はおおよそ三つのケースに分けられ、対立の発端はさまざまではあるものの、党務指導委員の交代や再派遣によって解決がはかられた点において同様の帰結を迎えた。

第一は地方党部による反対である。たとえば山東省では現地の委員の多くが大同盟と称する小派閥に属しており、折に触れて中央から派遣された党務指導委員に反対した。かれらは党大会開催の条件を守らず、最終的に中央から罷免されてしまう[54]。また福建省では中央から派遣された党務指導委員に対し、旧来の地方党部の指導者であった林寿昌、黄展雲などが偽の各界聯席会議の名義を用いて反対し、党中央に改組を要求した。さらに請願やデモ、集会、スト、擾乱を起こし、中央委員である丁超五を襲撃する事件を起こした。これにより党務整理工作は停頓を余儀なくされた[55]。

第二は地方政府(指導者)による反対である。浙江省では共産党員の疑いがあるとして、党部委員の潘詠珂が省政府(反省院)によって拘束され、江蘇省でも共産党員との疑いにより夏鼎文が軍によって捕らえられた[56]。雲南省では龍雲・盧漢らによって党組織の浸透が妨げられたため、党部の整理と再登記は遅々として進まず[57]、また東北では張学良が党の発展を望まなかったため、党中央から派遣された委員は思うように工作を進めることができなかった[58]。

第三は民衆・在地有力者(地域社会)による反対である。江西省では中央から派遣された党務指導委員が、違法行為をしたとして民衆の反対に遭い、政府によって保護されるという事態に発展し、中央は党務指導委員を交代しなければならなくなった[59]。

このように党務指導委員は、各地で地方党員あるいはそれらと結びついた民衆の反対に遭い[60]、そのため地方政府に対して党務指導委員の保護を要請しなければならなかったが[61]、その地方政府からも妨害に遭うなど事態は紛糾をきわめた[62]。

以上の問題には、各地域における複雑な権力関係や、地方党部内の派閥なども関係しているが、ここで究明されなければならない重要な点は、なぜこのような反対が可能であったのかにある。各地で反抗が起きている事実は、党中央が党員の逮捕などの物理的制裁によって地方党部を統制できなかったことを示しているが、注目すべきは党が罷免や除名など、組織としての制裁によっても党員の反対を抑えられなかったことにある。相次ぐ地方党員による反抗は、その叛逆の代償として予測される党中央による罷免や除名が、地方党員にとって行動を抑制させる動機とならなかったことを示している。

地方党員が所属することになる区党部・区分部などの基層党部では、党の活動にかかわる経費は党員によって負担されることになっており、党中央は経費を負担することなく、党員は党費支払いと、区党部・区分部における活動費不足の際に寄付金を支払う義務を負っていた[63]。このように基層党部に所属する大多数の党員は、中央に依存することなく活動していた[64]。また県党部の経費は県政府から支出されることになっていたが、江蘇省のような国民党の勢力下にある地域においてさえ、県政府に支出を執行させることには困難がともない、しばしば県党部はみずから経費を調達しなければならなかった[65]。そのうえ、地方党員が上位の職位へ抜擢されることもほとんどなかった[66]。つまり、地方党員は党中央からインセンティブを分配されておらず、独力で活動をおこなっていたために、中央による「党」としての制裁は、なんら効果を発揮しなかったのである。

地方の青年党員にとっては、自身の信条や考えが受け入れられ、活動できるのであれば、改組派であっても共産党であってもよく、経済的にメリットが得られず、考えの異なる「党中央」に従属していなければならない必要も、またその動機もほとんど存在しなかった。当該時期の国民党は、下部組織を維持するのに必要な資源を党中央が掌握できず、地方党部がその資源を政党外部の環境に依存しなければならないような、制度化の度合いが低い党であったが、このことが地方党員の反抗を可能にしていた[67]。

次に、党中央の対応についてみてみよう。党中央は党務指導員を異なる地域と交代するか、あるいは罷免してあらたに派遣することによって事態の改善を試みた。問題が発生すると、陳果夫あるいは直接地方から蔣介石に報告され、これに対して蔣が罷免や派遣の指示を出し、組織部があらたに人選した後に中央常務会議にかけられた[68]。このように、問題の解決は蔣と陳に委ねられているのであるが、ほとんどの場合において、かれらの解決策は委員を替えることであった。正確にいえば、党中央は委員を替えるほかに有効な手段を持ち合わせていなかった。そのため現地で採用されたものも含め、多くの党務指導員が頻繁に交代させられ、そのほとんどが地方における指導層から外されるのであった。とくに蔣介石が「(改組に際しては―引用者)政府委員を六割用い、青年(党員―引用者)のみを用いて反動派や改組派に操縦されることがあってはならない」と指示したように、多くの場合、指導層から現地の青年党員が外され、年配の政府委員、または中央から派遣される委員が任命された[69]。南京からの電報は、「中央が各地の党務工作同志を入れ替えたあと、各地青年の失業者は非常に多い」、とその状況を報告している[70]。

罷免され、行き場を失った現地の青年党員らの不満は、改組派への加入など、徐々にあらたな潮流を生み出していく[71]。

4　党権をめぐる争い

❖青年党員の煩悶

清党を経て党務整理が開始される時期、すなわち一九二八年前後の時期は、青年党員にとって受難の時代であった。かれらはつねに共産党と関係しているのではないか、あるいは自身が共産党員ではないかとの嫌疑を受ける恐怖にさらされていた。捕らえられたり、粛清の憂き目にあったりした者は、すでに八万人を超えていた。しかし、こうした受難の時期を乗り越えた青年党員にとって、北伐完了後の時代は失望でしかなかった。それというのも幾多の嫌疑をくぐり抜け、北伐の完了によってあらたな革命の時代を期待した彼らを待ち受けていたのは、これまで革命の対象とされてきた地方軍事指導者や政客官僚などを引き入れて、優遇する政権でしかなかったからである。当時、西北の西安において宣伝部長を務めていた董霖は、「国民党の最大の過ちは優秀な党員を重用せず、軍閥官僚に寛容であったことである」、として以下のように当時を振り返る。「このような陰気な環境のもと、私は多くの青年同志が国事に心を痛め、意気消沈し、ときには異なる党に身を投じて活路を開こうとしているのを目の当たりにした」と[72]。また、武漢でも党員再登記は多数の青年党員を排除する結果となったが、それら青年党員は「排斥されたために、その多くが危険へと身を投じている」、と報告されている[73]。北伐が「徐々に勝利を収めようとしていた時期、革命のために献身しようと願う多数の国民党員の感情は燃え始めた炎のようであり、また湧き始めた泉のようであった」だけに[74]、年配の党指導層や軍事指導者を優遇する北伐完了後の国民党に対する青年党員の失望は、決して小さいものではなかった。

不満は軍事指導者に対してのみならず、胡漢民ら年配の指導者にも向けられた。青年党員らは年配の指導者が党を独占していると考えており、とりわけ胡に対する反感が強かった[75]。三全大会時には、周仏海や蕭錚ら党代表に選ばれた青年党員でさえ、胡漢民等に反対し、無断で会議から退出した[76]。

当時中央党部に在職していた黄宇人は、二期四中全会後に各地の党務沿革概況を編集したが、その活動を顧み、「多くの青年同志――とくに各大学・専門学校の学生による北伐前および北伐時の各種活動は、極めて敬服に値するものであった」と語っている[77]。これら革命にすべてを捧げた青年党員にとって、北伐後の国民党は年配者による独裁でしかなかったのかもしれない。

党のあり方に煩悶を覚えていた青年党員にとって、陳公博・顧孟餘ら、いわゆる左派が提起した「党権を高めよ」、「党が政府や軍に付属することに反対する」、「民衆運動を継続し、民衆に政治を理解させ、政治に参加させよ」、「党内の民主化を実行せよ」、との主張は、魅力的なものであったに違いない[78]。不満を持つ青年党員はこぞって「左派」的主張を標榜する組織に加入するが、不満を持つ青年党員とその組織は、「改組派」の生成と成長を支える基盤となっていく。

二期四中全会以降、中央における影響力に陰りがみえていた左派であるが、五中全会に至ってその影響力の低下は決定的となった。

五中全会における主要な問題は、政治分会[⑧]の存廃にあった。この問題をめぐっては、広西派と李石曾、張静江、呉稚暉らがその撤廃に反対し、撤廃を主張する陳公博ら左派および蔣介石と対立していた。蔣介石は集権化を進めるため、政治分会の廃止を唱えており、廃止に積極的な左派の参加を望んでいたが、広西派および李石曾ら元老が左派の参加に反対し、会議開催をめぐる議論は紛糾した。結局、政治分会の存続を条件に、左派の参加が認められたが、政治分会の扱いをめぐってはなお対立を残したままであった。

会議は開催されたものの、まず左派によって政治分会の撤廃が提起されたことに対して、広西派、李石曾ら元老が反発して上海へと引き上げてしまった。他方、左派による「政府財政に対する党の監察権、また政府の行動に対する党綱領にもとづいた監察の権限を党部に認めよ」との内容を含む「重新確立党的基礎案（党の基礎を新たに確立する案）」が、主張が行きすぎているとして、蔣介石、呉稚暉、李石曾、監察委員らに反対された[79]。さらに、蔣介石による「各級党部与同級政府関係臨時辦法案（各級党部と同級政府の関係についての臨時弁法案）」が採用されたことを不満とし、左派もまた、上海へと引き上げてしまった[80]。しかしながら、

⑧——一九二六年に可決された「政治委員会組織条例」は重要な各地に分会を設けることを規定しており、一九二八年に広州、武漢、開封、太原などに分会が設置され、各地域の軍事指導者等が分会を運営した。これは事実上、一定地域の支配権を与えるものであり、その存廃が問題となっていた。

このような状況に見舞われつつも、蔣介石は決議に必要な法定出席数を満たすことができたため、左派の力に頼らずに政治分会撤廃を決議することができた[81]。

蔣介石は当初、左派との協力により会議の開催を企図したが、左派との協力を得ずとも政治分会撤廃を通過させる見込みが立ち、左派への譲歩も最低限にとどめることができた。一方、左派にとっては、政治分会の撤廃を除いて、おおかたその主張を決議に盛り込むことができずに終わったため、蔣介石と左派との関係は、以後、胡漢民の帰国を目前に控え、急速に冷え込んでいった。さらにその後、蔣介石と胡漢民の協力が実現したため、中央政局における左派の失墜は不可避となった。元来、胡漢民が外遊視察に出かけた理由が、汪蔣合作に対する不満であったことからも理解できるように[82]、胡と汪はこれまでの確執、また政治的傾向の相違から両立しがたいものがあった。それは二期五中全会開催をめぐって、蔣介石が汪と胡の関係をいかに調整するか苦慮していたことからもわかる[83]。そのため胡漢民帰国の後、蔣介石と胡漢民との間で協力が成立するに及んで、汪蔣合作も終局を迎えざるを得なかった。

汪蔣合作が終焉を迎え、中央政局からの退出が決定的となった左派は、三全大会代表選挙での復活を目指したものの、中央組織部による候補者指名によって、その企図が打ち砕かれたため、在野からの反中央運動へとその方針を転換した。五中全会が終了し、蔣介石・胡漢民合作が成立した一九二八年秋、陳公博、顧孟餘、王楽平らは上海において中国国民党改組同志会（改組派とも呼称される）を結成した[84]。以後、改組同志会は秘密裏に会員を増やし、組織を拡大していくが、三全大会をさかいにその活動は公然化していく。

一九二九年二月に開かれた改組同志会の代表大会には、陳公博・顧孟餘・王楽平ら指導者以外にも、華北各省や東北からも代表が参加しており、また結成以来五ヶ月で一〇〇〇名の会員を加入させるなど、急速に勢力を拡大していったことがうかがえる[85]。三全大会開催後の三月二五日には、各省市党部海外総支部聯合辦事処を組織し、国内一六の省市と駐フランス海外総支部にまで組織を拡大し、最盛期には約一万人の会員を擁するまでに発展した[86]。

では、かれらはどのようにして組織を発展させたのだろうか。秘密裏に党の改組を準備する、と綱領にあるように、その活動は秘密にされ、会員は名前ではなく番号で呼称された[87]。党員は二人以上の会員からの紹介により入会を許可され、その後一～三ヶ月の予備期間を経て会員となる[88]。具体的な工作大綱には会員紹介数のノルマが示され、会員を増やすために封建関係(つまり血縁・地縁などの関係)を利用せよと指示されている[89]。

次に、その活動対象についてみると、改組同志会の働きかけるべき対象は、民衆団体、現在の党部、教育機関などとされており、さらにその対象は各地に派遣された党務指導委員、その母体となる中央党務学校、また軍機関などにも及んでいた[90]。南京市などではおもな工作として、労働者や学生に対する宣伝および組織化などが具体的な計画として策定されていたが、基本的には党内の党員を吸収し、組織を拡大して中央に反対することを主目的としていた[91]。

改組派の活動は、南京中央の組織を利用することによって拡大していったために、蔣派ではない党務指導委員など、中央が派遣した多くの指導者層を改組派に加入させていった。その中には中央によって罷免された前党務指導委員や、新たに中央から派遣された党務指導委員などが含まれていた[92]。とりわけ北方の指導委員には反中央の傾向を持つものが多数いた。これは党務整理を実施した当初、北方の党務は丁惟汾が掌握しており、陳果夫も北方の党務については丁の力に頼るほかなかったためである[93]。

二期四中全会において、丁惟汾が部長を務めていた青年部が廃止され、また党務における陳果夫・陳立夫の影響力が増すにつれて、蔣介石と丁惟汾の関係は悪化した[94]。そのため丁惟汾の影響下にあった大同盟や北方の三民主義実践社、新中革命青年社などは汪精衛擁護・反蔣介石の立場を取るようになり[95]、二期五中全会前後より改組派との協力が進んでいった[96]。たとえば、華北を中心に組織されていた新中の劉瑤章（党務指導委員）や屈凌漢、さらに実践社の蕭忠貞、賀翔新（党務指導委員）、黄国楨（同上）らが改組派に加入したため、組織に属する多くの者が改組派へ引き入れられた[97]。また、左派に寛容であった馮玉祥治下の河南においても、改組派や大同盟が党務をほしいままにしていたという[98]。以上のような働きかけを重ね、各地の青年党員を加入させることにより、改組派は中央にとっても脅威となる存在へと発展していった。

❖中央の対応

蔣介石を中心とする組織部は、二期四中全会以降、各地方党部における反中央勢力を排除するため、党務指導委員を各地に派遣したが、各地では中央や中央の派遣する指導員に反対し、妨害していたことは、さきに述べたとおりである。一九二八年四月以降、各省に派遣された党務指導委員は、さまざまな反対や妨害によって、また党務指導委員自身の問題によって、幾度も指導員の変更・再派遣を余儀なくされ、一九二九年三月の三全大会までに、海外党部・特別党部などを除く各省市党部に限っても、延べ五〇回近く、二〇〇人のうち半数の約一〇〇人の変更・免職・追派遣・再派遣が実施された[99]。

以上の事態を受け、蔣介石を中心とした中央組織部は、三全大会の選出に関し、半数を省市で選び、半数は中央が指定し、党員登記が済んでいない省市党部は中央が指定することに決め、第一七九次常会で通過させた[100]。この決定は地方党員、とくに青年層の不満をさらに高める結果となり、改組派を中心とする反対運動は激しさを増していく。それは当時、徐州において閲兵をおこなっていた蔣介石に合肥行きを取りやめさせ、至急帰京を促さなければならないほどであった[101]。南京市党部は、第一七九次常会での決議に関し、胡漢民に抗議書を提出したものの、反対に胡漢民から批判を受け、反発の度合いをさらに強めた[102]。相次ぐ各省市党部の反対表明に対し、中央としてもなんらかの対応を取らざるを得ず、第一八三次常会において、大会期日を翌年三月一五日に延期するとともに、代表選出方法の見直しを決めた[103]。

妥協を模索する一方で、中央は江蘇、浙江、江西、南京、上海の各省市党務指導委員を招集し、当該地域の党務状況を報告させるとともに、「各級党部は中央の決議に絶対服従」との蔣介石の訓話を伝え、地方党部への引き締めを強めた[104]。一二月の第一八七次中常会における三全大会代表選出法に関し、(一)二月一五日以前に正式成立し、さらにその組織が健全な党部は選挙で選ぶ。(二)未成立の党部では中央が定員の二倍の候補者を提示し、それを省市で選ぶか、省市が倍の候補者を選んだ後に中央が決定する。(三)県党部が未成立の場合は中央が選ぶ、との決定を下したが、各地方党部はこぞって三全大会反対の公開電を発し、対立は深まる一方であった[105]。

軋轢が明確な形として現れたのが南京で起きた三・一四事件であった。この事件は一九二九年三月一四日に開かれた南京市全市党員代表大会において、三全大会に反対する改組派と蔣派とが衝突し、多くの負傷者を出した事件である[106]。中央の膝元ともいえる南京で、このような事件が起きたことに対し、蔣介石は危機感を持ち、この事件以降、改組派に対する取り締まりと弾圧を強化していく。その後、捜査を進めるにつれ、軍内にも改組派分子がいることに衝撃を受け、蔣介石は南京における改組派を徹底的に排除していった[107]。

党内の状況を危惧した蔣介石は、七月に入り、左派の影響が強い北方に党務視察を実施する。北方の状況は、蔣介石にとって「私は滄州・徳州を経て天津・北平に至る途上、あろうことか国民党をみつけることができず、また党の民衆をみつけることができなかった」[108]と嘆息せざるを得ないほどであった。改組派に対する蔣の不満の強さは、北平陸軍大学での講演や、国民政府四周年記念講話時において、「粛清共産党!」、「粛清改組派!」とスローガンを唱え、改組派を共産党と同列に扱っていたことからもうかがい知れる[109]。

この時点において、蔣介石にとって改組派はすでに共産党と同様、排除されるべき存在となっていた。以来、一一月一九日の改組派上海総部に対する閉鎖命令と前後して[110]、上海や北方を中心として次々に改組派メンバーが逮捕された[111]。一九三〇年に入ると大連・香港など一〇都市に秘密調査員を送るなどして、改組派を徹底的に摘発した[112]。

ただ、さきに述べたように、逮捕といった物理的制裁には限界があり、改組派の勢力を完全におさえることはできなかった。しかしながら、中央からの攻勢にくわえ、改組派自身もまた、自壊をうながす要因を内包していた。改組同志会においては、その運営や方針をめぐって、陳公博と顧孟餘のあいだに対立があった。陳が海外へ旅立ったことにより、衝突は一時的に回避されたが、それは問題を棚上げしたにすぎなかった。改組同志会の方針をめぐる対立が未解決のまま残されたため、陳公博に近いものと顧孟餘に近いものとの対立は解消されず、それは派閥間の対立に近いものとなり、改組派の活動に大きな影響を与えた。

また、組織の拡大とともに、改組派は内部に雑多な小組織を抱えることとなり、陳・顧の派閥間の対立と相まって、統一された組織としての活動は徐々に難しくなっていった[113]。こうした状況のなかで、上海総部における運営の中心的人物であった王楽平が暗殺され[114]、それ以後総部に立ち入るものが絶えたといわれる[115]。党中央による摘発、内部対立の激化、上海総部の崩壊に続き、北方での反蔣戦が失敗に終わったことにより、組織としての改組派の活動はここに瓦解した。

二期四中全会における地方党部の整理と党員再登記をめぐる蔣介石を中心とする中央と、左派・青年党員を中心とする改組派との二年半に及ぶ争いは、中央の勝利という形で終息をみた。しかしながら、この間に実施された幾度にも及ぶ党務指導委員の改組は、中央による地方党部の組織化、およびその発展を大きく遅らせた。そのため、地方党部の組織化は進捗せず、一九三三年に至るもなお、県党部の組織率は一七パーセントにとどまり、したがって社会に対する党の工作もまた、満足のいく成果をあげることができなかった[116]。

当該時期の国民党の組織的発展は、以上の諸対立が関連し合うことによって停頓を余儀なくされた。それは、中央で排斥された左派の呼びかけを契機とし、中央の影響力が限定的な地方党部を拠点に青年党員が呼応したことによって拡大し、持続した。

左派に代表される反中央勢力だけでは、長期にわたって党組織の発展を阻害させるまでには至らなかったであろうし、また青年党員や地方党員の不満だけでは、中央に脅威を与えるまでの発展をみることはなかったであろう。そして、なにより対立を可能とする資源と空間を中央が支配するのではなく、地方党部が掌握していた点は改めて注目しておく必要がある。この複合的な党内の対立が国民党の組織化を阻害し、ひいては党を散漫かつ社会から遊離した存在へと導いた原因であった。

ただ、ここでさらに問題とされなければならないのは、以上の複合的対立がいかなる基礎によって支えられ、構造化されていたのかにあり、それぞれの対立を生じさせている基礎について検討されなければならない。小結では対立の背景にある基礎を検討しつつ、国民党の組織的発展の問題点を考察する。

5 小結

北伐の完了は国民党にあらたな課題をもたらした。それは、革命による政権奪取を目指す政党から、あらたな理念にもとづいて統治をおこなう政党への転換であった。国民党はこのあらたな課題に対し、党による政治的諸権利の代行——すなわち訓政——を実施することによって克服しようと試みた。国民党は、国民の政治的諸権利を党に、統治にかかわる権利を国民政府に付託させた。そして、その間に、国民が政治的諸権利の行使に習熟し、真の主権者となるよう訓練させるため、地方自治の推進を謳った。この間にあって、あらゆる政策を取り決め、その具体的進行を指示し、監督するのは国民党であった。

このように、訓政期における国民党の役割は、明確に位置づけられていた。問題は、この規定が末端の地方党部にまで適用されなかったことにある。理念とは裏腹に、地方党部には地方政府への監察権限は与えられず、そのうえ地方における政策推進主体は控えめにみても政府の方であった。このような状況に対し、地方の党員が不満を抱いたとしても不思議ではない。権力闘争に動機があったとはいえ、左派がこの問題を争点にしたのは自然なことであった。さらなる問題は、蒋介石が、「目下、党が不健全であるのは制度が悪いのではなく、我々党員のおこないがよくない」からである、と述べたように[117]、地方党員の不満――それは政府への監察権など訓政理念からしてあるべき権利の主張など――を、党員の問題に帰してしまったことにある。

訓政下の国民党は単一政党制のもとにあり、党内における異質度は高まる傾向にある一方[118]、党内においては民主集中制が採用されていたうえ、代表の選出に問題を有しているなど、党員の不満を適宜汲み取る制度を根本的に欠いていた。

党員たちは、老年指導者が党を牛耳っていると感じたとしても、それを適切に表現する手段を欠いていた。そのため、党員の意見表出は、「反中央」の表明として受けとめられ、中央は党員の再登記、党部の改組、委員の交代などの手段をもって対抗し、党員の不満をさらに高める悪循環に陥っていた。

中央で排斥された左派の呼びかけを契機とし、元来中央と異なる政治的傾向を持つ青年党員が中央の影響力が限定的な地方党部を拠点に呼応することによって、反中央の運動が拡大し、持続していった。当該時期の国民党の組織的発展が頓挫せざるを得なかった要因は、決して組織化における技術的な問題や、地方軍事指導者による妨害にのみ還元されるものではなく、国民党自身の構造的な問題にも起因していたことがうかがえる。

ただ、問題は以上の複合的対立が如何なる基礎によって支えられ、構造化されていたかにある。

まず、蔣介石を中心とする中央と、汪精衛・陳公博らを中心とする左派の対立についてみると、この対立が胡漢民の帰国と汪蔣合作の終焉に端を発していることからも理解できるように、党内勢力の変化にともなう権力争いを契機としている。一般に、政党の凝集性は政党間競合度の直接的関数と考えられているように、単一政党制下にあっては党内における異質性が高まることから、国民党はつねに党内派閥、あるいは党内組織形成への志向を持っていた[119]。ただ、潜在的な派閥対立が存在することと、それが闘争として顕在化することは別の事象に属する。ここでの問題は、単に派閥が存在することではなく、それが党の制度内で解決し得ない対立へと発展したことにある。つまり、党代表選挙時の操作が公然とおこなわれ、派閥間の闘争が制度手続外の手段によってしか解決し得ない事態に陥ったことが問題であった。このことからも、いま述べた対立が生じる基礎として、党内民主手続きの不備不足を挙げることができよう。

次に、指導者層と青年党員の対立についてみると、この対立は元来革命や民衆運動の継続を主張とする、思想的に左傾の青年党員によって構成されていた国民党が、革命の党から統治する党への転換にともない、左傾思想を排して成員の純化をはかろうとしたために起きたものである。ただ、根本的には党内で民主集中制が採られていたにもかかわらず、指導者の選出に際して中央による候補者の選定が行われ、党員がみずからの意見を党の方針に反映する手段を失ってしまったことが対立の契機となっている。

これは、左派の対立と同じく、党内民主の不備不足が対立の基礎であるように考えられるが、問題を政党組織の面から考えたならば、もっとも重要な基礎は、党中央が党員の活動や生活を経済的に保障して補助したり、人事面での昇級を制度化したりして、党員に忠誠心を持続させ、党中央に依存させるインセンティブシステムを確立することができなかったことにある。

最後は、中央と地方の対立である。この対立を存在可能にしている基礎として、県以下の末端党部が必要とする経費などを党中央が支出せず、さらに地方党員の地域社会における資源獲得を党中央が十分に把握することができなかったため、中央への反抗を可能とする空間と資源を地方党員に与えてしまっていた点が挙げられる。この党中央による資源の不完全掌握が対立を支える基礎である。

本章で検討した複合的な対立の基礎は、党内民主手続の不備不足、インセンティブシステムの未確立、党中央による地方資源の不完全な掌握にあった。しかし、党内民主の不備不足は元来の制度が党員の不満に対して対応できなくなったために制度改変を余儀なくされて生じたことを考えれば、党内民主の不備不足は、じつのところ、対立の原因というよりは、その結果である。党内民主制度を曲げてまで、党中央の権威を護らなければならなかったのは、皮肉にも地方党員の「民主」的反抗に原因があるのだが、そもそも党員の反抗が起きた原因は、インセンティブシステムによって党員の不満を未然に解消するか、あるいは地方資源の掌握によって、党中央が地方党部の反抗を防ぐことができなかったことにある。その意味で、インセンティブシステムの未確立、党中央による地方資源の不完全な掌握こそが、当該時期の国民党が内包していた党組織発展を阻害する構造的基礎であり、また国民党の組織的特徴であった。

それゆえ、対立そのものの解消がみられたとしても、最終的に以上の基礎が克服されないかぎり、つねに潜在的な紛糾を内包することになり、党内における小組織の簇生は避けられず、組織上の発展を望むことは困難であった。改組派の活動以降も、胡漢民らの新国民党[120]の活動など、さまざまな党内組織が絶えなかったが、これは国民党が、みずからの影響下に収めた地域においてさえ、長期にわたって党組織発展を阻害する構造的基礎を克服できなかったことを示している。

党員に対する家父長的訓令や、民主集中制などの厳格な組織や紀律にみられるような、一見非常に権威主義的に振る舞う、また、実際にはそう振る舞わざるを得ない国民党の党中央の行動は、以上述べた国民党自身が持つ特徴、またその帰結としての過度に「民主」的な下層党部の現実がもたらしたものであった。当該時期の国民党の外形的な強さや厳格さは、党の組織的統制力の緩さという実体的脆さや散漫さと表裏一体をなすものであり、じつに国民党の権威主義的、強権的なみかけ上の強さは、党組織そのものの弱さの表れであった。

では、このような脆弱な党の基礎が、訓政を進めるに当たって、現実の地方政治に位置づけられた際に、いかなる問題を引き起こしたのであろうか。次章では、訓政開始と前後して各省で進められた地方自治政策に対し、党がいかなる役割を果たしたのか、また党と地方の指導者、あるいは党と政府の関係が、どのような協力関係、あるいは緊張関係にあったのかを検討する。

註

1――土田哲夫「中国国民党の統計的研究(一九二四～一九四九)」『史海』第三九号、一九九二年六月。家近亮子『蔣介石と南京国民政府』慶應義塾大学出版会、二〇〇二年。王奇生「清党以後国民党的組織蛻変」『近代史研究』二〇〇三年第五期、二〇〇三年九月。鍾声「論一九二八―一九三七年中国国民党地方組織発展特点及其対地方政治的影響」陳謙平主編『中華民国史新論―政治・中外関係・人物巻―』北京、三聯書店、二〇〇三年。

2――土田哲夫、同右、三三～三四頁。家近亮子、同右、二二五、二三六～二三七頁。王奇生、同右、六〇～六二頁。鍾声、同右、三七～三八頁。

3――王奇生、同右、四九～六二頁。また土田哲夫、同右、三〇～三二頁、参照。

4――この対立についてはすでに久保により「革命の党」から「統治の党」への転換にともなう争いとして明らかにされている。本章では革命と統治をめぐる争いを、党務整理や改組派の活動などとあわせて検討することにより、この問題が具体的に党組織の発展にいかなる影響を与えたのかを検討する。久保亨「南京政府成立時期の中国国民党―一九二九年の三全大会を中心に―」『アジア研究』第三一巻第一号、一九八四年四月。

5――この時期に存在した世代間格差が党内の闘争に影響を与えていた点は土田によって指摘されている。土田哲夫、前掲、三八頁。

6——卒業生については中央政治大学『中央政治学校畢業同学録』出版地不詳、中央政治大学指導部、一九三七年、「中央党務学校」部分。湖南省档案館『黄埔軍校同学録』長沙、湖南人民出版社、一九八九年、参照。三全大会以後は人材が足りなくなったため、とくに中央党務学校の生徒の派遣が増えたという（黄宇人『我的小故事』香港、呉興記書報社、一九八二年、上巻、一九二頁）。

7——「中国国民党中央執行委員会第二届常務委員会第七次（拡大）会議議事録」（「第二届中央常務会議拡大会議速記録一－二〇次武漢」台北、中国国民党文化伝播委員会党史館蔵档案、会議、2.4/14（以下、「党史館、分類、番号」と略す）所収）。

8——「中国国民党中執会第二届常委会第七次拡大会議議事録」（中国第二歴史档案館編『中国国民党第一、二次全国代表大会会議史料』南京、江蘇古籍出版社、一九八六年、九三〇頁、所収）。令文については、「一週間国内外大事述評」『国聞週報』第四巻第一七期、第一頁。「中国国民党中央執行委員会政治会議第七十三次会議紀録」羅家倫『革命文献』南京、中央文物供応社、一九六〇年、第二二輯、一七一～一七三頁。

9——分共の過程については「容共政策之最近経過」『国聞週報』第四巻第二九期、武漢反共之重要文件、九頁。汪精衛「武漢分共之経過」汪精衛『汪精衛集』上海、光明書局、一九三〇年、巻三、二一五～二三七頁、李雲漢『従容共到清党』台北、中国学術著作奨助委員会、一九六六年などを参照。

10——陳訓正『国民革命軍戦史初稿』台北、国防部、第一輯、巻三、一九五二年、一二九～一三〇頁。

11——程思遠『白崇禧伝』香港、南粤出版社、一九八九年、七九～八〇頁。蔣公侍従人員史編纂小組『蔣公侍従見聞録—侍従人員史—』台北、国防部史政編訳局、一九九七年、六六頁。日記には、「同志に対しては譲り、敵に対してはどこまでも主張しなければならない」と記しており、程の記述にはある程度の信憑性があると思われる（「蔣介石日記」一九二七年八月八日の条（Hoover Institution Library & Archives））。ただ、李宗仁は回顧録の中で、蔣に辞職を迫った事実を否定しており、蔣の下野は六日には起草されていたとする（李宗仁『李宗仁回憶録』桂林、広西人民出版社、一九八八年、三四一～三四六頁）。

12——「蔣介石日記」一九二七年八月一二日の条。陳訓正、前掲、一六〇頁。王正華編『事略稿本』一九二七年八月一二・一三日の条、新店、国史館、二〇〇三年、第一冊、六五五～六五八頁（以下、編者『稿本』第〇冊と略す）。

13――「寧致漢電」羅家倫『革命文献』台北、中央文物供応社、一九五七年、第一七輯、三一〇四頁。

14――同右、三一〇四～三一〇五頁。

15――「中国国民党中央執行委員会第二届常務委員会第二十五次拡大会議速記録（「第二届中央常務委員会拡大常務会議第一－二六次会議録」党史館、会議、2.4/15所収）。「中国国民党中央党部及国民政府遷都南京宣言」『漢口民国日報』一九二七年八月二〇日。

16――「上海第一二三次談話会紀録」党史館、会議、2.9/3。「国民党中央執行委員会公布的寧漢滬三方談話会決議案」（中国第二歴史档案館『中華民国史档案資料匯編』南京、江蘇古籍出版社、一九九四年、第五輯第一編政治（一）、一～四頁、所収）。「謝持等叙述中央特別委員会成立経過」羅家倫『革命文献』台北、中央文物供応社、一九五七年、第一六輯、二八七〇～二八七五頁。経過については「為特別委員会事再宣言」鄒魯『澄廬文選』南京、正中書局、一九四八年、三五四～三六一頁。

17――「中国国民党中央執監委員臨時会議紀録」党史館、会議、2.9/3。

18――「中国国民党中央特別委員会第一次談話会速記録」、「中国国民党宣言」（「中国国民党中央特別委員会会議録附速記録」党史館、会議、2.9/2所収）。『民国日報』（上海）一九二七年九月一六日。「中国国民党中央特別委員会宣言」・「中国国民党中央特別委員会重要決議案」（中国第二歴史档案館『中華民国史档案資料匯編』南京、江蘇古籍出版社、一九九四年、第五輯第一編政治（一）四～一四頁、所収）。

19――胡は武漢側党員の過ちを理由に中央特別委員会による四中全会への参加を拒否した。「一週間国内外大事述評」『国聞週報』第四巻第三五期、一頁。

20――「武漢政治分会成立」『漢口民国日報』一九二七年九月二二日。

21――「有関討伐唐生智之文電」羅家倫『革命文献』台北、中央文物供応社、一九五七年、第一七輯、三〇五五～三〇六四頁。

22――「時事日誌」『東方雑誌』第二五巻第一期、一九八～一九九頁。陳公博『苦笑録』北京、当方出版社、二〇〇四年、一〇六頁。

23――「留粤委員対於寧漢滬合作之提案」羅家倫『革命文献』台北、中央文物供応社、一九五七年、第一七輯、三一一三頁。

24――第一次広州事変の過程については、広州平社『広州事変与上海会議』広州、広州平社、一九二八年、上編参照。共産党との関係に関する嫌疑については李済琛の談話を参照、同、五二～五八頁。

25 ——「蔣介石日記」一九二七年一一月二四日の条。『時報』(上海)一九二七年一一月二五日。

26 ——「第四次中央全体会議第一次予備会議議事録」、「第四次中央全体会議第二次予備会議」党史館、会議、2.2/3.2。

27 ——「中国国民党第四次中央全体会議第四次予備会議録」党史館、会議、2.2/3.2。「中国国民党二届四中全会予備会議記録」(中国第二歴史档案館、前掲、第五輯第一編 政治(二)、二九～三三頁、所収)。提案文については「汪兆銘等向四中全会予備会議提請蔣総司令復職案文」羅家倫『革命文献』台北、中央文物供応社、一九五七年、第一六輯、二八七九～二八八〇頁。

28 ——周美華『稿本』第二冊、一九二八年一月七日の条、二三六～二三七頁。

29 ——文化研究社『中国五大偉人手札』上海、大方書局、一九三八年、三四三～三四四頁。「蔣介石致胡漢民函」陳紅民輯注『胡漢民未刊往来函電稿』桂林、広西師範大学出版社、二〇〇五年、第一冊、第三巻、四八一頁。

30 ——汪蔣合作は汪精衛率いる左派が蔣介石の総司令復帰提案を提起し、その復帰を助力したことにはじまる。協力関係は汪精衛の国外脱出後も続いており、五中全会以降胡漢民帰国の前後まで続いた。汪自身の回想については「汪精衛致王懋功密函選」一九二八年一〇月一九日(『歴史档案』一九八四年第四期、五八～五九頁)。また陳公博も五中全会まで協力関係にあったことを示唆している。陳公博、前掲、一一五頁。黄宇人によれば、当時蔣は汪が復職を提案する見返りとして、北伐が完了し、広西派を討伐した後に汪の復帰を約束したといわれていたという。その後、蔣が汪を顧みず胡と協力したために、左派は反蔣活動を開始したという(黄宇人、前掲、上、一九〇～一九一頁)。

31 ——「国府査辦汪精衛等令文」広州平社、前掲、一九二八年、下冊、一七三～一七五頁。

32 ——「中国国民党中央執行委員会常務委員会臨時会議決議案紀録」党史館、会議、2.3/57。「中国国民党中央執行委員会常務委員会臨時会議決議案紀録」『汪陳甘顧出席問題』出版地不詳、出版者不詳、出版年不詳、二一～二四頁。

33 ——周美華『稿本』第二冊、一九二八年一月一九、二九日の条、二七三、三〇二頁。「蔣介石日記」一九二八年一月二九日の条。

34 ——同右、一九二八年一月三〇、三一日の条、三〇二～三〇六頁。『民国日報』(上海)一九二八年一月三一日。

35 ——「中国国民党中央執監委員聯席会議記録」党史館、会議、2.2/3.1。「中国国民党第二届中央執行委員会第四次全体会議執監委員聯席会議議事録」『汪陳甘顧出席問題』前掲、二四～二六頁。

36 —— 李雲漢『中国国民党職名録』台北、中国国民党中央委員会党史委員会、一九九四年、六六頁。本委員会の運営は常務委員の合議による（「中央民衆訓練委員会暫行組織条例」『中央党務月刊』第一期、一九二八年八月、法制、一〇～一二頁）。

37 —— 「中国国民党二届四中全会記録」（中国第二歴史档案館、前掲、三四～五〇頁、所収）。またこの問題をめぐる左派と呉稚暉・李石曾等元老との争いについては中央研究院近代史研究所編印『王子壮日記手稿本』台北、二〇〇一年、第二冊、二六六～二六九頁、一九三五年三月十九日の条、および張鉄君『蘧然夢覚録』台北、阿波羅出版社、一九七二年、一六五頁、参照。

38 —— 「中国国民党二届四中全会記録」同右。「中国国民党中央執行委員会第一百十八次常務会議記録」党史館、会議、2.3/62.1

39 —— 陳希豪『過去三十五年之中国国民党』上海、商務印書館、一九二九年、一四七～一四九頁。中央執行委員会統計処「中国国民党中央執行委員会統計処報告第二類第二号―党員統計―省市部份」出版地不詳、出版者不詳、一九三〇年、党史館、一般、435/215（以下『党員統計』と略す）。

40 —— 『党員統計』同右。

41 —— 王奇生、前掲、四三頁。

42 —— 『党員統計』前掲、不明を除く（以下本節で註記なき場合は同書より引用）。

43 —— 延国符『延国符奮闘生活回憶録』出版地不詳、自刊本、一九七六年、六二頁。

44 —— 『新晨報』一九二八年一〇月一五日。済難会、救済機関の調査による（燕塵社『現代支那之記録』北平、燕塵社、一九二八年一〇月、一八五～一八七頁）。土田哲夫、前掲。

45 —— 「政治形勢与党的任務決議案」中央档案館『中共中央文件選集』北京、中共中央党校出版社、一九八九年、第三冊、四八頁。ただ一九二六年一二月時点の統計で二万人程度あったことを考えれば、実際はさらに少ない可能性もある。「中央局報告（十、十一月份）」同、第二冊、五〇三頁。

46 —— 「蔣中正等於中国国民党二届四中全会関於党務之提案」『革命文献』前掲、第一七輯、三一三八～三一五二頁。

47 —— 「整理各地党務決議案」栄孟源主編『中国国民党歴次代表大会及中央全会資料』北京、光明日報出版社、一九八五年、上冊、五二一～五二二頁。

48――「蔣中正等於中国国民党二届四中全会関於党務之提案」前掲、三二五〇～三二五一頁。
49――蔣中正「対於第二期清党之意見」『中央半月刊』第一期、一九二七年六月、一一頁。
50――「蔣中正等於中国国民党二届四中全会関於党務之提案」前掲、三二三九頁。
51――陳果夫「一五年至一七年間従事党務工作的回憶」蔣永敬編『北伐時期的政治資料―一九二七年的中国』台北、正中書局、一九八一年、九六頁。
52――南京：張厲生・李敬齋・呉保豊・劉季洪・洪陸東・段錫朋、上海：潘公展・呉開先、浙江：葉溯中・許紹棣、安徽：陳訪先、福建：方治、江西：熊育錫など。その他各省でも陳果夫に近いものが選ばれている。指導員については「各省市特別党部及海外各総部直属支部党務指導委員籌備委員等名単」中国国民党中央執行委員会編印『中国国民党中央執行委員会組織部工作概況―十七年三月至七月』南京、一九二八年、七一～八四頁(天津図書館蔵)。または「中国国民党各省各特別市党務指導委員会負責人員一覧表」『中央党務月刊』第一期、一九二八年八月、付録、参照。
53――たとえば、蔣が南京を離れている際の陳果夫より蔣介石宛電報からは陳が人選についてうかがいを立て、蔣が指示を与えていることがみて取れる。「陳果夫致蔣中正電(一九二九年四月一〇日)」蔣中正総統档案、002-080200-00043-001、台北、国史館蔵、など(以下、蔣中正総統档案は蔣档と略す)。
54――張金鑑『明誠七十自述』台北、中国行政学会、一九七二年、一四七～一四九頁。
55――『中央週報』第二期、一九二八年六月、三頁、第三期、同上、二頁。またこれ以前にも福州市党部では謝痩と林寿昌の対立があった(王新命『新聞圏裡四十年』台北、海天出版社、一九五七年、三三五～三三六頁)。
56――黄宇人、前掲、上、一九四～一九五頁。陝西などの西北でも馮玉祥によって多くの党員が捕えられた(延国符、前掲、六二～六七頁。董霖『六十載従政講学』台北、台湾商務印書館、一九九一年、三九頁)。
57――張鉄君、前掲、一七九～一八八頁。このほか、雲南では圓通派と学聯派という派閥があり、党務紛糾を複雑にしていた(同、一七九頁)。
58――王秉鈞『八十回憶概述』台北、自刊本、一九六七年、二四～二七頁。
59――「楊賡笙致蔣中正電(一九二八年六月二八日)」蔣档、002-080200-00034-081。「江西省党務沿革史略」中国国民党江西省党務指導委員会『中国国民党江西省党務指導委員会工作総報告』出版地不詳、一九二九年、二頁(国立中央図書館台湾分館蔵)。

60——「令全体党員対於中央所派党務指導委員不得有軌外挙動（一九二八年四月一六日）」『中央党務月刊』第一期、一九二八年八月、文書、七～八頁。

61——「拠組織部提議咨請国民政府令飭各省保護党務指導委員由（一九二八年三月三〇日）」『中央党務月刊』同右、三～四頁。

62——江西・福建・安徽で政府委員の反対が報告され、湖北でも党内の紛糾が伝えられた（「中央組織部五個月内工作報告」『中央党務月刊』第五期、一九二八年一二月、報告、一頁）。

63——「第二届中央執行委員会第一八二到二〇五次常務会議速紀録」党史館、会議2.3/105.2。「中央常務会議―一九三次―」『中央週報』第三五期、一九二九年一月、専載一六頁。

64——そのため地域社会や政府に対し党に名を借りた徴収をおこなう党員が後を絶たなかったという（「本党経費改革案」『中央党務月刊』第二八期、一九三〇年一一月、決議案、四七～四八頁）。

65——「党務報告」『中央週報』第三〇期、一九二八年一二月、一～二頁。

66——これはほとんどの党務指導委員が中央から派遣されてくることからも理解できよう。国民党には選挙によって代表に選ばれない限り、地方党員が定期的に昇級していくことが可能な人事制度は存在しなかった。

67——アンジェロ・パーネビアンコ『政党―組織と権力―』ミネルヴァ書房、二〇〇五年、六〇～六六頁（Angelo Panebianco, *Political Parties: Organization and Power*, Cambridge: Cambridge University Press, 1988, pp. 53-60）。パーネビアンコによると環境への依存度と組織間の相互依存度は相関係にあり、政党の制度化の度合いを示す。

68——各中央執行委員会常務委員会会議記録を参照。

69——「蔣中正致陳立夫電（一九二九年六月二六日）」蔣档、002-010200-00006-072。

70——「李冠洋致閻錫山電（一九二九年四月九日）」閻錫山档案、「北伐附晋冀察綏党政案（一）」116-010101-0058-001、台北、国史館蔵。

71——当時河南にいた羅敦偉によると、当初改組派に加入して省指導部に入ることは容易であり、そのため多くの者が加入したと述べていることから、指導的地位につけることも初期改組派の勢力拡大の要因の一つであったといえよう（羅敦偉『五十年回憶録』台北、中国文化供応社、一九五二年、五八頁）。

72——董霖、前掲、三二頁。

73——「白珩呈蔣介石武漢情形（一九二八年九月二五日）」蔣档、002-080200-00037-037。

74――王新命、前掲、三三六頁。
75――胡に対する反感の典型的なものとして、槍影「胡党之訓政観」『光明週刊』第二巻第一期、一九二九年一月。
76――周仏海「盛衰閲盡話滄桑」周仏海『陳公博周仏海回憶録合編』香港、春秋出版社、一九七一年、一九八頁。蕭錚『蕭錚回憶録―土地改革五十年―』台北、中国地政研究所、一九八〇年、二六頁。
77――黄宇人、前掲、上巻、一八一頁。
78――「那里是出路」『前進』創刊号、一九二八年六月。「関於五中全会的一個重要党務提案―重新確立党的基礎案―」『革命評論』第一四期、一九二八年八月。左派の主張に関する検討については山田辰雄『中国国民党左派の研究』慶應通信、一九八〇年、第六章、参照。
79――「一週間国内外大事述評」『国聞週報』第五巻第三〇期、一九二八年八月、二頁。
80――「審査委員会第二組審査報告」中央秘書処『中国国民党第二届中央執行委員第五次全体会議紀録』南京、中央秘書処、一九二八年、五六～五七頁。
81――「到京各委員等出席列席表」『中央党務月刊』第二期、第五次全体会議経過、一九二八年九月、一六頁。
82――「李煜瀛致張人傑密電」一九二八年五月一日『歴史档案』一九八四年第二期、六七頁。
83――「蔣介石日記」一九二八年六月一一日の条。周美華『稿本』第三冊、一九二八年六月一一日の条、五〇三頁。
84――陳公博「改組派の史実」では二八年の冬、「苦笑録」では二七年冬と回想されている(後者は誤記であろう)。しかし一九二九年二月に開催された改組同志会全国大会における「総部及各地会務決議案」では、総部成立以後五ヶ月との記述があり、また蔣胡合作が合意に至った時期や他地域での改組派の活動の活発化からして、一九二八年の九月から一一月のあいだとみるのが妥当である。陳公博「改組派的史実」『寒風集』台北、漢京文化事業、一九九一年、二四四頁。陳公博、前掲、二〇〇四年、一二三頁。「総部及各地会務決議案」中央調査統計局「関於改組派的総報告」南京、中央調査統計局、出版年不詳、第一冊、頁記載無(台北、法務部調査局蔵)。ちなみに「関於改組派的総報告」は第二冊の記述において一〇月としている。
85――北平:谷正鼎、天津:朱化魯、河北:劉瑶章、山東:呉若愚、山西:李汾、河南:武文、奉天:孟廣厚、吉林:朱晶華など。「第一次全国代表大会的糾紛及華北各省市出席代表名録」、「総部及各地会務決議案」中央調査統計局、同右、第一冊、頁記載なし。ただ、范予遂によれば、これは全国大会というよりも組織工作のための中央・各省指導者による工作会議であったという(范予遂「我所知道的改組派」中国人民政治協商会議全国委員会

文史資料研究会『文史資料選輯(合訂本)』北京、中国文史資料出版社、第四五輯、一九八六年、二一七頁(以下、『文史』、第〇輯と略す)。

86——何漢文「改組派回憶録」『文史』第一七輯、一七二頁。武和軒「我対改組派的一知半解」『文史』第三六輯、一四三頁。当時の各地指導者は以下のとおり。河南：鄧飛黄、甘粛：馬元鳳、遼寧：孟廣厚、吉林：朱晶華、黒竜江：張日新、北平：谷正鼎、四川：楊全宇、雲南：熊光暄、湖北：彭伯勲、山東：王力哉・劉子班、江蘇：霊印泉、江西：李松風、漢口：陳言、広西：黄華表、南京：谷正綱、福建：林壽昌(中央調査統計局、同右、第二冊、一二～一三頁)。

87——「中国国民党改組同志会的綱領」中央調査統計局、同右、第一冊、頁記載なし。

88——「中国国民党改組同志会的綱領」「会員須知」同右、第一冊、頁記載なし。

89——「改組派南京中央政治学校第二分部工作計劃大綱十九年上学期」同右、第二冊、頁記載なし。

90——「訓練大綱」同右、第一冊、頁記載なし。

91——たとえば「改組派南京市工人運動計劃大綱」「改組派南京市学生運動委員会工作綱要」同右、第二冊、頁記載なし。

92——たとえば、谷正鼎、王力哉、劉子班、張維中、苗培成、鄧飛黄らの党務指導委員が改組派に加入し、あらたに派遣された指導委員のなかにも呉若愚、楊宝庠、王明倫らが含まれていた(同右、第二冊、頁記載なし)。その他の委員として北平：蕭忠貞・蕭訓、河北：朱化魯、河南：張厲平、山東：范予遂、山西：趙光庭・武和軒・郭任之・留定安・韓克温・姚大海(後三名は後に中央に帰依)など(范予遂、前掲、二一六～二一七頁。羅方中「関於改組派的一鱗半爪」『文史』第一輯、八二頁)。

93——胡夢華「国民党CC派系的形成経過」柴夫『CC内幕』北京、中国文史出版社、一九八八年、六～七頁。

94——張同新『国民党新軍閥混戦史略』哈爾浜、黒竜江人民出版社、一九八二年、二二四頁。

95——司馬仙島『北伐後之各派思潮』北平、鷹山社出版部、一九三〇年、二〇四頁。范予遂、前掲、二一四頁。

96——范予遂、同右、二二九頁。たとえば『青年呼声』は童冠賢(新中革命青年社)・羅貢華(三民社)・劉叔模(その他、段錫朋・周仏海・何思源など)らによって一九二八年五月に出版され、一一月まで発刊された。

97——中央調査統計局、前掲、第二冊、頁記載なし。

98——この状況は韓復榘が蔣介石に寝返る一九二九年五月まで続いた。その後は馮玉祥の河南占拠を挟んで錯綜し、三一年後半以降になってようやく省党部を蔣介石系が占めるようになった。民革河南省委員会《国民党河南省党務志》編輯組編印『中国国民党河南省党務大事記』出版地不詳、一九八六年、一四～一六頁。程天放「視察河南党務後之感想」『中央週報』第一五一期、一九三一年四月、選録、一三頁。

99——第一二四次から第二〇四次までの中央常務委員会会議における決議、組織部報告を参照。

100——「中央常務会議—第一百七十九次—」『中央週報』第二二期、一九二八年一一月、専載、一二頁。ただし、方法については会議において具体的な議論はしていない（「中国国民党中央執行委員会第一七九次常務会議速記録」（「第二届中央執行委員会第一六八到一八一次常務会議速紀録」党史館、会議、2.3/105.1、所収）。

101——「何応欽致蔣中正電（一九二八年一一月一四日）」蔣档、002-080200-00038-060。

102——『申報』一九二八年一一月一七日。また檜影「胡党之訓政観」前掲参照。

103——「中央常務会議—第一百八十三次—」『中央週報』第二五期、一九二八年一一月、専載、一三頁（当該回については速記録が存在しない）。

104——「江浙皖滬党部在中央談話会之報告（中央組織部陳石泉・曹立瀛記録）」（「第三届党務文件輯要」（党史館、会議、3.0/3、所収））、「中央常務会議—第一百八十七次—」『中央週報』第二八期、一九二八年一二月、専載、一二～一三、一五頁。『民国日報』（上海）一九二八年一一月二三日。

105——『民意』第二三四期合刊、一九二九年三月、四五～六一頁。

106——詳細については「中国国民党南京特別市第一次全市代表大会為『三一四』事件告全党同志書」『革命前路』第四期、一九二九年四月。甦人「悲壮的南京全市代表大会—民主勢力和封建集団肉博的一頁—」『民意』第二三四期合刊、同右、参照。

107——江上清『政海秘聞』香港、香港致誠出版社、一九六六年、七四頁。また、改組派の組織は黄埔軍官学校卒業生にも及んでおり、中国国民党黄埔軍校革命同志会、および同会駐平辦事処が設立され、『黄埔戦士』（北平）、『黄埔怒潮』（上海）などの刊行物を発行し、擁汪反蔣に努めた。

108——「一週間国内外大事述評」『国聞週報』第六巻第二五期、一九二九年六月、六頁。蔣中正「対於北方党務的観察」『自反録』出版地不詳、出版者不詳、一九三一年、第二集、巻一五、一五八六頁。

109——「蔣主席昨日在平陸大紀念週演説」『中央日報』一九二九年七月二日。「国府成立四週年紀念対北平民衆講詞」訓練総監部政治訓練処『蔣介石在平言論集』南京、訓練総監部政治訓練処、一九二九年、七六頁。

110——「国民政府関於査禁上海改組派総機関密令」中国第二歴史档案館、前掲、六八六～六八七頁。

111——『大公報』(天津)一九二九年九月一、三、一〇日、一〇月二九日、一二月一四、一七日。

112——「関機高収 第一六六二号ノ二(秘)」昭和五年一月二四日(関東庁警務局長心得)、外務省外交史料館、外務省記録、A.6.1.1.2-2「支那中央政況関係雑纂 国民党関係」第二巻、八、党務指導委員会関係。

113——「改組派四五分裂」『滬江日報』一九二九年七月三日。「改組派内部分化」『現代中国』第一巻第二期、一九三二年一月。

114——「国内一週大事日記」『国聞週報』第七巻第七期、一九三〇年二月、一頁。

115——何漢文「改組派回憶録」前掲、一七七頁。

116——中国国民党中央執行委員会党史史料編纂委員会『民国二三年中国国民党年鑑』出版地不詳、出版年不詳、丙、二三九～二四一頁。

117——孫天民『中正革命語録』南京、軍事編訳社、一九三四年、五五頁。

118——Giovanni Sartori, *op. cit.*, pp. 85-86.

119——国民党における派閥形成をめぐる検討については、第六章で改めて取り上げる。

120——新国民党については陳紅民『函電里的人際関係与政治—読哈仏—燕京図書館蔵「胡漢民往来函電稿」—』北京、三聯書店、二〇〇三年、第五章。謝幼田『謝慧生先生事跡紀伝』台北、近代中国出版社、一九九一年参照。また政治綱領や組織については「柴之堅呈蔣中正報告(一九三二年一月九日)」蔣档、002-080200-00050-014。

第4章 地方政治

1 地方政治からみた訓政

実際の地方社会において、地方自治を中心とする訓政は、どのように展開したのであろうか。また、党や政府を担い手とした訓政は、その実施過程において、いかなる問題を引き起こしたのであろうか。そして、それらの問題は何に起因するのであろうか。本章では、以上の問いを念頭に置き、河北省を事例として訓政の実施過程を検討する。

すでに、第二章において、国民党が本来目指した訓政の理念的規定上、訓政期の課題遂行時における党の役割が非常に重要であったことを明らかにした。また、その重要さにもかかわらず、党組織の実態がともなっていなかったことから、地方党部が機能不全に陥り、地方自治政策の展開に障害をもたらしたことを指摘した[1]。党がなぜ機能しなかったのかについては、すでに前章で明らかにしたところである。残された課題は、予期される理念と実態の乖離が、実際の地方政治に位置づけられた際にいかなる問題を引き起こし、結果として地方自治政策を中心とした訓政にどのような影響を与えたのか、また、その要因は何であったのかを解明することにある。

以上の課題についていえば、党の活動に注目する研究においては、党の役割と訓政の主たる事業である自治政策との関連について、かならずしも自覚的ではなく[2]、自治政策を扱う研究においては、自治政策を単に政府の事業としてのみ把握し、党の役割を等閑視する傾向にあった[3]。また、いずれの研究視角においても、地方政治における省レベルの実力者の役割や影響力に対して、十分な関心が払われていない。くわえて、従来の研究では、江蘇省など、国民党の強い影響下にある省が検討対象として選ばれており、国民党治下にあって、なお地方実力者の強い影響下にあった、東北や華北などの諸省――そしてそれは国民党の実質的な支配地域以上に多かった――についての検討が必要とされる[4]。

したがって、本章の課題は第一に、自治政策の展開に与えた党の直接的・間接的な影響を、地方政治のなかに位置づけて検討すること、第二に、上述の党の影響による問題が、どのような要因によって生じたのかを、党・政府の組織構成と、それに由来する両者の関係から分析すること、第三に、地方実力者の影響力の強い地域を検討対象として選び、国民党の影響力が強い地域との差異を考察することにある。したがって、検討対象としては、地方実力者の影響下にあった諸省のうち、地方実力者が地方自治政策に積極的であり、政策を推進する政府の基礎が堅固であって、かつ党の勢力が強い省が望まれる。

本章では、以上の条件に合致する河北省を例に取り、訓政下の省レベルにおける党・政府ならびに実力者の構図を俯瞰した後、自治政策の展開とその問題点を検討する。続いて党・政府の組織構成を分析し、そこで得られた知見を自治政策展開時の問題点との関連において考察する。

2　河北省における党・政府・実力者

中華民国の成立以来、北京政府の支配下にあった直隷省は、一九二八年六月一五日、国民革命軍の北京占領により国民党の支配下に入った。これにともない六月二〇日にその名称が河北省へと変更されるとともに、七月四日、あらたに河北省政府が成立した。この河北省政府の組織をめぐっては、北伐完了を間近に控えた六月六日、国民革命軍第三集団軍を率いる閻錫山が京津衛戍総司令に就職し、一一人の河北省政府委員の選出を蔣介石に諮った[5]。これを受けて、中央政治会議は六月二五日、商震（主席）、韓復榘、徐永昌、段宗林、朱綬光、丁春膏、沈尹默、孫奐崙、李鴻文、温寿泉、厳智怡を政府委員に選出した[6]。

政府委員の半数以上が閻錫山麾下の人物であること、また省政府内の各庁長にも閻錫山麾下の人物が多く配されていることから、北伐後の河北省政府は、表面的には国民党の支配下にあったものの、実際には、山西省を地盤とする閻錫山が実質的な支配権を有していた。閻錫山の支配は一九三〇年末に中原大戦[①]で閻錫山が敗退するまで続き、その後は関内（長城線内の中国本部）に進出した張学良が支配するなど、河北省は「其名ハ一家ナレ共其実ハ異国ニ等シ」という状況にあり、張学良失脚後も中央の影響力は依然として限定的であった[7]。

では、党組織はどうであったか。くわしい経緯は後に譲るとして、その概略を述べれば、河北では以前より北方の党務を掌握し、また青年部長を務めていた丁惟汾の影響により、左派の地盤ともいうべき状況で

①――一九三〇年に生じた地方軍事指導者の連合軍と蔣介石率いる中央軍との内戦。反蔣介石戦争の中で最大規模の戦争であり、蔣介石が勝利を収めた。

あった。河北省の国民党にはさまざまな小組織が混入していたが、その多くが民衆運動の再興や、革命の継続を主張とする左傾思想を信奉する青年党員によって占められており、閻錫山や張学良といった地方実力者と対立するのみならず、党中央とも対立し、半独立状態にあった。また西山会議派や実践社、新中学会などの小組織が乱立した結果、省党部はたがいに争い合う混沌とした状況に陥っていた。

その後、張継の視察を経て、党員の再審査と一九三一年八月末に開かれた河北省第四次全省代表大会の結果、一九三二年以降、徐々に中央の影響力が及び始めたものの、党の活動は依然として進捗をみなかった[8]。一九三五年の梅津・何応欽「協定」により、国民党組織は河北省からの退出を余儀なくされ、それ以後は地下活動へと転換するも、盧溝橋事件の勃発により、党務機関の活動は完全に中断し、中央との連絡も絶たれるに至った[9]。国民党の訓政は以上のような党・政・実力者の構図の中で実施を余儀なくされる。それは、中央とは政治的志向の異なる地方の実力者、またそれに近い政府、そして中央・地方実力者のいずれに対しても距離を置く地方党組織との間の協力と緊張関係のなかで展開した。

すでに説明したように、訓政期の国民党政権にとって達成すべき喫緊の課題は、地方自治の推進により地方建設を進めるとともに、民衆に民権の訓練を施し、憲政の基礎を準備することであった。そこでの政府・党・実力者の役割は、次のような構図であった。政府が地方自治事業を推進する組織を整備し、民生にかかわる事業を展開する一方で、党は自治の意義を宣伝するとともに、民衆に政治的諸権利の行使を訓練させ、自治を実体あるものへと導き、憲政の基礎を打ち立てる。この間、党は間接的に政府の施政が党の綱領に違反していないか、また汚職や政治腐敗が生じていないか適切に監察する役割を担っていた。そして実力者は党政両者を取り持つ存在として、直接あるいは間接に両者の関係を調整することが期待された。

北伐後の河北省では、政府は地方実力者によって掌握され、一方の党は地方実力者とも、また党中央とも距離を置く存在であった。地方党組織は独自の行動様式にしたがって行動するのみならず、さまざまな傾向を有する勢力によって形成されていた。このような構図にある河北省において、地方自治を中心とした訓政はどのように進展し、またどのような問題を引き起こしたのであろうか。そして、それらの問題はいかなる原因によるものであったのだろうか。以下ではまず、自治政策の展開を検討した後、政府と党、ならびに地方実力者が持つ諸特徴を確認し、そこで得られた知見を基礎として、訓政実施における諸問題の原因を究明する。

3　自治政策の展開とその問題

訓政期における政府の役割は、道路の修築など地方建設にかかわる各種事業を遂行することにあり、一方の党の役割は、上記各種事業の宣伝、自治機関の組織ならびに民衆団体をつうじた民権の訓練にあった。また、党は民衆による自治機関が組織されるまでは、政府の施政を監察する役割をも期待されていた。

河北省における自治政策は、まず、一九二八年に山西省の村政を参考とし、自治綱領の策定を模索するとともに、区や村の区画確定、戸口調査、経費の調査や監察委員会を組織することから始められた[10]。このうち、監察委員会の組織が不健全な状況にとどまったものの、制度的な外貌は整えられるに至った。

一九二九年に入ると中央政府の自治政策開始にともない、山西省で展開された村政から、中央の自治法制に合致する形で組織が変更された。とりわけ中央による自治制度の中心的組織となる区制の整備が進められ、区長の訓練機関である区長訓練所の設立と区長の訓練、区経費の計画などがおこなわれた。

一九三〇年には自治経費を確定するほか、引き続き区長の考課、郷長・副郷長の訓練などの区制整備が進められた[11]。その結果、人口二八四一万人を擁する一二九県に、七八三区が組織された[12]。各区は一県に五～六区の割合で設けられ、一区あたりの人口一～五万人の区が大勢を占めた[13]。

一九三一年に入り、河北省では自治にかかわる各種事業を六期に分け、一九三四年を目途に完了するよう定めた。しかし、これらの諸事業は遅々として進まず、一九三三年に至って期限を再延期し、一九三四年一二月を目途に自治工作の順序を定め直し、実施を促した[14]。その際、指示された項目が多岐にわたったため、各県では選択的に主要なものを実施した。

たとえば、静海県では一九三二年より六期、二年間で自治を進めるため、あらたに計画を立てた。おもなものを挙げると、第一期では戸口調査、公民宣誓登記、区国民訓練講堂の設立、第二期では郷鎮補習学校の設立、ならびに識字運動、各郷鎮の道路橋梁の修築、第三期は郷鎮国民訓練講堂の設立、救済・衛生・療養事業の準備、第四期には土地の測量、第五期は国民補習学校の設立、第六期は区監察委員の選挙と委員会の設立、県参議員の選挙と県参議会の設立である[15]。ただ、これらの計画が予定どおりに進んだかといえば、そのようにはならなかった。というのも遅々として進まぬ事業に対し、河北省民政庁は、三五年に至って再度延長を通告せざるを得ず、また区制の廃止もあって、事業は変更を余儀なくされたからである[16]。

このように、河北省ではまず山西の制度に倣いつつ、徐々に中央頒布の自治政策に則り、主として区制を中心とした区画や組織などの制度的な整備が進められた。理念的にいえば、この間、党部が政府の施政を適切に監察し、また自治の利点を宣伝しつつ、民衆の政治的諸権利行使の訓練を進め、これらの党・政両者によって打ち立てられた基礎のうえに、具体的な事業が進められる予定であった。

しかしながら、実際には区制整備の時点で問題が続出し、自治政策はほぼ頓挫してしまった。その問題のほとんどは、区長にかかわるもので、区制の開始後、区長の専横や汚職に対する告発が相次ぎ、行政会議でも取り上げられた[17]。たとえば、灤県での調査では、「区長の多くは旧来とは異なる人物である。しかし、それらは生活を解決するか、権力を独占するか、財産を強奪するかという考えのいずれかにすぎず、真に村治を求めるものは百人に四〜五人もいない」とその人物像を描写している[18]。また、区政の実態について、「かれら（区長―引用者）は虎の威を借る狐のようであり、官僚風をふかせ、民衆から搾取している。区長は実際、民間の大患であり区経費は苛捐（規定外の雑多な徴収金）である」という状態であった[19]。

そもそも区長なる役職には、戸口調査、土地調査、道路など一切の土木、教育、保衛、国民体育、衛生、水利、財政など二一に及ぶ多大な執行権限が与えられていたが[20]、当初、その権限の行使にあたっては、外部の監察を受ける規定にはなかったため、汚職や腐敗が生じやすい状況にあった。さらに、区長は保衛団を統括するのみならず[21]、河北では区創設時に経費削減のために警（察）区が自治区を兼ねたため、公安についても兼掌している場合が多く[22]、その権限は絶大で、県によっては税金の割り当て徴収をするものまであった[23]。多大な権限の委譲を受け、なおかつ適切な監察を欠くとなれば、区長に公正かつ廉潔な職務の遂行を要求するのは困難である。

制度的には、区調解委員会や区監察委員会（区長民選後に設立[24]）が解決にあたるのだが、民政庁は「区調解委員会がいまだ成立していないためうまくいかない」と報告している[25]。本来、区調解委員会や区監察委員会が成立するまでは、党による適切な監察が要請されるのであり、また調解委員会や監察委員会の成立自体にも、党による組織化と訓練が必要となる。しかし、後にみるように、党は活動しないばかりか、問題を悪化させる根源的存在となっていた。

他方、政府でもこうした問題を受け、区調解委員会などの組織を完成させるため、民政庁は各県に「法令を遵守して区公所所在地に国民訓練講堂を組織して（副）郷鎮長および民衆を訓練するとともに、人員を郷村に派遣して巡回講演をおこない…、各県に郷鎮国民訓練講堂および国民補習学校を設立するよう督促し」た。その結果、「この種の国民訓練講堂はおおむね完成した」という[26]。しかし、省政府主席が実際に視察したところでは、「どの区にも調解委員会、監察委員会、補習学校、国民訓練講堂などあわせて三百カ所ほどあるが、表面上は施設が建てられているものの、その内容を考えるとみな有名無実であ」ったという[27]。

これらの諸組織についていえば、形式的な設備を整える以上のことを政府が実施することは困難である。そもそも、監察を内実あるものとするには、党による自治の宣伝ならびに民権行使の訓練が必要であり、そのような党の協力を欠いた状況で監察を実施するというのは、政府がみずからを監察するという矛盾でしかなく、所期の成果を得ることは困難である。

党活動の欠如の結果、「一般人民は自治人員の性質と職権をいまだ十分に理解しておらず、多くの者が一種の官吏とみなすか、出世の手だてとし、世間に同調せず孤高を持する者は参与することを肯んじない。名誉と利益に熱心なものや劣紳は往々にして機に乗じて働きかけ、これ幸いと区長に任用されてからは、権威をほしいままにし、徒党を組んで私利を営み、勢力を恃んで郷里を威圧し、みだりに違法な刑罰を乱用するものが多い」という事態が生じた[28]。そして、争議の調停を口実に訴訟案件に干渉し、場合によっては拘禁したり、私刑をくわえたりといったことが頻発する結果となった[29]。

これらは、党による自治の宣伝や民権訓練などの活動が実施されなかったため、自治の組織が単に形式的なものに堕し、その結果、自治政策が行き詰まりをみせていたことを示している。党中央でさえ、「近年来、地方自治の指導に対して各級党部の多くは重視しておらず、各地党員と民衆は地方自治の工作に対してもまた一致して参加できていない。地方自治の成績がよくないのは、ここにこそ原因があるのだ」、と吐露している[30]。

次に、さきに触れた問題のうち、なお検討されるべき課題として経費の問題がある。そもそも、自治政策を始めるにも予算上の裏付けがなかったため、政策を実施するために必要な経費はつねに不足していた。そのため、省政府や県政府は軍費の支出はもとより、充実した事業を展開するためにも募債や付加税・割り当て徴収によって不足分を補う必要があった[31]。しかし、こうした募債や徴収は民衆の利益に反するとして党部が反対するため、費用を集めるにも困難がともなった。

報告によれば、「最近、省党部は正式成立した後、ただちに大規模な計画を立て、公債、験契(不動産売買税)、包税(請負による徴税)、ラバの徴集等への反対を口実に各県党員を招集して会議をおこない、それぞれ県に帰して反抗するように宣伝させたため、各県の公債や験契、包税等は即座に停止され、地域によっては、すでに集められたお金も党部の脅迫により省に送ることができない」状況であった[32]。そのため、「河北の募債、不動産売買契約の検査など、党部が反対を宣伝するため完全に停頓してしまってお」り、「省庫への収入はゼロに等しく、…以前各県にそれぞれ支出を指示したが、収入が停滞して納めていない県が八〜九割にのぼり、くわえて各県県長は党の人員が政治に干渉するものの省政府はなすすべがなく、そのため辞職を請うものがすでに六〇余県にのぼる」状況であった[33]。

これらは民衆の不利益に反対する党の行き過ぎが原因であったが、経費不足についてもう一点指摘すべき問題として、党の不作為、あるいは機能不全に起因する監察の不備不足がある。自治機関が機能するまでは、適切な監察という役割が党に与えられていた。まさにこの監察の不備不足によって腐敗が生じ、元来自治政策の推進に用いられるはずであった――そしてつねに不足がちであった――公金が失われたため、経費の不足は一層はなはだしいものとなった。たとえば、河北省邢台県では、区や警察が徴収した税金のうち、四二〇元は不法に徴収され、警察や区保衛団員の食費に消えていたという[34]。また、大名県では軍隊の徴発にかこつけて各区長が取り立て額を二倍に水増ししており[35]、慶雲県では区が保衛団の経費をみずから徴収するので弊害が多い、と報告されている[36]。

問題が頻発したことにより、結局、区制は施行から数年で廃止されることとなった。河北省第一次行政会議において、民政庁は「各県の区長が実施する自治はその成績良きもの非常に少なく、法を犯して秩序を乱し、訴えられるもの枚挙にいとまがない」として廃止を提案し[37]、討議を経て最終的には一九三五年一月より一ヶ月以内に一律撤廃すると決議された[38]。これにより、自治の重点は区から郷に移るのであるが、視察員の報告によれば、郷においても、なお「各郷鎮長、副郷鎮長の程度が非常に低く、これが自治進行の最大の障害となってい」る、と報告しているとおり、根本的な問題解決を期待するのは困難であったが[39]、はからずもその後、郷鎮における腐敗が問題となるのであった[40]。

訓政期の国民党政権における地方自治政策は区自治制の施行を中心に進められた。しかしながら、区長の専横や腐敗により、区政そのものが立ちゆかなくなり、自治政策もまた頓挫を余儀なくされた。無論、その背後には一部の少数者による支配という中国郷村社会が抱える問題があるのだが、それらを克服するために機能するはずであった党が、むしろ自治推進を阻害する結果を導いた点に注目する必要がある。

ある観察者が党務費について、「少数党員の生活維持に主力が置かれ、党務の活動は謂うに足らない事が判然する。県政の行き詰まれる現状の下に於て故なくかくの如き無駄な支出をなすのは惜しむべきことである」と指摘したように[41]、そもそも党部の経費自体が従来の自治費を削る形で支出されていたことを考えれば[42]、党の存在そのものが自治の阻害要因であったとさえ言えるのである[43]。

区制を中心とした地方自治政策の推進過程からは、区長の汚職、腐敗、専横によって区政が麻痺したために地方自治政策が頓挫したことがうかがえ、その背後に監察の不備不足がみて取れる。無論、こうした不備不足は、訓政の理念的な制度設計からみれば、党のあるべき作用の欠如の結果である。また、党政間の紛糾により政府が担うべき建設事業を滞らせたことを考えれば、党と政府のあいだの組織構成の相違や、地方党部の過度の急進主義から来る行政への干渉もまた、自治政策を頓挫へと導く原因であった。このように党のあるべき作用の欠如と党政紛糾が自治政策遂行を阻害する主要因であった。

4　国民党政権下の党と政府

本節では地方政権下における党と政府、ならびに地方実力者がどのような人員によって構成されていたのかを明らかにし、その組織上の諸特徴からさきの検討で明らかとなった自治遂行に対する問題が、いかに生じたのかを解明する。

まず、政府委員の人事構成やその任用、年齢、出身地域を検討し、次に政府職員の年齢、出身地域、党員率などの組織構成について省政府、県政府の順にみていく。

❖省政府

訓政期における国民党政権下の河北省政府は、北伐完了後の一九二八年七月四日に成立した。二五日に選出された政府委員、ならびに各庁長には、北京政府時代の任官経験者が二名いるものの、留任者はおらず、その面目を一新した。政府内の指導層である政府委員、および各庁長について検討すると、委員一一名のうち、閻錫山麾下(商震麾下の者を含む)の者が七名と半数以上を占め[44]、民政、財政、建設、教育、農鉱、工商の各庁のうち、農鉱を除いて閻錫山麾下の人物が庁長を占める構成となっている[45]。このように政府のトップにおいても閻錫山の意向が強く反映された人事であることが理解できる。また、委員と各庁長の半数が河北省以外の出身であり、年齢も不詳を除く九名の平均が四四歳と、後に検討する党に比べ年齢層が高く、地域との関係が希薄である。また、その任用から地方実力者への忠誠心が高いこともうかがえる。

次に、政府各庁の職員についてみると、一九二八年度の統計によれば、二〇歳以下が一パーセントであり、二一〜二五歳が一二パーセント、二六〜三〇歳がもっとも多く二三パーセントと、二〇〜三〇代で七割を占め、四〇歳以上が三割を占めるというように、職員は意外にも比較的若い層によって構成されている。ただ、後に検討する党に比べ、年齢層が高いことにも注意が必要である。約三人に一人が四〇歳以上ということもあり、全体としてみれば党に比べ保守的である。学歴については、専門学校卒業以上が四〇パーセント、それに次いで中学校（高校）卒業が一七パーセント、師範学校卒業が八パーセントと続き、党に比べて高学歴の傾向にある。また、職員のうち、五六パーセントが河北省出身で、次に閻錫山の山西省出身が一三パーセント、さらに浙江省の六パーセントと続き、ほとんど地元出身者で占められている党に比べ、地域社会との関係が希薄であることが指摘できよう[46]。

おどろくべきは党員率の少なさであり、党員はじつに政府職員全体の八パーセントにすぎない。庁別にみれば、教育庁の一二パーセント、農工庁の一八パーセントが例外的で、その他の庁では一桁であり、民政庁や建設庁など地方自治の推進にとって重要な庁にあっては、それぞれ二パーセントと四パーセントにすぎない。いずれにせよ、非常に低い党員率には変わりなく、このような傾向は、一九二九年度の調査においても大きな変化はない[47]。訓政開始時期には、中央政府においてさえ、党員率が約半分程度であったことを考えても非常に低い数字である[48]。

さらに、県レベルの構成について、県長の任用からみていく。北伐の完了により、河北省各県は、あらたに国民党政権の支配下に入った。これにともない、戦地政務委員会をつうじて約半数の六八県に県長が派遣された[49]。これら戦地政務委員会による県長選定は、地方実力者の意向を汲みつつ決定されたが[50]、この時点ではなお、中央政府の影響力は無視できないものであった。

しかしながら、その後、河北省では民政庁が各地に視察員を派遣し、その考課をつうじて各県の県長を罷免するか、あるいはあらたに訓練を実施し、徐々に県長を中央よりは省政府に忠誠を誓う存在へと向かわせた。その数は一年で一二九県中、のべ辞職者四四名、解任者五七名、また訓練のため省に戻された者二七名にのぼった[51]。人事裁量に対する地方政府の力が増すにつれ、河北省における県政府は、党よりは政府に、中央政府よりは省政府に、より忠実な行動を取るインセンティブが働いた。一九三〇年の不明一名を除くデータでは、省内県長のうち、年齢は三〇代が四一パーセント、四〇代が三六パーセントと年齢層は若く、学歴は大学卒が四二パーセント、専門学校卒が三九パーセントで八割を占め、河北省出身者が半分で、次点の山西省出身者が一二パーセントであった[52]。

県レベルにおける政府組織の構成人員を、その出自や経歴を含めて明らかにすることは、その資料的制約から困難である。省内のすべてのデータを検討することは不可能であるため、ここでは次善の策として、宝坻県を事例として検討してみよう。

まず、県職員の年齢構成をみると、省政府より老年層の割合が高く、党と比べるとさらに年齢層が高いことが理解でき、青年を主体とした県党部との間で軋轢が予想される。また、県長の出身は河南であるが、閻錫山の地盤である山西の育才館を卒業しており、地方実力者の意向が作用しているとみてよいだろう[53]。第一科科長もまた山西行政研究所卒業であり、県政府の重職に対して地方実力者が人事面で影響を及ぼしていることが理解できる。職員の出身地についてみると、県長以下科長までが県外出身者で占められており、他方で科員、事務員のほとんどが県内の出身者である。県内出身者と県外出身者の割合は半々であるが、要職ほど県外出身者によって占められている点は、上述の地方実力者による任用とかかわっているといえよう[54]。また県外出身者が半数を占める事実のうちに、ほとんどすべてを県内出身者で占める党と、大きな相違をみいだすことができる。県レベルでは、政府は後に検討する党に比べ、地域社会から自律する度合いが高いといえる。

県レベルにおける政府人員の党員率を把握することもまた、資料の制約上困難である。政府成立当初については、断片的な資料しか残されていないが、各県の視察からうかがえるように、県レベルの政府人員、とりわけ県長などの要職につく人物が党員であることを期待するのは現実的ではない[55]。全般的なデータが存在する一九三一年の段階では、中原大戦の結果、党中央の影響力が高まっていると考えられるにもかかわらず、県長が党員である県は一三〇県中一一県にすぎず(不明三六県を除く)、全県行政人員のうち、党員は二割、不明者を党員と見込んだとしても半数を超えない[56]。県政府のレベルにおいては省レベルに比べて党員率は若干あがるものの、依然として非常に低く、とりわけ県長における党員率は特筆すべき低さにあり、党との間で軋轢が生じることが予想される。

以上の検討から、政府全体として、以下の特徴を挙げることができる。まず、政府そのものが中央政府ではなく、地方実力者に対してより高い忠誠心を持っており、かつ、後に検討する党に比べて、地域社会とのかかわりが薄いことが指摘できる。また組織面からみれば、職員は比較的若年層から構成されているものの、学歴も四割が専門学校以上と高く、また党組織よりも年齢層が高く、党に比べて保守的であることが予測される。さらに注意を要するのは、政府における党員率の低さであって、その程度は特筆すべきレベルにあった。

❖省党部

河北省における国民党の活動は、国民党の前身である同盟会を含めれば、一九〇六年に陳幼雲が保定に設立した同盟会河北支部にまでさかのぼる。中国国民党としての活動は、第一次全国代表大会後の一九二四年二月、天津イギリス租界における直隷省臨時執行委員会の成立を嚆矢とする。一九二五年六月には第一次全省代表大会が開催され、国民党直隷省臨時党部が成立した[57]。この時は国共合作時期であり、執行委員の中には江浩や李錫九といった共産党員が含まれていた。また、この時期は北伐完了前であり、国共両党は地下活動を強いられていたが、二六年には第二次全省代表大会を開催し、三三の県市党部、六〇の区党部、二四八の区分部を成立させ、五三〇〇人の党員を擁するまでに発展した[58]。このように、北伐完了以前の国民党は、共産党とともに活動していた。

その後、四・一二事件を受けて、河北でも清党（共産党の排除・粛清）が実施された。この間、南京政府や武漢政府が各々党部を組織し、党務は混乱するに至ったが、一九二八年五月には直隷省党務指導委員会が成立し、六月には北伐完了により河北省党務指導委員会に改称のうえ、秘密活動から公開活動へと転じた[59]。一九二八年末時点で合格と認定された党員が二万七一九八人、組織が健全とみなされた県が九一県、党員数が正式県党部成立要件を満たしている県が七〇県となり、一九二九年一月末までに三一の県・市執行委員会を成立させた[60]。

訓政開始以前における河北省の国民党地方組織は、共産党などの雑多な傾向を有する組織の複合体であった。一九二七年には国共合作の終焉とともに、共産党とそれに近い団体が国民党より退出したが[61]、国民党内における複雑な組織状況が解消したわけではなかった。むしろ、共産党との分化は表面的なものであって、依然として共産党員が国民党に残存したり、また共産党より国民党に転向したりしたため、党中央からみれば、党員の純度は依然として憂慮すべき程度にあった。

中国共産党の報告によれば、国民党による清党以降、天津や保定では動揺した省特派員や党員が国民党に投降し[62]、中国共産党順直省委員会は会議において「あるものは国民党に走ってしまった」と率直に認めていた[63]。また、磁県の共産党員に至っては、「共産党がどこにいってしまったかわからず、私も探し出せない。国民党のところで元気にやっている」と報告している[64]。清党を経てもなお党内に残存した左傾党員の存在は、地方における国民党の訓政実施に大きな影響を与えることになる。

党組織の構成はどのようなものであったのだろうか。まず、省レベルの指導者からその構成をみてみよう。

一九二八年六月に直隷省党務指導委員会から改名されて発足した河北省党務指導委員会は、構成する執行委員九人のうち一人を除いて河北省出身者で占められていた。これは元来、河北省における国民党組織が秘密裡に活動していたこと、また、二期四中全会以降、党中央との関係が悪化する丁惟汾が北方の党務を掌握していたことと関係している。

その結果、河北省の党指導者は、党中央と比較的疎遠な関係を維持し、またその活動も中央の期待とはかけ離れていた。たとえば、常務委員の王宣、組織部長の張清源、宣伝部長の劉瑤章は新中革命青年社に加入し、常務委員の賀翊新、訓練部長の呉鋳人は三民主義実践社に加入していた[65]。これらは秘密活動時代に組織された文化団体であるが、実際には政治活動をおこなう団体であり、国民党中央は左傾的な組織とみなしていた。省党部が発行する河北民国日報も、「革命的民衆よ団結せよ!」、「苛斂誅求政策に反対する!」、「一切の苛税雑捐を取り消せ!」、「民衆利益を代表する省政府委員を擁護する」、「個人に忠誠を尽くす貪官汚吏を取り除け!」といったスローガンを掲げるなど[66]、政府との懸隔が危惧されるような内容であった。このように省レベルの党の傾向からは、党中央とも、省政府や地方実力者とも異なる系統からなる人物が指導者となっており、またそれら指導者の志向も、党中央とも省政府や地方実力者とも異なるものであったことがみて取れる。

河北省における全般的な党の勢力(党勢)はどうであったろうか。河北省では清党に続き一九二八年九月から党員の再登記を実施し、二万三二七五人いた党員は一六二六人が不合格となり、最終的に登録された人数は一万七一〇〇人であった[67]。

まず、全国的な位相からみれば、河北省の党勢は全省に占める割合が七・三八パーセントで全省中七位、一万人に六・四人(全省中七位)、一〇平方キロに〇・八四人と全省中四位の党勢を誇り、他省に比べ比較的しっかりとした基礎を有している[68]。職業構成については農界[②]が三二・四パーセント、教員が二三・三パーセント、学生が一八・九パーセント、党務人員が九・八パーセントと、農村居住者と教育関係者が多い。教育歴では八割が学校教育を受けたことがあるものの、大学卒業者は四・五パーセントにとどまり、多くが初等、中等教育を受けた者である。年齢は二一～二五歳がもっとも多く二八・二パーセントを数え、次いで一六～二〇歳が二二・六パーセント、二六～三〇歳が二一・四パーセントと若年層にかたよった構成となっている。また、党員の出身地は河北省が九五パーセントである[69]。さらに留意すべきは、河北省の党員のうち、八割が聯ソ容共時期、とりわけ左傾が目立った一九二六～一九二七年に入党していることである[70]。

全体からいえば、農村居住者と教育にたずさわる、河北省出身の一〇代後半から二〇代の青年が、河北省党部のおもな構成員であった。また、省執行部の構成員については、資料的に把握可能な組織部を例に取れば、平均年齢は二三・六歳と若く、学校を卒業したての者が多数を占め、全体の約八割が河北省出身者で、おなじく約八割が一九二六～七年に入党している[71]。

次に、県レベルの党の構成員について、指導的役割を果たした党務指導委員からみてみよう。年齢についていえば、二〇代が約八割を占め、学歴は中学(高校)および師範学校卒が六〇パーセント、大学卒が二五パーセントである[72]。県レベルの党務指導委員は二〇代以下がほとんどで、多くが学生あるいは卒業したての比較的高学歴の若者である。では、こうした指導員の指導対象となった、実際の郷村における党組織はいかなる状態であったのだろうか。

県以下のレベルにおける国民党の組織的な状況を解明することは、その資料的制約から非常に困難である。不完全を承知で、比較的材料の多い呉橋県を例にその一斑を明らかにしてみよう[73]。呉橋県の党員は二二

②――農界、あるいは農業と分類されている場合、必ずしも農民を意味するのではなく、農村地域居住者という程度の分類であり、その中には定職につかない者や無職も含まれる。

一人であり、県内には第一区党部から第三区党部、および直属区党部があり、第一区党部が県城内にあるほかは農村にある。また各区党部には一〜三の区分部があり、区分部には三〜四名の党員が所属している。党員の構成についてみると、年齢は二〇歳以下が一六・二パーセント、二一〜三〇歳が五〇・六パーセント、三一〜四〇歳が三〇・三パーセント、四一〜五〇歳が二・二パーセント、五〇代は一名のみであり、政府に比べて非常に若い層によって占められている。また、職業構成についていえば、全体のうち学生を含めた教育界が七〇名と三一・六パーセントを占め、その他、商人一人、軍人四人、医者一人のほか、一二八人が無職であり、無職者の割合はおどろくほど多い[74]。

執行部についてみると、常務委員はともに三〇代の教育関係者と無職が各一名で、組織部、訓練部、宣伝部、民衆訓練委員会の各部・委員長は二〇代が三名、四〇歳が一名、職業は教育界と無職がそれぞれ二名ずつであった。このように執行部も非常に若い層によって担われている。また、もっとも民衆と接する機会のある区党部、区分部では二〇代から三〇代前半の年齢層が主体となっていた。その他、県、区党部、区分部の執行部は、教育界に従事するものが占めており、一般の工作を担う党員は無職が多く、城内の区党部、区分部においては教育界が、農村においては無職が多数を占めていた[75]。

河北省における国民党は地元出身の教育にたずさわる、若くて急進的な左傾思想を持つ党員が多数を占めており、都市および農村の県城にある執行部に多く、農村社会に向かうほど無職党員が増えていく傾向にあった。地方党部は政府とも、また中央とも距離を置き、地元の政治状況に密接にかかわる存在であった[76]。

❖地方実力者

ここで扱われる地方実力者とは、中央より委任されて当該地域を治める実力者を指す。ただし、河北省の場合は若干複雑な支配構造となっている。河北省の実質的な支配者は山西省を地盤とする閻錫山である。しかし、実際の省政府主席は閻錫山麾下の商震がその任にあたっていた。商震は施政にあたっては閻錫山の意向を汲むものの、国民党の革命路線に一定の理解を示すなど、かならずしもその政治的志向をおなじくするものではないことに注意が必要である。また、閻錫山系以外にも李石曾、張継が北平政治分会を拠点として北方統治の任にあたっていた。李石曾、張継は党中央の意向をある程度汲むものの、張継は西山会議派に属し、また李石曾・張継は無政府主義に傾倒するなど蔣介石とは異なる政治的志向を持っていた。その他、近在の地方実力者として馮玉祥がおり、また、党系統では、以前より北方の党務発展に尽力してきた国民党青年部長の丁惟汾が大同盟を中心とした党組織に対して一定の影響力を持っていた。

大別すると、地方実力者である閻錫山系と、旧来より河北に一定の影響力を持つ元老、また同じく旧来より北方における党内小組織の発展を主導してきた丁惟汾らが混在する形で、河北省の統治は進められていた。実地に観察した者が「河北の如きに至っては諸勢力が錯輳《ママ》せる為めに、さらに党部に乗ぜらるる処が多く、張継、李石曾を前にして公然打倒西山会議派、無政府派の仰山なポスターが今も尚ほ都鄙の街額に散見される始末である」と述べるように、河北省では各実力者と特定の党内小組織の結合が看取される。またそれは、同じ観察者が「閻の山西と馮の河南とが党政一致して、殆ど完全なる統制の下に地方政治を運行していることは注目に値する」と指摘したように、山西や河南とは対照的に、河北においては突出した実力者が存在せず、いずれの実力者も党・政府を把握できなかったことをうかがわせる[77]。

以上、政府・党・実力者についてそれぞれ検討したが、その特徴と予期される問題は、以下のように整理できる。政府については地方実力者に対して強い忠誠心を持ち、地域とのかかわりが薄い。また党員率が非常に低く、党に比べ保守的である。こうした政府の組織構成や特徴は、地域との関わりが密接で、独自の志向性を持つ急進的な党部との間に軋轢を予想させる。以上の軋轢は一面では旧来の教育を受けたエリートと新式教育を受けたエリートの対立、また既得権益者と挑戦者との対立とみなすこともできる。

党についていえば、いま述べた特徴にくわえ、厳格とはいえない入党審査のために、雑多な構成員を抱え、多様な背景を有する人物が党員として加入した。また、入党時期の違いによる政治路線や政治的志向性の分岐が存在し、革命の継続を主張する集団と、保守反共的な集団との対立が存在した。このような構成員を抱えることにより、党内における派閥闘争、ならびに省党部と下層党部間の争いが激化する可能性を内包していた。

地方実力者については、河北省には様々な地域勢力が混在しているうえ、いずれの実力者も圧倒的な力を持っていなかった。そして、これらの実力者はみずからの傾向に近い党内小組織と結びついていたため、さまざまな傾向を持つ実力者が、特定の傾向を持った組織と結合することによって、党内の闘争、ひいては党と政府の紛糾をより激しいものへと導くことが予想される。

5 阻害要因

❖政府との関係に由来する問題

以上の党・政・実力者に関する検討を踏まえ、それぞれの特徴が訓政期の自治政策を遂行するうえで、いかなる問題を生じさせたのかを、党部を中心として政府、党員、地方実力者との関係から検討する。

政府人員、とりわけ県長などの要職にある人物が党員である場合、党政関係は良好である。たとえば、大興県では「県長が以前省市党部で働いていた経験を有し、そのため党義（党の主義）に通暁しており、党員に対しても適切に応じるため、党政関係はすこぶるうち解けたものとなってい」たという[78]。これは県長が党員である県の大多数に共通することであり、県長が党員であることの意義は大きい[79]。

ただ、そのような県が極少数にとどまることは、さきの検討からも明らかであろう。実際、省党務指導委員も省内各県で党政間の齟齬が絶えない理由として、政府人員の多くが党員でないことを挙げている[80]。また、ある県党部によると、河北では「党部の責任者と政府の責任者はたがいに関係を持たず、そのため党部と政府のあいだにはおのずと隔たりができ、…毎日紛糾が絶えず、六つの建設事業はなにひとつできない」状況であった[81]。

極端な例では「河北省政府が成立して以来、党員の跋扈、傲慢、放縦により行政が阻害されている。近頃、官吏を殴打して辱めたり、また官署に対してわざと悶着を起こしたり、民衆を脅迫したりといったことがたびたび起こっているが、これらはみな党員の指導によるものである。…県党部委員は公然と無頼と結びつき、愚民を煽動して惑わし、県署を包囲する。最近、遷安、安新の各県は数千人の群衆によって騒ぎを起こされ、県長が殴打されて負傷したが、聞くところによると、なお数県で同様のことが起こってい」たという[82]。

実際、党の人員からは、「封建軍閥閻錫山使役下の政治人員は…眼中ただ利益あるのみで、『以政治党』の現象を生じさせ、指導委員は任意に逮捕され、党部は随意に閉鎖され、党費は任意に抑えられる」とみえていたのである[83]。また、こうした状況は長らく続き、中央政府の影響力が徐々に増しつつあった一九三三年に至ってもなお、旧態依然であったという[84]。

以上の対立は、まず党と政府において、党員による政府人員の兼任や政府人員の入党といった人事交流がなく、両者が社会的背景のまったく異なる別個の存在であること、くわえて革命と建設といった政治的な志向性、急進と保守といった年齢構成や出身地域などの社会的背景が、党と政府では真っ向から対立していることからもたらされた。

❖党員・党組織の構成に由来する問題

次に、党員のリクルートを含む党組織の構成に起因する問題が挙げられる。これはおもに下層党部との関係において生じたものである。北伐の進展にともない、河北省の党員は一九二七年を境に急増したが、党員の登録は必ずしも厳格に実施されなかった。

ある県では、党員が五〜六〇〇人と報告されたが、実際は一時的に引き入れられた者達で、「少数の青年学生を除いてはごろつきか無産階級者であ」った[85]。また、公安局長によると、ある者は「共産党の宣伝文を所持し居りたり。其中両三名は国民党員の徽章を佩び、市党部部員の登記を了したるものあり。国民党部員中、此種左傾のもの尚多数ある見込」みと報告しているように、党中央からすれば、不純分子というべき党員がかなりを占め、なかには共産党員も多く含まれていた[86]。

そのため、党中央に近い党部人員の認識からすれば、「現在の党員数は一挙に三万人の多きに至ったが、当然大部分が投機分子であり、腐化分子であり、悪化分子である」ということになり、党員の急激な拡大以前には数千人しかいなかったことから、「少なくとも二万人以上は党員ではない」ということになる[87]。

杜撰な審査がもたらす結果は、規律の緩んだ意識の低い党員の加入である。一九二八年の党務公開以降、各地で党員が起訴される事件が相次いだのも、いい加減な党員審査の結果であった。報告によれば、党員の不祥事は枚挙にいとまがなく、ほぼすべての県で問題が生じていた[88]。北平政治分会は「党務にたずさわる人間は往々にして党義の真諦を知らず、党に寄りかかって私利を営み、党の権力に名を借りて権威をほしいままにしている」と批判し、善処を求めている[89]。とくに注目すべきは東鹿県の例であり、「行政に干渉したり、訴訟を包攬したり、土劣（土豪劣紳）と結託したりと、種々の卑劣行為は日増しに多くなり、もっとも顕著なものは今次の区制の改訂時に区長を買収し」たと、区制に影響を与えた点が指摘されている[90]。

また、党員のリクルートと関係するが、もう一つの問題として小組織の乱立と派閥の横行が指摘できる。河北では旧来より小組織が乱立しており、それは「新中、実践、改組、西山、および大同盟のほか、その他の小組織がおおよそ一〇あまりある」といわれるほどであった[91]。

これらの小組織はそれぞれ地域の実力者と結びついており、新中は閻錫山麾下の商震と、実践は馮玉祥と、西山会議派である河北忠実同志会や清党同志会は張継等元老と、また大同盟は丁惟汾と関係を取り結んでいた[92]。小組織の生成そのものは、杜撰なリクルートなど党の体質と本質的な関連を有しているが、この小組織が発展し、横行する背後には実力者がかかわっている。

❖実力者との関係に由来する問題

地方政治における党政間の紛糾の程度や調整の度合いは、実力者の力や性格に大きく左右される。仮に特定の実力者が地方の党・政府の両者を十分に把握するだけの力があれば、党政間に紛糾が起こるような事態には至らず、党の活動が抑制されつつも党・政府はそれぞれ与えられた役割を担い、不都合が生じれば調整される。これはさきの山西や河南の事例からも明らかである。

一方、特定の実力者が党政を十分に把握するだけの力がない場合、党政間で紛糾が起きた際の対処は非常に限定的なものとなり、党政間に潜在的な問題が存在するかぎり、紛糾が頻発することになる。河北省では、閻錫山麾下の商震が主席となり、その後、おなじく閻錫山麾下の徐永昌が約一年務めた後、東北系張学良麾下の王樹常・于学忠らが主席となったが、いずれも党政両者を把握するには至らなかった。

商震は政府と党内の一派閥をおさえていたが、党内の各派閥をおさえるには至らず、そのため特定の一派閥と関係を持つことによって、かえって党派間の争いを激化させる結果となった。また東北系の実力者たちも、中央系の党部を把握することができなかったため、その対処に苦心した。

北伐の完了にともなう商震の主席への就任は、党内情勢に変化をもたらした。商震の主席就任にともない、北伐時から商震と関係の深かった新中が省政府秘書処や県長を選ぶ考試委員会、また訓政学院などの政府機関に取り入り、実践もまた新中をつうじて党内の地位を得て、その影響力を高めた[93]。西山会議派は執行部からは排斥されたものの、各地に党員を有し、忠実同志会・清党同志会などの組織を設けて活動していた。そのため河北省や北平・天津市では、元来民衆運動や革命の継続を主張する新中・実践などの左派が党の主導権を握るとともに、山西会議派などの右派との闘争が激化した。

たとえば、西山会議派に属する河北清党同志会は、指導委員に若輩の学識のない学生を指名しているとして新中・実践を批判し、河北の党務が新中など左派に牛耳られている、と李石曾・張継らの活動拠点である北平政治分会に対し善処を求めている[94]。他方の新中・実践なども学校を拠点として学生を煽動し、西山会議派を排除しようと争い[95]、「張継、李石曾が新中を攻撃し、新中、大同盟、粤派(改組派)が共同で張継、李石曾を攻撃す」る事態が続いた[96]。

党内各派は敵対勢力を排除し、地域における影響力を確保するために学生を煽動し[97]、「中央が職務範囲に規定したなすべき事業である道路の修築、識字や造林などの運動をまったく顧みずに司法に干渉したり行政を脅迫したりする」始末であった[98]。その後、中原大戦の終結により東北の張学良系が河北に進出するものの、依然として党は、「稍もすれば省市政府の妥当なる政治の執行に干渉し監視糾弾を試み、其他工会の組織を許し又民衆を直接指導監督し民衆運動を助長せしむる結果、罷工風潮、労資争議を誘発し、其間隙に乗じて共産主義者の活動猖獗となる等、奉派の政治政策と相反する点多きのみならず、一般に政治外交共に何等裨益する処な」かったが、それはまさに「国民党活動の要旨は民衆の指導、三民主義の普及にありと云うも事実は下級農工学商民を煽動するを以て主なる工作とな」していたからであった[99]。これらはいずれも地方実力者が党部を掌握できないために生じた問題であり[100]、党政関係の調整における実力者の統御力の重要性がみてとれる。

政府組織は人事裁量などから実力者に対する忠誠心が強く、実力者との関係は良好な場合が多いことを考えれば、党組織に対する実力者の統制力が重要となる。河北省の場合、元来党政間に交流がなく懸隔があるうえ、杜撰なリクルートによって、共産党に加入している左派から西山会議派に属する反共右派など、さまざまな政治的志向を持った人物が党内に入り込んで団体や派閥を組織し、たがいに争う過程において、地域実力者と結びついた党の派閥や政府組織を攻撃し、政策の遂行に対する重大な障害となったのである。

6 小結

本章での検討から、以下の点が明らかとなった。まず、地方実力者の支配下にある河北省においても、中央が定めた方案に沿って地方自治政策が進められた。国民党政権による地方自治政策の中心は区制の導入にあったが、河北省でも中央の方案にしたがって区制を中心とした地方自治政策が積極的に進められた。しかし、区長の汚職・政治腐敗や専横によって区政が麻痺し、自治政策そのものが頓挫した。それは政府に対する適切な監察や、民衆に対する自治の宣伝および民権の訓練といった党のあるべき作用の欠如、ならびに民衆への不利益反対を主張とする過度の急進主義から来る、党による行政への干渉が原因であった。少数の土豪劣紳による支配という郷村社会の問題を克服するために作用すべき党が、むしろ地域社会に同化してしまい、支配の一端を担う結果となったのは皮肉である。

これらは、杜撰なリクルートによって、過激な左傾思想を信奉する青年党員および農村部における意識の低い党員の加入や、それにともなう複雑かつ弛緩した党組織構成という党自身の問題を基礎としており、党員の増加は党勢の拡大ではなく、単に質の低下を意味した。また、保守的で実力者に忠実な、比較的年配の人物によって構成される政府組織は、革命に共鳴する急進的な若年青年党員によって構成される党とは、構成員の社会的背景を大きく異にしていたため、両者のあいだには潜在的な矛盾が存在した。

さらに、地方レベルの党と政府は、制度上も実態においても人事的な繋がりがなく、対立を回避したり解決したりする基盤を欠いていたため、両者の矛盾はつねに紛糾として顕在化した。

自治政策が頓挫した要因として、杜撰なリクルートに端を発する中央に忠実でない複雑な党組織構成、および各々が出自の大きく異なる集団によって構成された、たがいに連絡を欠く党政関係を指摘できる。これらの基礎にくわえ、地方実力者が地方党部を掌握できなかったため、事態の一層の悪化を招く結果となった。

一方、他の省を例に取ると、国民党の影響力が強いとされた江蘇省では、以前より地方自治が試みられ、一定の経験があったが、党組織に問題があり、党政関係も芳しくなかった。実力者は自治に積極的であったが、地方党部を掌握することができず、長らく混乱が続いた[101]。そのため、地方自治政策も実態をともなった進展をみなかった。その後、試行錯誤を経て、地方党部の整理・掌握に目処がつき、省政府各委員を党務経験者が占めた結果、地方自治政策も一定の成果を得た[102]。また、山西・河南などの実力者が強い地域では、実力者が党部を把握することによって、実力者が認める範囲において政策が実施され、戸口調査など一定の成果を得た。

以上を勘案すると、国民党中央による訓政実施が滞りなく実施されるためには、――地方実力者が治める省の場合は、実力者が党中央に協力的であることを前提として――、地方党部が中央あるいは中央の意向を汲む省指導者（実力者）に忠実であるか、あるいは省指導者（実力者）が地方党部を把握・統制していること、地方党部が堅固な組織と中央に忠実な党員を擁していること、党と政府の関係が相互協助の関係にあり、とりわけ党が政府に協力的であるか、あるいは健全なる党の適切な指導を政府が受け入れる状態にあることが条件となる。いずれの条件にも党が関与していることがみて取れ、問題を解消するにあたって取り得る方法は、党の健全化に尽力するか、あるいは地方党部の役割を縮小し、党を介さずに政策を進めるかのどちらかである。

その意味で、当該時期の国民党訓政の課題は、党が治める「党治」よりは、むしろ党を治める「治党」にあった。国民党が地方党部の整理、改組を実施し、地方党部の健全化に努めてきた理由の一端もそこにある。しかしながら、党内派閥や党指導者間の政争、また地方党員の忠誠を獲得するための精神的・物質的基礎を欠いていたがために、党組織ならびに党員健全化の試みは、遅々として進捗をみなかった。

党治を推進すべく国民党が期待した地方党組織は、訓育すべき対象である地域社会に埋没し、党中央の威信の及ばない自律した存在と化していた。国民党の理念である訓政は、地方政治の現実のなかで、党治はおろか、たえず地方実力者を懐柔しつつ、地方党部を統御すべく「治党」に終始せざるを得なかったのである。

このような党の様態は、党中央の指導者にいかなる認識を与えたのであろうか。これは、すでに第二章において指摘した課題、すなわち理念における党優位と、実際における政府優位の乖離という訓政期の矛盾した政策決定の原因究明と密接にかかわる問題である。次章ではこの問題に対し、党の実態を、指導者が持つ訓政期の課題認識と関連付けつつ検討をおこなう。

註

1――第二章参照。
2――王奇生『党員、党権与党争―一九二四～一九四九年中国国民党的組織形態―』上海、上海書店出版社、二〇〇三年。Bradley Geisert, *Radicalism and its Demise: the Chinese Nationalist Party, Factionalism, and Local Elites in Jiangsu Province, 1924-1931*, Ann Arbor: the University of Michigan, 2001.
3――趙小平「試論国民党地方自治失敗的原因」『貴州社会科学』一九九二年第一二期、賈世建・王暁崗「試論南京国民政府『訓政前期』的地方自治」『華北水利水電学院学報（社科版）』第一八巻第四期、二〇〇二年一一月、陶炎武「南京国民政府地方自治初探」『広西梧州師範高等専科学校学報』第一九巻第一期、二〇〇三年一月、曹成建「二〇世紀二〇年代末三〇年代前期南京国民政府的地方自治政策及其実施成効」『四川師範大学学報（社会科学版）』第三〇巻第一号、二〇〇三年一月。
4――ある観察によれば、北伐後の国民党の支配地域は、江蘇、浙江、福建、安徽、河南、湖北、陝西、甘粛に限られていたという（東洋協会調査部『中華民国政治勢力の現勢』東洋協会、一九三五年、一四頁）。
5――閻伯川先生紀念会編『民国閻伯川先生錫山年譜長編初稿』台北、台湾商務印書館、一九八八年、第三冊、九八六頁。
6――「中国国民党中央執行委員会政治会議臨時会議速記録（一九二八年六月二五日）」（台北、中国国民党党史館档案、会議、00.1/111「中央政治会議速記録」所収（以下、「党史館、分類、番号」と略す））。『国民政府公報』第七〇期、一九二七年六月、令、五頁。
7――「張学良の辞職承認方に関する汪兆銘の電報について」第五六四号、外務省『日本外交文書』外務省、満州事変、第二巻第二冊、一九八〇年、七八六頁。
8――中国国民党中央委員会党史委員会『中国国民党党務発展史料―組織工作―』台北、近代中国出版社、一九九三年、下冊、三四二、四一五、四三八頁。
9――「河北省党務報告」一九三八年一〇月一五日（台北、法務部調査局蔵）。
10――この時期の河北省独自の取り組みによる法制については河北省政府秘書処編印『河北省政府週年紀念特刊法規類編』北平、一九二九年、参照。

11――「河北省近三年来推行地方自治之概略」河北省民政庁『河北民政刊要』民政庁第四科、第八号、一九三二年九月、専載、一～一一頁。

12――河北省政府秘書処『河北省政統計概要』北平、一九三〇年、民政類、三、七七頁。

13――河北省政府秘書処『民国二十年度河北省統計年鑑』天津、一九三四年、民政類、二六～三〇頁。

14――「河北省各県自治工作程序」河北省県政建設研究院『定県地方自治概況調査報告書』定県、一九三四年、三七頁。

15――馮華徳「河北省県財政支出之分析」方顕廷『中国経済研究』長沙、商務印書館、一九三八年、一〇四九～一〇五〇頁。

16――王広懿「河北省二十四年份推行地方自治経過概況」河北月刊社『河北月刊』第四巻第七期、一九三六年七月、一～一五頁。

17――『華北日報』一九三三年八月二七、九月一二、二二、二七、二九、一一月二一日。

18――裴占栄「河北灤県郷村状況」『村治』第一巻第一〇期、一九三〇年一一月、五頁。順義でも同様の事例が報告されている(李芳『民国順義県志』一九三三年、巻七、建議志)。

19――「河北省進行地方自治之概略」『河北月刊』第一巻第一期、一九三三年一月、一七頁。

20――「区自治施行法」商務印書館『中華民国法規大全』上海、商務印書館、一九三六年、第一冊、六三八～六四一頁。また、「修正河北省政府各県区公所章程」河北省政府秘書処第一科公報股『河北省政府公報』第五五三号、一九三〇年二月三日、一七～二〇頁、参照。

21――「県保衛団法」『国民政府公報』第二一六期、一九二九年七月、法規、一～六頁。

22――『河北省政府公報』第五五七号、一九三〇年二月八日。

23――宋兆升『民国棗強県志』一九三一年、巻三、行政六、一〇〇頁。

24――ただ、河北省においては民選以前に監察委員会を設けるため、独自に「河北省区監察委員会章程」を公布し組織するよううながした。しかし、調解委員すらままならない状況においては、設立されたかどうか、また、設立されたとして機能したかについては懐疑的である(満鉄天津事務所調査課『河北省現行行政組織』天津、一九三六年、一〇五頁)。

25――「民政」河北省政府秘書処編印『河北省行政報告民国二十年六月份』天津、一九三一年、五頁(南京図書館蔵)。

26――「河北省推行地方自治之概略」『河北月刊』第一巻第一期、一九三三年一月、六頁。

27――「于主席出巡記事」『河北月刊』第一巻第二期、一九三三年二月、二三頁。これは滄県の例であるが、そのほか、南皮県でも「区郷訓練講堂や貧民簡易工場はあるものの、ほとんど実行されていない(四頁)」という例や、塩山のように「自治はほとんど実績なし(三二頁)」といった例が大半を占め、慶雲県が例外ではないことを示唆している。

28――「河北省民政庁民国二十年十月份行政報告」『河北民政刊要』第四号、一九三一年四月、専載、八頁。

29――「河北省民政庁民国二十年九月份行政報告」『河北民政刊要』第三号、一九三一年一月、専載、四頁。

30――中央民衆運動指導委員会編印『中国国民党最近指導全国民衆運動工作概要』南京、一九三四年、一九頁。

31――県レベルの自治経費は基本的に県の収入で賄われることになっていたが、党部が苛捐雑税として反対する験契(不動産売買税)付加税や田賦付加税、攤派と呼ばれる割当などが県政府の自治費のおもな収入源であった。各県自治費の収入源については、以下参照。河北省財政庁編印『河北省財政概要―中華民国十九年十月至二十一年六月―』天津、出版年不詳、五四～五七頁。

32――「温寿泉等致閻錫山電(一九二九年六月一一日)」閻錫山档案、「北伐附晋冀察綏党政案(一)」116-010101-0058-234。

33――「李鴻文致閻錫山電(一九二九年六月一五日)」同右、116-010101-0058-243。

34――孫暁村「中国田賦的征収」中国農村経済研究会編『中国農村』黎明書局、創刊号、一九三四年一〇月、二五頁。

35――『大公報』(天津)一九三一年一一月一一日。

36――「于主席出巡記事」『河北月刊』第一巻第二期、一九三三年二月、一八頁。

37――民政庁「提議依照中央改進地方自治原則裁撤区公所整理郷鎮村自治団体組織案」河北省政府秘書処『河北省第一次行政会議報告書』天津、一九三四年、一二五頁。

38――同右、分組審査案、民政、五～八頁。

39――「民政」河北省政府秘書処編印『河北省政府行政報告民国二十四年十月份』保定、一九三五年、四頁(党史館、一般、442/52.5)。

40――『華北日報』一九三四年七月一四日、一三日。

41――満鉄北支事務局調査部『河北省税制調査報告書』北京、一九三八年、二五一～二五二頁。

42――党務費については省レベルでは前議参両会の経費を充て、県レベルでは各県の前議参両会の経費・自治費をもって党務費に充て、たりないものは省政府から一部を支給されることになっていた(河北省民政庁『河北省民政庁半年工作概要』天津、一九二八年、六七頁。『河北省政府公報』第五二六号)。ちなみに省レベルでの党務費の予算上の支出は二パーセントであるが、支出実数ベースでは一パーセント未満である。これは想定外の支出として公安費が急激に増えたためである。しかし、支出実数では一九三三年の支出が一九三〇年の倍額と、党務費は急激な増加傾向にあった(童蒙正「河北地方二十二年度財政調査報告」出版地不詳、出版者不詳、一九三五年、I～五、一三頁、「河北地方財政調査報告」出版地不詳、出版者不詳、一九三四年、下冊、III～一頁、いずれも南京図書館蔵)。

43――党務費は実際には各県レベルで徴収されるのであるが、河北四県の例を挙げると全支出の一・二四～五・四一パーセントを占める。また、詳細がわかる静海県の場合、党務費のうち、委員および雇員の生活費で五八・八～九六・九パーセントを占め、活動事業費は三八・五～五・九三パーセントにすぎない(馮華徳「河北省県財政支出之分析」方顕廷『中国経済研究』長沙、商務印書館、一九三八年、一〇四七～一〇四八頁)。無論、党の側からすれば、党部を維持するのにかかる経費でほとんどを費やしてしまうわけであるから、彼らの理屈からすれば活動するための経費が少なすぎるということになる。

44――商震(閻錫山第三集団軍前敵総指揮)劉国銘『中国国民党百年人物全書』北京、団結出版社、二〇〇五年、二〇二二頁。徐永昌(閻錫山第三集団軍第三軍軍長)同、一九五九頁。段宗林(甘粛省電政管理局局長)同、一七七七頁。朱綬光(閻錫山第三集団軍総参謀長)同、六三九頁。沈尹黙(燕京大学教授)同、七一三頁。孫奐崙(国民革命軍総部政務処処長)同、六九二頁。李鴻文(山西省政府委員兼財政庁長)同、九一八頁。温寿泉(山西軍政府副都督)同、二一六三頁。韓復榘(馮玉祥第二集団第六軍軍長)同、二二六九頁。厳智怡(北京政府商標局長)外務省情報部『現代中華民国満洲帝国人名鑑』東亜同文会、一九三七年、一二二頁。丁春膏(馮玉祥第二集団軍駐平辦事処長)徐友春『民国人物大辞典』石家荘、河北人民出版社、一九九一年、五頁。

45――民政庁(孫奐崙)、財政庁(李鴻文)、建設庁(温寿泉)、教育庁(厳智怡)、工商庁(呂咸:工商部参事、前掲、劉国銘、五九九頁)後二者は閻錫山麾下の商震系。焦実齋「新中学会与新中革命青年社」中国人民政治協商会議全国委員会文史資料研究委員会『文史資料選輯（合訂本）』北京、一九八九年、一一九輯、一六頁。

46——『河北省政統計概要』前掲、総務類、四二～四九頁。なお、同時期の湖北省政府の職員構成も年齢についてはほぼ同じで、学歴は専門学校以上が六四パーセントと上振れしており、本省出身者が七四・三パーセントとやや高い（『湖北省政府公報』第一二九期、一九三〇年、一〇五～一一〇頁）。

47——『河北省政統計概要』同右、総務類、四二～四九頁。

48——「国民政府直属各機関職員統計図（十七年九月）［未報告の外交部、審計院等を除く］」中国国民党中央執行委員会『中国国民党中央執行委員会組織部工作概況―十七年三月至七月』南京、一九二八年、附件三（天津図書館蔵）。なお、各政府機関が組織された一九三〇年の段階では中央政府職員の党員率は二二・八パーセントまで下がる。ちなみに、一九三〇年時点の各省政府職員の党員率は、判明している七省では、江蘇省一四・七パーセント、江西省三一パーセント、山東省六・七パーセント、湖北省四八・五パーセント、浙江省一九・二パーセント、湖南省二五・二パーセント、広東省二四・九パーセントであり、七省平均で二一・八パーセント（四八四四人中一〇五八人）であった（『考試院月報』第一期、八七頁、第二期、一〇三頁、第三期、六四頁、第四期、五二頁、第五期、四六頁、第六期、七三頁、第七期、七七頁、第八期、九九頁、一九三〇年）。

49——芳澤特命全権公使発田中外務大臣宛、機密第七七七号電、昭和三年六月三十日発（七月二十日接受）、外務省外交史料館、外務省記録、A.6.1.3.1-4「支那地方政況関係雑纂　官吏任免関係」。

50——たとえば、何思源は商震と関係の深い新中の焦実齋を河北省戦地党務特派員に任命した（焦実齋、前掲、一五頁）。

51——『河北省政統計概要』前掲、民政類、七三頁。

52——河北省［政府］銓叙股『河北省政府県長一覧表』天津、一九三〇年、一～一五頁。

53——第二八次政府委員会では、以前、山西で村政に顕著な業績があったものを委員会内での職に招聘すると決議されており、省以下で山西から民政にかかわる人材を積極的に登用しようとしていたことがうかがえる（『河北省民政庁半年工作概要』前掲、八〇頁）。

54——宝坻県政府第一科『宝坻県政府公報』第一巻第一期、一九二九年三月、五五頁。

55——河北省民政庁視察室『視察特刊』第一―三期、一九二八―三〇年、参照。

56——河北省党部『中国国民党河北省党務統計報告』北平、中国国民党河北省党務整理委員会、一九三二年、八〇

〜九三頁（党史館、一般、435/200（以下『報告』と略す））。ちなみに江蘇省呉県では五四四人中四八人で党員率は八・八パーセントであった（『民国日報』（上海）一九三〇年八月一六日）。

57――「中央執行委員会組織部報告」中国国民党中央委員会党史委員会、前掲、上冊、八九頁。

58――各党部の数字は正式、臨時、組織を有する県市党部、区党部、区分部をあわせた数。「直隷省党部党務報告」中国国民党中央執行委員会『中国国民党第二次全国代表大会各省区党務報告』広州、一九二六年、一頁。

59――『漢口民国日報』一九二七年五月一九日。

60――「一年来河北省党務概況」『華北日報』一九二九年一二月三一日。

61――「順直省委通告第十九号―関於反対国民党的叛変及号召我党退出国民党内工作―」中央档案館・河北省档案館『河北革命歴史文件彙集』石家庄、河北省档案館、一九九一年、甲二、三二七〜三三〇頁（以下『河北革命』（甲〇）と略す）。

62――「省委報告第一号」『河北革命』（甲二）四六三頁、「張兆豊致中央的信」『河北革命』（甲二）五〇九頁。

63――「順直省委拡大会議文件」『河北革命』（甲二）五八七頁。

64――和斉「我対直南党的観察和我的覚悟」『河北革命』（甲三）二七九頁。

65――張清源『張清源自著年譜』台北、自刊本、一九七八年、三四頁。中央調査統計局「関於改組派的総報告」出版年不詳、第二冊、頁記載無し（台北、法務部調査局蔵）。李中舒「有関『実践社』的資料断片」中国人民政治協商会議全国委員会文史資料委員会『文史資料存稿選編』北京、中国文史資料出版社、第一二冊、二〇〇二年、二〇三頁（以下『存稿』と略す）。

66――「孫奐崙・李鴻文致閻錫山電（一九二九年六月一六日発（一七日到））」閻錫山档案、「北伐附晋冀察綏党政案（一）」116-010101-0058-245。

67――不合格率は七パーセントと他の省市より低めであった。なお、不合格者の数がわかる一四の省市の不合格率は一〇・二パーセントであった（編者不詳『中国国民党各特別市、省、特別党部整理党務概況』出版地不詳、一九二九年、各省市部分参照）。

68――中央執行委員会統計処「中国国民党中央執行委員会統計処報告第二類第二号―党員統計―省市部份」出版地不詳、出版者不詳、一九三〇年、頁数記載なし（党史館、一般、435/215（以下『党員統計』と略す））。註六九の統計と異なる数字であるが、恐らくこれは前者が党証を発行した人数、後者が登記した人数を採用したことに起因している。

69――『河北民国日報』一九二九年五月七日。

70――『党員統計』前掲。

71――「河北省党務指導委員会組織部工作人員一覧表」中国国民党河北省党部指導委員会組織部『工作彙報』天津、一九二八年、一覧、三～四頁。

72――中国国民党河北省党務指導委員会宣伝部編審科『河北週刊』第一六期、一九二八年一一月、一〇頁。

73――中国国民党河北省呉橋党務指導委員会『党員同志録』呉橋、一九二八年一二月(石家荘、河北省档案館、全宗六一一―一/二六七)。なお、一九三一年の統計では、全一七〇名のうち、多い順に教育六六人、不明三一人、政界二二人、農界二〇等となっている(『報告』)。

74――この無職党員は農村に居住し党から生活費を得ている者、また地主・農家の子弟や無頼等を指すとみられるが、呉橋県独自の分類の可能性があり、省による統計やその分類から考えると、農民や不明をも含む可能性もある。ただ呉橋では人口一六万人に対し無職者が一万四千人いたことから実際に定職を持たない者である可能性も否定できない(『河北省政統計概要』前掲、民政類、四四～四五頁)。三一年時の省の統計では教育界六六、農界二〇、不明三二、失業七(総数一七〇)などであった(『報告』前掲、四三頁)。

75――たとえば、県レベルで詳細がわかる浙江省永嘉県では、職業は農民七一、工業七二、商業一七、党務一三、政界一一、教員九一、学生四五、軍事六、警察三、自由職業八、其他七、年齢は二〇歳以下が四五、二〇代が一四七、三〇代が九四で九割を占め、教育を受けていない者四四人、小学校一〇二人、中学校(高校)一四一人で九〇パーセントを占める。農民に分類されている人々を呉橋県のように分類するかどうかを除けば、おおむね似た傾向にある(中国国民党浙江省永嘉県執行委員会編印『中国国民党浙江省永嘉県執行委員会工作総報告』永嘉、一九三〇年、附図)。なお、県政府の党に対する態度は良好であったという(中国国民党浙江省執行委員会訓練部『訓練特刊』第六期、一九二九年、永嘉、一一頁)。これは、従前、国民党の党務は共産党員に独占されていたというが、一二〇〇百名程度いた党員は清党を機に審査によって一〇〇〇名程度が排除され急進的な党員が淘汰されたためだと考えられる(中国国民党浙江省党部臨時執行委員会組織部編印『浙江党務概況』杭州、一九二八年、温属、二頁)。

76――なお、先ほど県政府で取り上げた宝坻県については、県内の党員の各構成についてだけ示しておく。一九三一年時点で、党員総数は一一九名。二〇代と三〇代で八割を占め、中学(高校)卒業までが五六パーセント、普通師範卒が二六パーセントで、あわせて八割を占める。職業は多い順に教育界が三四パーセント、農界が一六パーセント、政界が一三パーセント、不明が一二パーセントであった(『報告』)。

77――銀間絮子『支那縦横観』東洋書籍出版協会、一九三一年、一二五頁。

78――「視察大興県各項情形之報告」『視察特刊』第三期、報告、一九三〇年一月、二頁。

79――たとえば、薊県や永清県などでも同様の傾向が指摘されている。「視察薊県各項情形之報告」、「視察永清県各項情形之報告」同右、二三、三七頁。

80――賈栖『河北賛皇県訓政紀略』賛皇、出版者不詳、一九二九年、二・乙、二九頁。

81――天津特別市党部「規定訓政期内県市党部与政府間党治方法案」(党史館、会議、3.18/107)。

82――「温寿泉等致閻錫山電(一九二九年六月一一日発(一二日到))」閻錫山档案「北伐附晋冀察綏党政案(一)」116-010101-0058-234。

83――趙秉鈞「整理党務要釐定党政関係」『華北日報』一九三〇年一一月二日。

84――苗培成「北方党政情形」『中央日報』一九三三年五月九日。

85――「河北省滄県各区民衆代表程俊亭等百余名呈国民政府函(一九二九年一月五日)」(南京、中国第二歴史档案館、国民政府档案、全宗一(二)-一四三二「河北省党務人員被控」所収)。

86――在天津加藤領事発田中外務大臣宛「天津方面状況に関する曽公安局長の談話について」一九二八年九月二七日『日本外交文書』前掲、昭和期I第一部、第二巻、三三四頁。

87――鄭国材「整理河北党務総報告」『華北日報』一九三〇年一月三日。

88――『北京益世報』一九二九年二月二三日。また「河北民衆対党員呻吟録」(別名「河北党務糾糾文件」党史館、一般、432/3)参照。後者は政治分会が作成したと思われるため、編集の意図は政治的であるが、事例は実態を反映したものである。

89――「北平臨時政治分会公函」一九二九年一月二五日(国民党北平政治分会与河北省各級党部互争権限的文件)中国科学院歴史研究所第三所資料整理処『現代中国政治史資料彙編』南京、一九五八年、第二輯第六冊、四三二四:二一~四頁(以下『資料彙編』と略す)。

90――「東鹿県党務之糾紛」『華北日報』一九二九年一二月一三日。

91——馬超俊「華北視察述要」『中央党務月刊』第二七期、選録、一九三〇年一〇月、一四四頁。

92——「順直省委関於目前工作状況向中央的報告」『河北革命』(甲二)、一四頁。司馬仙島『北伐後之各派思潮』北平、鷹山出版部、一九三〇年、二〇三頁。

93——王宣「八秩回憶」王宣徳齋先生八秩寿慶籌備委員会『王宣徳齋先生八秩寿慶集錦』台北、王宣徳齋先生八秩寿慶籌備委員会、一九六八年、第二集、頁数なし。焦実齋、前掲、一四頁。程厚之「『実践社』史略」『存稿』第一二冊、二〇一頁。また秘書処に在職していた鄭震宇は新中社メンバーが多数在職している党務訓練所、訓政学院、軍事政治学校を重視するよう商震に献策している(「震宇致商震函(一九二九年一月一八日)」(河北省档案館、商震档案、六一四―二/三一〇))。

94——「国民党河北清党同志会呈北平政治分会」、一九二九年一月(「国民党河北清党同志会等控告改組派新中学会組織把持党務有関文件」)『資料彙編』第二輯第六冊、四三三〇:二頁、所収)。

95——「保定育徳中学校長郝耀呈文付伝単」一九二九年一月(「保定国民党改組派利用六中等校反対西山会議派有関文件」同右、四三二八:一~四頁、所収)。

96——「張蔭梧致閻錫山電(一九二九年二月二六日発(二八日到))」閻錫山档案、「北伐附晋冀察綏党政案(一)」116-010101-0058-245。

97——「保定育徳中学校長郝耀呈文付伝単」前掲、四三二八:一~四頁。

98——「河北省武清県公民李英芳等呈北平政治分会」一九二九年二月(「国民党河北清党同志会等控告改組派新中学会組織把持党務有関文件」)同右、四三三〇:六頁。

99——田尻天津総領事代理発幣原外務大臣宛、機密第一〇一一号電、昭和五年一一月一九日、「河北省ト国民党ノ関係調査ニ関スル件」、A.6.1.1.2-2「支那中央政況関係雑纂　国民党関係」第二巻、国民党支部関係、外務省外交史料館。

100——中央―地方党部間を例に、中央が地方党部を掌握できない要因については第三章参照。基本的には地方省党部と基層党部間においても同様の点が指摘できよう。

101——Geisert, *op. cit.*, chap. 5. David Tsai, "Party-Government Relation in Kiangsu Province, 1927-1932," *Select Papers from the Center for Far Eastern Studies*, vol. 1, Chicago: University of Chicago, 1975-76.「江蘇省党務報告」『中国国民党江蘇省第二次全省代表大会会議紀録』鎮江、出版者不詳、出版年不詳、七七頁。顧子楊「江蘇省党務沿革」鎮江、江蘇

省党部、出版年不詳（党史館、一般、001/034）。また、報告によれば、江蘇省六一県のうち、半数の三〇数県においても共産党、改組派などの反動分子が活動していたという（「第三届中央常務会議第五三次速記録」（「三届中常会第五一―六〇次速記録」党史館、会議、3.3/9、所収）。

102 ――「江蘇全省党務概況」『中央日報』一九三〇年四月二四日。江蘇省政府秘書処『三年来江蘇省政述要』鎮江、江蘇省政府秘書処第三科、一九三六年、民政、二三～二九頁。

第5章 政策決定過程

1 政策決定からみた訓政

訓政は不変の制度ではなかった。それは指導者の力関係により変容を余儀なくされた。訓政体制はいかに設計され、どのような変容を経験したのであろうか。本章では、訓政の制度設計に大きな影響を与えた蔣介石と胡漢民の両指導者に注目しつつ、訓政の制度化過程を考察する。

訓政の成否は党と政府の協力如何にかかっていた。当該時期の党と政府の関係は、党政間の役割分担の明確化によって党政分離の関係にあったが、脆弱な地方党部組織や地方軍事指導者による支配領域の存在などにより党政間の紛糾が生じていた[1]。この点について、王奇生は「国民党中央は地方政治を地方政府に掌握させる傾向にあったため、地方政治の重心は党ではなく政府にあった。地方党部は副次的で取るに足らない地位に置かれ、ついには地方政府の追従者となった」と指摘する[2]。

しかし、党中央は基層党部が弱体であるにもかかわらず、訓政にかかわる綱領や方案において、地方自治政策遂行時の党部の指導的な役割——とりわけ民衆の政治的諸権利行使の訓練という訓政の根幹にかかわる重要な役割——を規定するとともに、党部が政府の施政を適切に監察するよう期待していたことも事実である。ここでの問題は、党部が実際に機能しないにもかかわらず、なぜ規定のうえで党部に重要な役割を付与したのか、そしてそのような規定を維持し続けたにもかかわらず、なぜ実態において政府を重視するに至ったのか、にある。

訓政構想の具体化の過程における理念と実態とが乖離するに至った原因は、当然ながら、政策の形成過程とその実施過程に求められよう。当該時期の政権が国民党による一党独裁であり、さらに国民党が民主集中制を採っていたことを考えれば、政策の形成と実施過程を検討するにあたっては、政策決定にたずさわる党中央指導者間の政治的志向と、その政策に対する影響の検討が要請される。

訓政開始前後の国民党政権の政治過程に関しては、派閥政治の影響が指摘されているが[3]、一連の研究は派閥政治が中央政局に与えた影響については検討するものの、そうした政治運営が訓政の具体化にいかなる齟齬を生じさせ、結果として訓政構想や政策、また実際の地方党部・政府の役割にどのような影響を与えたのかについては、十分に議論を展開していない。

一方、当該時期の政治制度の変遷過程については、すでに家近により先鞭がつけられているが[4]、本書の検討課題との関連からすれば、政治制度の変遷を、訓政期の課題認識に集約される各指導者の思想的背景や政治的志向との関連において理解し、訓政という理念の制度化にいかなる変容をもたらしたのかが検討されなければならない。

そこで、本章では以上の点を踏まえ、当該時期の国民党における主導的な指導者であった蔣介石と、訓政の制度化において中心的な役割を果たした胡漢民の訓政期における政治的課題への認識、およびその政策への反映を検討することにより、互いに相いれない両者の志向が、訓政の制度化にいかなる矛盾をもたらしたのかを解明する[5]。本検討をつうじて、党の訓導を正当化の担保としていた訓政の形骸化がどのように準備されたのか、その一斑を究明する。

2　訓政開始から三全大会に至る中央政局

❖北伐の完了

北伐の開始から訓政開始に至るまでの中央政局については、すでに第三章で述べたとおりである。ここでは、二期四中全会を控え、胡漢民が汪精衛らに対する不満から外遊の途についていたことを再度提起するにとどめ、その後の過程について述べる。

一九二八年六月一五日、国民革命軍は北京を占領し、北伐の完成をみた。国民党のプログラムにしたがえば、軍政期を終え、あらたに訓政期を迎える。それゆえ北伐の完成は、訓政をどのように具体化するかというあらたな課題を国民党にもたらした。この課題にいちはやく応え、機先を制したのが胡漢民であった。胡漢民は六月三日、外遊先のパリより譚延闓に宛て訓政大綱を発した[6]。

胡は訓政を構想するにあたって以党治国の徹底、すなわち党による指導と政府による執行との前提に立ち、両者を取り持つ訓政期の指導機関として中央政治会議を位置づけた。また、政府については行政、立法、司法、監察、考試の五院を設置し、「五権の治」をおこなうと定めた。

胡漢民が外遊先から訓政綱領を打電し、訓政期の新たな政治制度の構想に介入する意志を示したことは、胡の中央政界への復帰を示唆するものであった。八月に開かれた二期五中全会においては、訓政期の政治会議の役割について、欠席している胡漢民の意見が採用されるなど、訓政期の政治制度に関して、胡が主導権を握りつつあったことがうかがえる[7]。

それゆえ、党内で高い地位を有し、あらたな政治秩序の構想を披瀝している胡漢民の帰国は、二期四中全会以降、その影響力を増しつつあった蔣介石の注視するところであった。蔣介石は胡漢民外遊中にも、当時パリにいた李石曾から張静江をつうじてその動向を把握しており、胡の行方に神経をとがらせていた。とりわけ、胡漢民らが外交活動に力を入れ、ヨーロッパにおいて「第二の最高外交機関」を組織しようとしていたことに、蔣をはじめとした南京の指導者は憂慮していた[8]。

胡漢民は南京中央との関係について、南京の政局が順調であれば協力、また政局に不安が生じれば反蔣勢力を糾合して対立、という二つの選択肢を考えており、倒蔣（蔣介石打倒）の計画もあり得ると李石曾は伝えていた[9]。そのため蔣介石は胡の帰国に際し、その目的が討蔣にあるとの可能性を捨てきれなかったように思われる。陳公博によれば、当時、蔣介石は胡の帰国に備え、軍を動かすことまで考えていたという[10]。

しかし、胡漢民は八月二八日に帰国後、広州政治分会の主催を依頼されたもののこれを断り[11]、また二九日には時局談話を発表し、国民党の内部団結の必要性を説くとともに、政治分会の撤廃を主張した[12]。その後すぐさま北上し、九月三日に上海入りしたあとは当日より呉稚暉、張静江、李石曾らとともに蔣介石と会談し、党・政府の要事について話し合った[13]。さらに翌日、蔣介石は胡漢民を訪れ、党務、政治、軍事の各問題について討議し、その結果、党内の団結と統一が必要であるとの認識を共有するに至り、胡を南京に迎え、ともに苦難にあたることを確認した[14]。以後、胡漢民の幽閉に至るまで蔣胡の協力が進められる。

❖訓政構想の具体化

復帰を控えた胡漢民は、九月一五日に「訓政大綱提案説明書」を発表し、みずからが構想する訓政体制をさらに詳細に展開した[15]。続いて、二〇日の第一六八次中央常務会議において、蔣介石の提案により常務委員にくわえられ、中央政界への復帰を果たし、訓政の具体化に主導的な役割を果たしていく[16]。九月一九日には蔣介石の呼びかけにより国民政府組織法に関する談話会が開かれ、胡漢民、戴季陶、王寵恵による共同研究が決定された。その後、三人によって草案が起草され、討論を経て二三日に第二次草案が起草された[17]。

一〇月二日には審査会がひらかれ、呉稚暉が「訓政綱要」を起草し、それに対して胡漢民が大方賛成と表明して審査を終えた[18]。一〇月三日には「国民政府組織法」と「訓政綱領」が中央常務会議を通過した[19]。訓政綱領は胡が提起した「訓政大綱」にのっとった内容となっており、胡の考えが十分に反映されている。

（一）中華民国は訓政期間において、中国国民党全国代表大会が国民大会を代表し、国民を領導して政治的諸権利を行使する。

（二）中国国民党全国代表大会閉会時には、政治的諸権利を中国国民党中央執行委員会に付託し、これを執行する。

（三）総理の建国大綱に定められた選挙・罷免・創制・復決の四種の政治的諸権利は国民を訓練して漸次これを推し進め、以て憲政の基礎を打ち立てなければならない。

（四）治権である行政・立法・司法・考試・監察の五項は国民政府に付託し、総攬してこれを執行し、憲政時期の民選政府の基礎を打ち立てる。

（五）国民政府の重大な国務の施行に対する指導監督は、中国国民党中央執行委員会政治会議がこれをおこなう。
（六）中華民国国民政府組織法の修正および解釈は、中国国民党中央執行委員会政治会議がこれをおこなう[20]。

ここで注目されるのが、中央政治会議の役割と五院の設立である。胡漢民はこれまで中央執行委員会に従属していた中央政治会議を、政府（国民政府）と党（中央執行委員会）の両者をつなぐ機関として新たな制度配置をおこなった。さらに憲政開始後に組織されるはずの五院を設置し、法律の公布・命令の発布に関しては、国民政府主席および五院院長の署名が必要と改めた[21]。胡漢民による政治会議の改変と五院の設置には、政治権力が一極に集中するのを防ぐ意図があった[22]。とくに国民政府主席の地位を名目的な元首としたことは、蔣介石の権力を陸海空軍総司令職にとどめ、軍以外の実権を握らせないようにするもの、とみることができよう。事実、胡漢民は南京に入るにあたって、蔣を補佐するとともに、蔣が独裁に走ることを防ぐ意図があった、と後に回想している[23]。

訓政期の政治体制においては、中央政治会議の重要性が非常に高いことが理解できるが、胡漢民は中央政治会議への参加基準をも取り決め[24]、また立法院長に就任するとともに委員の人選をおこなうなど、訓政の具体化における影響力を高めていく[25]。

❖第三次全国代表大会

三全大会は開催前より大会反対のビラが多数ばらまかれ[26]、また会議の初日から途中退席や欠席する代表が多数現れ、大会六日目の会議では、退席して会場の秩序を乱した代表を懲戒する案が可決されるなど、開会当初の運営は盤石ではなかった[27]。周仏海によれば、当時出席していた青年代表のあいだでは、胡漢民に対する反感が強く、周仏海らも途中退席したという[28]。しかし、このような困難に見舞われつつも、主席団に選ばれた胡は、第一次会議主席を務めるとともに、重要な方案を通過させ、蔣介石、譚延闓、戴季陶、何応欽に次ぐ得票数で中央執行委員に選出された[29]。

とくに胡の提案による「確定訓政時期党政府人民行使政権治権之分際及方略案（訓政時期の党・政府・人民が「政権」・「治権」を行使する程度と方策を確定する案）」は、訓政の制度化を具体的に示すものであり、非常に重要な意義を持つ[30]。本案では党と政府の役割が規定され、訓政時期の事業推進における両者の分担が示された。そこでは政府の役割として、「県自治制の実施および一切の訓政の根本政策と法案の執行は、国民政府およびその所属の主管機関によりこれをおこなう」と定め、党の役割として「地方自治の社会的基礎を育成し、訓政方針を宣伝し、人民を教え導いて四権の使用を訓練し、人民を指導して地方自治に必須である先決条件の完成を目指し、地方自治にかかわるその他の工作は、中国国民党中央執行委員会の指揮ならびに監督のもと、下級党部がこれを推進する」と定めた[31]。

民衆の訓育を党部の役割とする規定は、三全大会以前においてはみられないことから、これは胡漢民の発案によるものといえる。訓政綱領策定時には、「国民が直接四項の政治的諸権利を行使し得るよう、中国国民党は五つの治権を国民政府に付託し、政府によって国民の政治的諸権利行使を訓練させ、憲政時期の民選政府の基礎を樹立させる」というのが党における共通認識であった[32]。

もう一点、指摘しておかなければならない重要な問題は、三全大会において決議されるはずであった約法の制定が見送られたことである。本約法は、二期五中全会時に中央委員や党部・商会などから、訓政期の根本法となる「約法」を制定すべきとの提案が相次ぎ、また中央常務委員会も孫文の「革命方略」にしたがって、訓政時期は「約法」を頒布すべき時期であると認め、「中華民国暫行約法起草委員会」の組織を提起したことから、三全大会時における制定が決議されていたものである[33]。

しかし、胡の帰国は、この約法制定の流れを大きく変えることとなった。というのも、「総理の遺教は我国の約法・憲法たる最高原則である」と主張していることからもわかるように、胡は訓政期に約法を制定する必要はないと考えていたからである[34]。そのため、三全大会では胡の提起した孫文の遺教を根本法と規定する提案により、孫文の三民主義などが訓政期の約法に準ずるものと定められ[35]、二期五中全会で決議された約法の制定は見送られた[36]。

胡の起草にかかる「訓政綱領」、「確定訓政時期党政府人民行使政権治権之分際及方略案」もまた、訓政期の党・政府・人民の関係を規定する実質的な約法であり、胡からすれば、これらの綱領・方案によって約法が保証すべき規定は、すでに確立しているのであって、改めて約法を制定する必要は認められなかったのである。

ここであわせて確認しておかなければならないのは、なぜ胡漢民がこのような影響力を発揮できたのか、という点である。そもそも約法の制定が議論されることになったのは、孫文が約法の制定を主張していたことにはじまる。しかし、「革命方略」、「孫文学説」、「中国革命史」には約法制定の主張が存在するものの、胡漢民が依拠する「建国大綱」には約法の規定が存在しないなど、孫文の主張自体が変化しているという問題が存在した。この点について、胡漢民は帰国以来、孫文は臨時約法の失敗後、約法には賛成しなくなったとの見解を示し、総理の遺教すべてが約法であると主張するに至った[37]。

訓政綱領にせよ、約法にせよ、胡漢民の主張が賛同を得ることができたのは、党内の元老としての地位のみならず、『三民主義的連環性』、『三民主義者之使命』などを著し、また『総理全集』を編集するなど、胡が孫文の主張や著作に対して豊富な知識と深い造詣を有する権威であったことが大きい[38]。このように、胡漢民は国民党における絶対者たる孫文の解釈者であることによって、党内の異論を自己の主張へと導くことができたのである。

以上のように、三全大会においては、胡漢民の構想が訓政の制度化においても、ほぼ受け容れられ、実現したことが理解できる。三全大会は訓政構想を制度化し、あらたな指導体制を確立するうえで画期的な大会となり、それゆえ訓政の実現において指導的な立場にあった胡漢民の影響力は、訓政の制度化の進展とともに増していく[39]。

3　指導者の志向

制度化における胡漢民の影響力の増大は、しかしながら、一方で徐々に蔣介石とのあいだに摩擦を生じさせた。というのも、両者は相反する政治的志向を有していたからである。訓政大綱をはじめとして訓政期の政治理念には、胡漢民の考えが色濃く反映されており、それは「国民政府成立以来、各種の組織・系統などは九九パーセント胡漢民の主張に依っている」といわれたほどである[40]。当然ながら政治制度、党と政府の関係や、地方自治に対する見解にも、建国大綱に依拠した胡漢民の構想が具現化されている。

胡漢民は訓政を実施するにあたって、「以党治国」、すなわち党による訓導が必要と考える。このような「民衆の褓母」たる党という考えは、当然ながら政府に対する党の優位を導く。それは本来の主権者たる民衆に対する党の訓導から得られる論理的帰結である。ここに閔斗基が「党権至上主義」と呼び[41]、また成台生が「浄化された党治」と表現した[42]、党の絶対性に対する胡漢民の理想をみいだすことができる。しかしながら、閔斗基が同じく指摘したように、胡漢民の「党権至上主義」は、行政と軍の権力が党の権力より優位に立つべきだと考える蔣介石とのあいだに避けがたい衝突をもたらす[43]。

❖胡漢民　分権・党優位

胡漢民は民国以来の現状について、「数千年の専制の余蘊《ようん》により、大多数の人民は政治意識、政治経験ともに欠乏しており、突如として政治的諸権利を授けようと欲しても、強暴なるものに強奪されるのは必至である」[44]、との認識を持っており、そのために政治的訓導の期間が必要と考える。ゆえに、その訓導の期間を訓政とし、党を以って国を治める、すなわち「以党治国」の必要性を正当化する。そして、「以党治国」とは、人民がみずから確実に政治的諸権利を使用できるようにすることであるとし、「民衆が自治をおこなえるようにするには、我々が訓練指導する努力が必要である」と述べる[45]。ただし、「政治的諸権利（＝政権・民権）が党によって代行されているとはいえ、党が努力する方向は、依然として人民が四種の政治的諸権利（四権）を行使する知識と能力を訓練し、現在党が代行している政治的諸権利を将来において国民に返すことにある」[46]、と説明しているように、「以党治国」は国民に政治的諸権利を返すことをその正当性の担保としている。

つまり、「以党治国」であるためには、民衆の自治を達成することが最低限の要請であり、また訓政を正当化する不可欠の構成要素であると考えている。そのため、民衆の政治参加へと繋がる民権の訓練には積極的にならざるを得ない。ただ一方で、「以党治国」の過程において、党は「終始『政権（民衆の政治的諸権利）』の褓母を自認する」と述べているように[47]、民衆の政治的諸権利の行使はあくまで党の訓導によって進められなければならない、と考えている点には注意が必要である。

では、胡はいかなる方法によって地方自治、およびその中心的課題である政治的諸権利の訓練を進めようと考えていたのか。それは以下の言葉によく表れている。「方法を講じて地方自治を実行するのは政府の仕事であり、人民に宣伝し、人民を指導して地方自治をおこなわせ、自治の道理を理解させるのは党の責任である」[48]。そして「県政府が地方自治と建設工作を真に実施している時、県党部は区党部、区分部をして七項運動を励行させ、総理が定めた『戸口を改める』、『機関を打ち立てる』、『地価を定める』、『道路を修築する』、『荒地を耕す』、『学校を設ける』ことの意義と利益をまず宣伝し、それとともに人民を指導して自治機関を組織させ、人民が四権を行使することを訓練し、訓政を滞りなく遂行する」[49]。

つまり、胡が描く訓政とは、政府が各種の建設を進め、他方で党は自治を宣伝しつつ、民衆に対して政治的諸権利の訓練を施すことによって進められる。このように、胡は党と政府の役割分担を非常に重視するが、なかでももっとも肝要となる民権の訓練を党の役割とし、党を重要な「発動者」と位置づける[50]。なぜならば、胡にとって、党こそが民衆を訓導する主体なのであり、そうしてはじめて訓政たりえるからである。

次に、訓政期における政治制度については、五院の設置にみられるように、権力の分散を企図していることが理解できる[51]。法令の発布に五院院長の副署を必要とする規定を盛り込み、国民政府主席の地位を「対外的に国家を代表する以外にその権力地位はその他の常務委員と変わるところがない」という名目的なものとするなど[52]、特定の役職や一個人に権力が集中することを可能なかぎり避けるよう、分権に努めていることがみて取れる。

というのも、そもそも訓政をおこなう目的は、軍閥政治と決別し、軍閥が民衆から奪っていた政治的諸権利を、ふたたび軍閥に強奪されないようにするためであり、そのための民衆の訓育であったことから、当然ながら、軍事指導者が中央で強力な権力を持つことがないよう注意する必要があった。北伐後、胡が「新軍閥は今日の革命対象であ」り、「現在北伐により統一がなったが、張宗昌、孫伝芳の後継者が二度と現れないよう願う」と述べたのも、新たな軍閥の台頭は党による訓導を根本的に損ねるとみていたからであった[53]。そのため、胡はつねに軍事指導者に対して警戒しており、権力が一極に集中しないよう心がけるとともに、中央政局に軍事指導者を招き入れることにつねに反対していた。

たとえば、胡漢民は当時、馮玉祥、閻錫山、張学良らが中央の要職につくことに反対し[54]、張学良の入京に至っては「最近また軍閥がやってきた」と漏らしていたほどである[55]。無論、このような権力の分散措置はひとえに各地の軍事指導者のみならず、蔣介石に対しても向けられたものであった点には注意が必要である。

胡にとって、訓政の課題は民衆に対して政治的諸権利行使の訓練を実施し、将来において民衆にその権利を返して憲政を開始することにあり、またその間において軍事指導者に政権を奪われないよう注意し、軍閥政治の再来を防ぐことにあった。

❖蔣介石　集権・政府優位

次に、訓政開始前後において、胡漢民と並んで指導的地位にあった蔣介石について検討する。蔣もまた、訓政観においては胡と同様、人民の政治的な未熟さを強調する。それは、「中国の人民および我が党の基層の同志は事実上大多数が幼稚であり、そのうえ状況と思想が複雑かつ不純である。党の内外を問わず民主を実行するには長期の訓練を経なければならず、人民はかならず相当の訓練を受けて四権を運用できるようになってはじめて党外で民主を実行でき」る[56]、と述べたことからも理解できよう。

蔣は、「中国人民は幾千年もの専制政治の圧迫と、十数年来にわたる軍閥の政権窃取の結果、民権を行使する能力を根本的に喪失している」とみていた[57]。とくに一九二六～二七年の湖南・湖北での「民主」の高まりの結果「党は指導権を失い、社会は秩序を失った」[58]、と認識していることからわかるように、当時の民衆の暴走が蔣の民衆に対する警戒感を形作っている。

そのため、蔣は民権の訓練にも慎重であり、「我々は人民に四権を与えなければならないが、当然それが相当の訓練によってはじめて享受できる権利であることを知らしめ、またどのように使用するのかを知らしめなければならない。この訓練には五〜六年必要である。決して二〜三ヶ月の努力で訓練が成功するものではない」として[59]、政治的諸権利を行使させることに消極的である。

また、民衆運動に対しても、「およそ一切の民衆運動は民衆の利益と直接関係なく、治安に有害なものはかならず禁止しなければならない」として[60]、あくまで管理されたなかで民権の訓練が進められるべきだと考えている。

訓政開始後、蔣は「目下、もっとも喫緊かつ必要な方法はまず社会を安定させ、共産党の煽動を受けないようにする」ことにある、と考えていたからである[61]。それゆえ、蔣は民権の訓練よりも戸口調査や自衛団の組織、保甲の推進や道路の修築などを先決の課題と認識していた[62]。

また、地方自治の推進については、政府に対する党部の干渉をできるだけ排除すべきと考えている。それは、訓政時期約法において、党の主要な役割である民権の訓練を政府の役割と規定したことからもうかがえ、実質的に政府優位の考えであることが理解できる[63]。

党と政府の役割分担について、自治体などの機関を整備して戸口調査などの事業を推進することを政府の役割とし、自治の宣伝と人民の訓練を党の役割とした胡漢民による制度化とは、蔣の考えが異なるものであることがみて取れる。このような考えは、比較的早い段階においてもみられ、たとえばみずからの考えを実施できた剿匪区《そうひ》(共産党討伐地域)では、湖北、河南、湖南、江西、安徽、福建六省の県長に宛てた訓戒において、「戸口調査と保甲の組織が地方党員の唯一の職務である」と訓辞している[64]。また安徽省における会議において、「党部の任務は悪い勢力を打倒することにのみあるのではなく、人民の権利を保障することにこそある。しかし保障を実行する責任は政府にある。党部は政府を補佐できるがゆえに人民の権利を保障することができる」[65]、と述べているように、人民の権利である四権、すなわち政治的諸権利の保障を党ではなく、政府が実行するものとしており、後の訓政時期約法につながる志向がすでに読み取れる。

　これらは、共産党の勢力が比較的強い地域であるが、国民党の影響力の強い浙江においても、党の任務について社会を安定させて共産党の影響力を排除することであり、戸口を精査し、土地を測量し、交通を開き、警衛を整理する、という政府による諸事業を共同しておこなうことであると述べている[66]。

　蔣がこのような考えを持つに至ったのは、地方党部に対する不信と、共産党の影響を排除する必要からであった。前者についていえば、「現在各地の党部・党員、および派遣した指導員は一〇のうち七はとても幼稚であり、現在の党の政策、また中国社会の環境をまったく理解していない」との発言から[67]、地方党部に対する抜きがたい不信を読み取ることができる。蔣の不信の根底には、「上海・南京特別市党部は政府や各部および戦委会に対して思うままに譏《そし》り、越権行為もはなはだしい。北平市特別党部もまた幼稚である」[68]、という当時の地方党部の状況を反映したものであった。

　また、さきの会議の訓辞において、「現在派遣している各県党部の指導委員は多くが訓練を経ておらず、政府を補佐することができない」と指摘しているように、蔣は地方建設に対する地方党部の力不足を感じていた[69]。それは、「目下の党の不健全は制度が悪いのではなく、我々党員のおこないがよくないのである」との発言からもみてとれる[70]。

　こうした蔣の認識は、地方党部の実態を反映したものでもあった。たとえば、実際の工作を担う党員についてみれば、人口に占める党員の割合がもっとも多い広東でさえ〇・二パーセントであった。江蘇や湖北では〇・〇八パーセントにしか満たない人数であり、地方党部が期待された工作を担うことは困難であった。また、区党部・区分部の活動経費は、党員によって維持されなければならなかったが、党員の八七パーセントの家計が赤字か、あるいはぎりぎり自給できる程度であったことからわかるように、十分な活動経費を捻出する余裕はなかった。教育程度についても、教育を受けていない者と小学校卒業者(不明含む)で約半数を占め、党の事業を進めるにあたっては困難が予想された[71]。さらに、実際の工作を担う地方党組織の組織化の程度についてみても、一九三一年時点で正式に成立した省市党部は九省市にとどまり[72]、県党部については一九三三年に至っても組織率は一七パーセントにしかすぎなかった[73]。

後者の共産党については、共産党を排除して社会を安定させることを訓政期における第一の課題としていたため、蒋は民権の訓練のように共産党に操作される可能性がある事業には消極的であった。そのため、蒋は急進的な人物を党部からできるだけ排除しようとし、党部の改組に際しては青年党員ではなく、老成した政府の人員が党執行部の六割を占めるように指名せよと指示している[74]。

訓政期における蒋の最重要課題は共産党の排除にあり、それがすべての具体的政策に影響を与えていることが理解できる。また自治の推進については党が訓練し、政府が戸口調査などの事業を実施するという役割分担ではなく、政府が中心となって、それに党も協力して一緒に進めるとの考えであった。蒋は戸口調査、土地測量などの事業と民権訓練は同時に進めるものではなく、あくまで戸口調査などの事業を完了した後に民権訓練を実施すると想定していた[75]。それゆえに、党の現状が「他の省よりよ」く、「安徽などに比べて経済や権力関係にかなり余裕がある」と蒋が考える浙江省の党部に対しても、民権訓練の任務や実施については提起していない[76]。

政治制度については、社会安定と共産党の排除を最優先に掲げるがために、可能なかぎり集権的な制度を志向する傾向にあった。たとえば、二期五中全会時に、蒋を国民政府主席に推す声があったが、それに対して蒋は「政治には必ず有力な政府主席が必要で、それによって建設を導くことができ、この機に乗じて党と国家を造ることができる。中央の諸委員が私に国民政府主席に着任するよう望むのであれば、国民政府主席は任免権を有し、各院と政治会議に対して複決（再審）権を有し、財政の統一と中央常務会議に対しては最終決定権を有していなければならない」と述べ[77]、訓政期の建設においては集権的な制度が必要であると考えている。また、「彼（胡漢民）は委員会制の名を借りて、すべてをほしいままにし、服従を迫る」[78]、と不満を述べているように、集団指導制や委員会制によって権力が分散されることを忌避していた。

蔣は胡とおなじく、民衆の政治的能力に対して信頼を置くことができず、訓政期間が必要であると考えていた。しかしながら、胡が民権の訓練に積極的に取り組む姿勢をみせる一方で、蔣は民衆に対する不信感から相当長期の訓練が必要とみる点において相違がみられる。

また、両者ともに党と政府の関係を同等とすべきと考えるものの、胡においては党に対して積極的に役割を付与し、党の優位を強調するが、一方の蔣においては、政府の行動に対して党部が干渉しないよう求めるように、実質的に政府優位の考えを持っている。

基層党部に対しては、両者ともに不信感を抱いている。しかし、胡はあくまで党員の訓練、党部の再編成をつうじた党の指導性回復を目論み、一方の蔣にあっては、脆弱な組織にとどまっている地方党部を介さず、すでに各地域で組織化されている政府の強化をつうじて訓政の諸政策を実施しようとしている点において、相違がみられる。

全般的な政治制度については、蔣が国民政府主席や政治会議主席などに権力を集中して建設を推進しようとするのに対し、胡は委員会制や合議制を採用し、権力を五院や政治会議などに分散させて独占を防ごうとする傾向にあった。

このような両者の集権・分権をめぐる対立は、一方で共産党に対する警戒から蔣が集権的な体制によって共産党の排除と社会建設を進めようとし、他方で軍閥に奪われていた政治的諸権利を民衆に返すことを訓政の主目的とみなす胡が、政権において軍事指導者が多大な権力を得たり、政権を簒奪したりしないよう、徹底した権力の分化をはかったために引き起こされた。この蔣の集権への志向と、胡の分権への志向を生み出すたがいの政治的課題に対する認識は、同様に共産党への対応から諸事業の推進を急ぐ蔣の政府重視と、あくまで理念に忠実であろうとし、党による訓導を訓政の根幹とする胡による党重視を生み出している。その意味で、両者の集権・分権志向と、党政それぞれに対する重視は、訓政期の政治的課題に対する各々の認識を媒介として分かち難く結びついていたが、問題はこうした志向の相違がいかなる帰結をもたらしたかにある。

4　中原大戦と国民会議

蔣・胡の相反する志向は、両者の対立を徐々に高めてはいたが、一連の反蔣・反中央運動に対処する必要から、対立が顕在化することはなかった。しかし、蔣が一連の反蔣戦、とりわけ中原大戦に勝利したことで、両者の志向の相違は徐々におもてだった対立として表面化しはじめた。

まず、中原大戦の一環として開かれた北平拡大会議において、中華民国約法草案が公表されたことを受け、蔣が国民会議の開催と約法の起草を主張したため、反対する胡とのあいだで対立が深まった[79]。

これまで、蔣は迅速な国家建設を実現する必要からつねに集権化を目指し、政府優位の志向を持っていたが、それは蔣が実権を握った後の法改正からもみて取れる。これ対して胡は政治会議優位の実現、五院による権力分散、党の指導などによって、蔣の集権化の試みを阻止してきた。たとえば、「治権行使之規律案（「治権」を行使する際の規則案）」では、一切の法律案のほか、人民負担にかかわる財政案、国権にかかわる条約案、国際協定などの立法に属するものは、立法院の決議を経なければ成立することを得ないとし、国政にかかわる重要案件に関して、立法院が掣肘できるよう定めた[80]。

さらに、蔣は一九三〇年一一月一二日から開かれた三期四中全会において、みずからが行政院長を兼ねるに際して、権力増大をはかるため、国民政府組織法の改正案を提出した。これに対して、胡はほとんど変更箇所のない対案を用意したという。蔣は戴季陶が持参したこの対案をみて、「まったく関係がなく、ほとんど変えないに等しいもので、私の提案する改革案をおざなりにするためである。展堂(胡漢民)の書生的な見方を変えることはどだい不可能である」[81]、と不満を募らせた。さらに二六日には、胡に対して蔣はあらたな国民政府委員の追加を願い出たが、胡は強く反対したという[82]。この頃には対立が徐々に表面化しつつあり、蔣は二八日の日記に胡漢民は「卑劣の輩であり、ともに事にあたることはできず、蒙昧極まりない」[83]、と記している。

他方、胡は党の役割を重視することから党務についてとりわけ関心を示してきたが、この点も蔣との対立を引き起こす原因となった[84]。というのも胡は中央政界復帰以来、可能なかぎり党務関係の会議に出席し、常務会議に至ってはほぼすべての会議に出席するほどの熱心さであったが[85]、その背景には党務を蔣介石、および蔣の側近である陳果夫が掌握していることに対する不満があった。

二期四中全会以降、党務人事は蔣派で固められた組織部が実施していたが、胡は組織部が人事を壟断する状況を改めようと試みた[86]。たとえば当時、胡周辺の者によって作成された、いくつかの党部委員のリストが胡によって常務委員会に提出され通過したが、これに対して組織部は非常に不満であったという[87]。

また、当時、南京特別市党部の改組をめぐって、胡と陳果夫のあいだで辞職か解散かで意見の衝突をみた[88]。結局、辞職の形で落ち着いたが、胡はさらに組織部提出の人事案(江西省、江蘇省、浙江省、安徽省の党指導委員の異動)に対し[89]、「今は異動させればそれでよいという問題ではない。おそらくどれも非常に良くない」と異論を挟み、最終的に「党務審査委員会」を設置して組織部の壟断を排し、合議によって人事を決定することとなった[90]。

さらに、三期二中全会において決議された「訓政時期党務進行計劃案」では、民衆団体の組織・指導・訓練に関し、その管轄をすべて訓練部に帰し、組織部が民衆組織科を設けて干渉することを妨げ、さらに中央委員によって各省市党務を視察するという条項を入れ、組織部の影響力に制限をくわえた[91]。

党務をめぐる争いは、さらに重大な問題を引き起こした。二期四中全会以来、蔣は地方党部の整理と党員の再登記をおこなっていた。それというのも、第四章で述べたように、地方党部の大部分が左派に近い考えを持つ党員に支配されており、彼らはことあるごとに中央の意向を無視し、組織部の派遣する指導員に反対し、妨害していたためである[92]。それは、各党員を訓戒し、省政府に対して保護を要請しなければならないほどに深刻な問題となっていた[93]。そのため、蔣が部長を務め、陳果夫が実質的に取り仕切っていた組織部では、各省に党務指導委員を派遣したものの、さまざまな反対や妨害によって、また党務指導委員自身の問題によって、幾度も指導員の変更・再派遣を余儀なくされた[94]。

こうした指導員の入れ替えが、蔣派の影響力拡大を企図したものであったことから、蔣と胡との争いを誘発し[95]、また他方で地方党部の発展を阻害する要因ともなり、結果的に胡が描く党を中心とした訓政構想の実現を困難なものとし、一層対立を深めた。

そのような状況下で蔣が打ち出した国民会議の開催は、蔣が総統へ就任するのではないかとの危惧を胡に抱かせた[96]。さらに、蔣による国民会議における約法制定の主張は、これまで約法は不要とし、それに代わるものとして訓政の諸制度を具体化してきた胡に、強い反感を覚えさせた[97]。

国民会議の開催と約法の制定は、まさに胡による訓政の制度化を理念的にも、また現実の制度においても反故にする行為であった。それゆえ、胡漢民は三期四中全会前後から、国民会議および約法制定に対して、また党や政府に対して批判を強めていく。

一九三一年一月五日の立法院紀念週における講演では、「多くの人がわざと国民大会と国民会議を混同させて論じ、巧妙な企みを遂げようとし、本党党治の基礎を破壊しようとしている」と述べ、胡漢民は暗に蔣介石らの主張を揶揄し、次のように論断する。まず、国民会議と国民大会は、(一)組織が異なり、(二)職権が異なると述べる。そして、国民会議が各職能団体、学界、政党などの代表により組織されるのに対し、国民大会が県自治の完成――すなわち訓政の完了――によって選ばれる県代表によって組織されることを明らかにし、開かれるべきは、職能代表による国民会議であることを確認する。

そのうえで、孫文を引き合いにだしながら、国民会議は訓政期における建国の諸問題について示した党の方針を民衆によって追認してもらい、党と民衆共通の認識を得る会議であることを説いた。一方の国民大会については建国大綱を根拠とし、その職権は「憲法を決め、発布する」ことであることを説き、国民会議において憲法に準ずる約法を制定することに暗に反対した[98]。

さらに二月二五日にも記者に対し、孫文が国民会議において約法を討論すべきだと述べたことはないと主張し、国民会議における議論は、(一)中国の統一、(二)中国の建設、(三)一切の不平等条約の破棄であり、約法制定を論じるのは誤解である、と再度提起した[99]。また政府に対しては、「今日の政府が真に廉潔であると信じられようか?政府における公務員は真に公僕となり、法を守っているだろうか? いうまでもなく大いなる疑問である!」と疑義を呈し[100]、党についても、「党務工作は以前のような緊張感がなくなり、党員の行動は以前のように厳粛ではなくなった。この二つの欠陥と失敗は、南京市の党務をみただけでも非常に強く感じる」と批判した[101]。

胡による一連の批判に対して蔣は不満を強め、一九三一年二月に、その不満は頂点に達する。九、一〇日には胡の態度を思い、「まことに小人はともに事にあたる人物ではない」[102]、「胡は人を傀儡とすることに長けており、みずからの意見を勝手にとおし、みずからのことのみを考え、是非を転倒させ、民衆を欺き、反逆を企て、党国に危害をくわえ、機をみてうまく立ち回り、恥を知らず、まことに小人の最たるものだ」と嘆いている[103]。また、一五日には、胡は「党国を破壊し、革命を阻害する。陰険な小人はたえてみずからを悔い改めることがなく、どうしようもない。彼はみずからをスターリンと任じ、人をトロツキーとみなす。すべての中外人士に対し私が単なる一軍人にすぎないと述べ、政治を知らず、さらに政府は政治的に無能であると誹謗する。そして、一面では政治を妨害し、各種の重要な案件を通過・施行させないようにした。そのたくらみの陰険さはまことに失望に堪えない」と非難している[104]。

胡に対する蔣の不満は徐々に高まっていき、二四日には胡の言動につき李石曾、呉稚暉らと相談し[105]、二八日、ついに胡漢民を幽閉した[106]。その際、蔣は胡に対して罪状を記した書簡を手渡したが、罪状には蔣が胡に対して抱いていた不満が述べられており、何をめぐって両者の対立が生じていたかが理解できる。

蔣は胡に対する罪状のおもなものとして次の点を挙げている。(一)国民会議の開催と約法の制定に反対した。(二)立法院を独占し主要な法案を通過させず、蔣を牽制した。(三)蔣による四全大会の開催要請に対し、蔣が組織部長を辞任するよう迫った[107]。(四)建国大綱の規定に存在しないにもかかわらず、国民政府と国務会議を分立させ、五院院長による牽制をおこなった。(五)東北に対する政策について、たびたび反対し妨害した。(六)政治刷新案に反対した[108]。

ここからは、両者の対立が集権と分権をめぐるたがいの権力への牽制から生じていることが理解できるが、この対立は両者が理想とする制度的配置を具体化しようとする試みのなかで生じた。そして、その制度的配置を希求する根底に、たがいの訓政観、また訓政期の課題に対する認識の相違が存在していることがみてとれる。両者の対立がたがいの権力をめぐって生じたとはいえ、その対立の根源が、訓政期の政治的課題に対する認識の相違からもたらされている以上、両者の決裂は政治制度における集権・分権および党政関係についても変容を余儀なくさせる。

胡は訓政期の政治制度として、政権（政治的諸権利）と治権（統治権力）に分け、前者を国民が行使し、後者を政府に委託して行使させるとの前提にもとづき、訓政期には政治的諸権利行使の訓練を党が実施し、「治権」の行使を政府が担うとした。それゆえ、地方自治においては民衆の政治的諸権利行使の訓練を党がおこない、統治に必要な戸口整備などの諸事業を政府がおこなうと規定した。また、国民が政治的諸権利を実質的に国民党に付託して行使し得ないため、軍事指導者の専行を阻止する必要があり、そのため治権を行使する政府の権力集中をできるだけ防ぐよう、「五権之治」による分権化を徹底した。

胡の施策に対し、蔣は共産党の活動を防ぐため、まずは戸口整備などの諸事業を完備した後に、民権の訓練を実施しようと考えていた。また、急進的な党部の活動を抑えるために、党部には多大な権限を与えず、政府が進める事業を補助するにとどめるよう各地に指示を出した。そのため、実際の規定と現地での指示に齟齬がうまれ、混乱が生じた。さらに、胡による党務への干渉は、ただでさえ困難をきわめる地方党部の整理を停頓へと導き、党部の工作は進展をみないままであった。訓政の具体化をめぐる両者の志向の相違は、対立が顕在化する以前においても、訓政期の事業を遂行するうえで、党と政府の関係や政治制度の形態にさまざまな矛盾を生み出していた。

対立を実力で解決することを試みた蔣は、胡の幽閉後、国民会議を開催し、約法という形で胡が設計した訓政期の政治体制に変更をくわえた。約法では政治会議の指導性を削除し、中央執行委員会の優位が確認された[109]。また、約法ではこれまで党の中心的役割であった民権訓練の指導を政府が実施するとし、以前の党政関係における役割分担を反故にするとともに、基層党部から宣伝以外の役割を奪った。

胡幽閉後の措置は、従来の分権・集団指導を志向した訓政構想から、集権を目指したものへの変化、および基層社会における党部の軽視と政府中心の建設重視にみられるように、蔣の志向を強く反映したものであることが読み取れる。これにより国民党が民衆の政治的諸権利を代行する根拠として示した、党による民衆の政治的諸権利行使の訓導は、約法によって規定から除かれることとなり、党による訓導という訓政の正当性を担保する根本理念とのあいだに、深刻な矛盾を引き起こしたのである。

5 小結

本章では、北伐完了後の国民党政権の政治過程、ならびに指導者の政治的志向を検討し、訓政期の政治制度および政策が、指導者間の志向の相違によって、いかなる変容を被ったかを考察した。北伐の完了を受けて、国民党は政権獲得を目指す革命政党から執政党への転換をはかったが、訓政はこの転換を支える政権の基本的理念であった。

しかし、本章で検討したように、訓政開始後の政策決定過程は、外形上、中央政治会議ならびに中央常務会議における合議によって政策が形成されていたものの、政策の執行にあたっては、各指導者がみずからの政治的志向に合致する形で、政策の変更や形骸化をおこなっていた。そのため、訓政の具体化は指導者間の権力争いと結びつく形で展開し、党内指導者の影響力の変化にともなって、訓政の内容もまた変容を余儀なくされた。

胡にとって、訓政期の課題とは民衆に政治的諸権利を返すことであり、それゆえ、民衆の政治的諸権利行使の訓練には積極的である必要があった。そのため、その訓練は、訓政を導く「民衆の褓母」たる党によって実施されるべきであると規定する一方で、ふたたび「軍閥」に政権を奪取されぬよう中央政府における分権化をはかり、その意向を訓政の諸制度・諸政策に反映させた。

他方、蔣は共産党の排除によって社会の安定をはかることを第一の課題とし、集権的な制度を構築するとともに、政府を中心に訓政の諸政策をおこなわせたため、両者の志向は互いに矛盾するに至った。

その結果、党中央によって指示された民衆の訓導を地方党部がおこなうという訓政は、実態として、党中央の指示によって民衆の訓導を含めた諸政策を、地方政府がおこなう「訓政」へと変容を迫られた。これは、下層に向かうほど政府機構に依存せざるを得ない国民党政権の実状に現実的に対応する蔣と、あくまで訓政の理念に忠実であろうとする胡の両者が抱く、相克する訓政観、またそれにもとづく課題を、両者が追求することで生じた避けがたい帰結であった。蔣の施策は現実的な判断にもとづいたものではあったが、この試みは党の存在意義を失わせるに等しいものであり、それは、はからずも以後引き続く党の地位凋落と、求心力の低下を準備した。

本章では訓政の制度化をめぐる指導者の志向、またそれにともなう対立の過程を明らかにし、訓政下における党をめぐる矛盾した決定の原因を考察した。しかしながら、なぜこのような対立が生じたのか、またそれはいかなる政治決定の構造によってもたらされたのかについては検討課題としてのこされた。次章では、この点について、訓政の性格と当該時期における国民党の特徴から考察する。

註

1——西村成雄『二〇世紀中国の政治空間—「中華民国的国民国家」の凝集力—』青木書店、二〇〇四年。

2——王奇生『党員、党権与党争—一九二四〜一九四九年中国国民党的組織形態—』上海、上海書店出版社、二〇〇三年、一九八頁。

3——郭緒印『国民党派系闘争史』上海、上海人民出版社、一九九二年。張同新『国民党新軍閥混戦史略』哈爾浜、黒竜江人民出版社、一九八二年。久保亨「南京政府成立期の中国国民党」『アジア研究』第三一巻第一号、一九八四年四月、一〜三三頁。Lloyd E. Eastman, *The Abortive Revolution: China under Nationalist Rule 1927-1937*, Cambridge: Harvard University Press, 1974. Hung-Mao Tien, *Government and Politics in Kuomintang China 1927-1937*, Stanford: Stanford University Press,1972. Jurgen Domes, *Vertagte Revolution: die Politik der Kuomintang in China, 1923-1937*, Berlin: De Gruyter, 1969.

4 ——家近亮子『蒋介石と南京国民政府』慶應義塾大学出版会、二〇〇二年。

5 ——「約法」をめぐる蒋介石と胡漢民の対立については、楊天石による研究を参照。楊天石「『約法』之治与蒋介石軟禁胡漢民事件」『中国社会科学』二〇〇〇年第一期、一九三〜二〇八頁。また、この対立を同様に理念と実態運用の観点から、とくに党権（胡漢民）と軍権（蒋介石）の相克とみなす研究として以下を参照。周文星「訓政時期（一九二八—一九三七）国民党党治体制：法理模式与実際運作的断裂—党権与軍権互動関係的視角」『法制与社会』二〇一三年第一三期、一四〇〜一四一頁。同じく、党権と軍権の争いから論じたものとして、李楊「胡漢民与蒋介石的〝党権〟与〝軍権〟之争」『開放時代』二〇一一年第九期、八四〜一〇三頁。

6 ——「胡漢民孫科為擬訂訓政大綱致譚延闓等電」『歴史档案』一九八三年三期、八二〜八三頁。

7 ——「中央政治会議案審査報告」中央秘書処『中国国民党第二届中央執行委員第五次全体会議紀録』南京、中央秘書処、一九二八年、五九〜六一頁。

8 ——「李煜瀛致張人傑密電」一九二八年五月七日、『歴史档案』一九八四年二期、六九頁。

9 ——「李煜瀛致張人傑密電」一九二八年五月一日、一七日、同右、六七、七〇頁。

10 ——陳公博『苦笑録』、前掲、二〇〇四年、一一七〜一一八頁。ただ、当時、胡漢民と同じくパリにいた程天固の回想によれば、胡はすでに蒋とのあいだで政府改組などについて、たがいに了解しており、胡が以後の協力関係について孫文の立憲制を条件として提示し、それに対して蒋介石が賛成したために胡は帰国の途についたという（程天固『程天固回憶録』台北、龍文出版社、一九九三年、上冊、二九三頁）。帰国後の胡の行動から考えれば、程の回想の方が説得的であるが、現時点の史料状況では蒋と胡の連絡などについては明らかにすることはできない。

11 ——蒋永敬『民国胡展堂先生漢民年譜』（第二版）台北、台湾商務印書館、一九八七年、四三一頁。

12 ——『民国日報』（上海）一九二九年九月三〇日。ただ、胡漢民は帰国以前にすでに分会による「分治合作」には反対との意見を伝えていた（「致黄紹雄李済琛書」（一九二八年一月三〇日）中国国民党中央委員会党史委員会『胡

漢民先生文集』台北、中国国民党中央委員会、一九七八年、第二冊、七二一～七二三頁)。

13——蔣永敬『民国胡展堂先生漢民年譜』前掲、四三三頁。

14——「蔣介石日記」一九二八年九月四日の条。周美華『蔣介石総統档案—事略稿本』台北、国史館、二〇〇三年、第四冊、一九二八年九月四日の条、一三四頁(以下、『稿本』と略す)。

15——胡漢民「訓政大綱提案説明書」『中央週報』第一六期、一九二八年九月二四日、選録、一〇～一二頁。

16——「中国国民党中央執行委員会第一六八次常務会議速記録」(「第二届中央執行委員会第一六八到一八一次常務会議速紀録」台北、中国国民党文化伝播委員会党史館蔵档案、会議2.3/105.1(以下「党史館、分類、番号」と略す)所収)。「中央常務会議—第一百六十八次—」『中央週報』第一七期、一九二八年一〇月一日、専載、一二頁。

17——王寵恵「研究五権制度述略」『民国日報』(上海)一九二八年一〇月一〇日。周美華『稿本』前掲、第四冊、一九二八年九月十九日、二一日の条、一五九、一六五頁。

18——「国民政府組織法案審査会速記録」党史館、政治、6/1.5。なお、胡漢民は訓政綱要の第九項は不要と述べている。原案については「訓政綱要」党史館、呉稚暉档案、11904、参照。

19——「中国国民党中央執行委員会第一七二次常務会議速記録」、「第一七二次常会(臨時会)速記」、「第一百七十二次常務会議」(「第二届中央執行委員会第一六八到一八一次常務会議速紀録」党史館、会議、2.3/105.1、所収)。「中央常務会議—第一百七十二次—」『中央週報』第一八期、一九二八年一〇月八日、専載、一一頁。なお、胡漢民は審議において前文の「中国国民党党章に規定されている党務を処理することを除いて」との一節について、「党は最高の指導地位にあるべきで、党務を処理するだけではなく、政治もまた処理することができる」との理由で削除を要求し、認められた。また、名称も訓政綱要から綱領へと変更を要求し認められた。

20——「訓政綱領」羅家倫『革命文献』第二二輯、前掲、四三五六頁。

21——「国民政府組織法」『中央週報』第一九期、一九二八年九月、専載、一五～一六頁、二〇期、専載、一六頁。『民国日報』(上海)一九二八年一〇月四日。

22——家近亮子、前掲、一一七頁。

23——胡漢民「胡漢民自伝続編」『近代史資料』第総五二号、一九八三年一一月、四三頁。

24——「中国国民党中央執行委員会政治会議臨時会議速記録(一九二八年一〇月八日)」党史館、会議、00.1/112「中央政治会議速記録」所収)。「中央常務会議—第一百七十四次—」『中央週報』第一九期、一九二八年十月、専載、一四頁。

25――「中国国民党中央執行委員会政治会議第一六一次会議速記録」党史館、中央0161。「中央政治会議―第一百六十一次―」『中央週報』第二三期、一九二八年一一月、専載、一三頁。中国国民党中央執行委員会第一七三次常務会議速記録」(「第二届中央執行委員会第一六八到一八一次常務会議速紀録」前掲、所収)。「中央常務会議―第一百七十三次―」『中央週報』第一九期、一九二八年十月、専載、一三頁。

26――「蔣介石日記」一九二九年三月一四日の条。蔣介石総統档案―文物「困勉記(初稿)」巻十一、七頁、一九二九年三月一四日の条(国史館蔵本、以下「困勉記(初稿)」と略す)。呉淑鳳『稿本』前掲、第五冊、一七二頁、一九二九年三月一四日の条。反対ビラの内容等については南京日本領事館『第三次全国代表大会概観』南京、南京日本領事館、一九二九年、五四頁以下、参照。

27――中央秘書処『中国国民党第三次全国代表大会会議紀録』南京、中央秘書処、一九二九年、一一七頁。『民国日報』(上海)一九二九年三月二四日。李黄宗『中国国民党党史』南京、正中書局、一九三五年、三六六頁。

28――周仏海「盛衰閲盡話滄桑」周仏海『陳公博周仏海回憶録合編』香港、春秋出版社、一九七一年、一九八頁。蕭錚『蕭錚回憶録―土地改革五十年―』台北、中国地政研究所、一九八〇年、二六頁。また、周によれば、当時、胡漢民は青年代表の退出が蔣介石、少なくとも陳果夫の命令でおこなわれたと考え、非常に不満であったという。この時点ですでに対立の萌芽を認めることができる。

29――「十七年一月七日上午十時中国国民党中央執行委員会常務会議決議紀録」(「三全代会中執会常委会決議紀録」党史館、会議、3.1/6.12、所収)。中央秘書処『中国国民党第三次全国代表大会会議紀録』南京、中央秘書処、一九二九年、一六〇～一六一頁。

30――「確定訓政時期党政府人民行使政権治権之分際及方略案」『革命文献』第七六輯、上冊、八〇～八三頁。

31――「確定訓政時期党政府人民行使政権治権之分際及方略案」同右、八〇～八三頁。

32――劉蘆隠「中華民国国民政府組織法成立之意義」『民国日報』(上海)一九二八年十月十日。

33――中央秘書処『中国国民党第二届中央執行委員第五次全体会議紀録』南京、中央秘書処、一九二八年、二一一、二一一～二一四頁。

34――胡漢民「総理全部遺教就是中国的不成文憲法」『大公報』一九二九年二月二三日。

35――「根拠総理教義編製過去一切党之法令規章以成一貫系統確定総理主要遺教為訓政時期中華民国最高根本法」

秦孝儀『革命文献』台北、中央文物供応社、第七六輯、七七～八〇頁。

36 ——「第二日目決議案」中央秘書処『中国国民党第二届中央執行委員第五次全体会議紀録』南京、中央秘書処、一九二八年、二一頁。

37 ——胡漢民「総理全部遺教就是中国的不成文憲法」『大公報』一九二九年二月二三日。

38 ——胡漢民『三民主義的連環性』上海、民智書局、一九二八年、胡漢民『三民主義者之使命』上海、民智書局、一九二八年、胡漢民編『総理全集』上海、民智書局、一九三〇年、全五冊。

39 ——当時の観察によると、胡漢民派八〇名、蔣介石派七〇名、汪精衛派三五名と、胡漢民派がもっとも多く選出されていたとされている（岡本総領事発田中大臣宛、第二五三号電、昭和四年三月一九日午前発、外務省外交史料館、外務省記録、A.6.1.1.2-1-1「支那中央政況関係雑纂 国民党関係 国民党全国代表会議関係（地方大会ヲ含ム）」所収）。また、第三期の中央常務委員についていえば、九人のうち、蔣と関係する者が四人、胡と関係する者が四人、中間に位置し、やや蔣よりの者が一名という状況であったという（中央研究院近代史研究所『齋世英先生訪問紀録』台北、中央研究院近代史研究所、一九九〇年、一一九頁）。

40 ——「一周間国内外大事述評」『国聞週報』第八巻第九期、一九三一年九月、二頁。

41 ——閔斗基「導論：中国国民革命의理解의方向」閔斗基編『中国国民革命指導者의思想과行動』서울、知識産業社、二六頁。また尹世哲「胡漢民과清党、参与過程과理念的基礎」同、七一～七七頁、参照。

42 ——成台生『胡漢民的政治思想』台北、黎明文化事業、一九八一年、一二三頁。

43 ——閔斗基、前掲、二六頁。

44 ——胡漢民「訓政大綱提案説明書」羅家倫『革命文献』二二、前掲、四三四二頁。

45 ——胡漢民「革命理論与革命工作」胡展堂『革命理論与革命工作』上海、民智書局、一九三二年、第一輯、四頁（以下、『革命』輯、と略す）。

46 ——胡漢民「三民主義之立法精義与立法方針」胡展堂『革命』四、同右、七七六頁。

47 ——胡漢民「訓政大綱提案説明書」羅家倫『革命文献』第二二輯、前掲、四三四二頁。

48 ——胡漢民「党部在訓政時期的責任」胡展堂『革命』一、前掲、一八六頁。

49 ——胡漢民「我們今後的任務—協助人民籌備自治—」同右、三、前掲、六一四頁。

50 ——胡漢民「訓政大綱提案説明書」前掲、四三四三頁。

51——ここで用いる集権・分権とは、中央－地方間の集権・分権ではなく、政治制度における権力が特定の役職に集約されているか否かを表している。
52——胡漢民「訓政大綱提案説明書」前掲、四三四五頁。
53——胡漢民「新軍閥是今日革命的対象」中国国民党中央委員会党史委員会『胡漢民先生文集』台北、中国国民党中央委員会党史委員会、一九七八年、第二冊、三三七頁。
54——胡漢民「胡漢民自伝続編」『近代史資料』第総五二号、一九八三年、四七頁。
55——馬超俊『我的革命奮鬥紀実』台北、自刊本（正中書局発行）、一九七三年、一五一頁。
56——蔣中正「今日青年的地位及其前途」『国聞週報』第六巻第二七期、一九二九年七月、一週間国内外大事述要、四～五頁。
57——蔣中正「三民主義之真意義」『国聞週報』第六巻第二八期、一九二九年七月、五頁。
58——蔣中正「今日青年的地位及其前途」前掲、五頁。
59——蔣中正「三民主義之真意義」前掲、五頁。
60——蔣中正「党部与政府、政府与民衆之関係及其職責案」「第五次中央全体会議重要提案彙存（一）」『国聞週報』第五巻第三三期、一九二八年八月、二～六頁。
61——呉淑鳳『稿本』第五冊、一三四頁、一九二九年二月一七日の条。
62——同右、第四冊、五〇五頁、一九二八年一二月三日の条。第五冊、一三七頁、一九二九年二月一七日の条。「蔣中正致鈕永建等電（一九二八年五月二三日）」蔣档、002-010100-00013-033。「蔣中正致鈕永電（一九二八年一一月一四日）」蔣档、002-020100-00027-118。
63——「中華民国訓政時期約法」第三二条、羅家倫『革命文献』第二三輯、前掲、四七六九頁。また、「党部与政府、政府与民衆之関係及其職責案」前掲、では党による直接的な干渉を禁じている。
64——周琇環『稿本』第九冊、前掲、二二〇頁、一九三〇年一二月二四日の条。
65——周美華『稿本』第四冊、前掲、四七八頁、一九二八年一一月三〇日の条。
66——蔣中正「党与政府之関係」（一九二九年二月一七日）蔣中正『自反録』出版地・出版者不詳、一九三一年、第二集、巻一五、一五一七頁。
67——蔣中正「北伐成功後最緊要的工作」中国人民大学中共党史系『中国国民党歴史教学参考資料』北京、中国人民大学中共党史系、一九八五年、第二冊、一五九頁。
68――「蔣中正致丁惟汾、陳果夫電（一九二八年六月二二日）」蔣档、002-010100-00014-025。
69――周美華『稿本』第四冊、前掲、四七八頁（一九二八年一一月三〇日の条）。
70――孫天民『中正革命語録』南京、軍事編訳社、一九三四年、五五頁（一九三〇年一〇月二〇日）。
71――中央執行委員会統計処「中国国民党中央執行委員会統計処報告第二類第二号―党員統計―省市部份」一九三〇年。
72――中国国民党中央委員会党史委員会『中国国民党党務発展史料―組織工作―』台北、近代中国出版社、一九九三年、上冊、一五七頁。
73――中国国民党中央執行委員会党史史料編纂委員会『民国二三年中国国民党年鑑』南京、出版年不詳、丙二三九～二四一頁。
74――蔣中正致陳立夫（転［中央］常［務委員］会［常務委員］緒同志）電（一九二九年六月二六日）」蔣档、002-010200-00006-072。
75――呉淑鳳『稿本』第六冊、前掲、二〇七頁（一九二九年七月九日の条）。
76――蔣中正「党与政府之関係」前掲、一五〇六～一五二〇頁。
77――周美華『稿本』第四冊、前掲、第四冊、六四頁（一九二八年八月八日の条）。なお、日記では箇条書きで「余に主席を望むのであれば、任免権を有していなければならない。各院と政治会議に対して複決（再審）権を有する。財政の統一。中央常務会議に対しては最終決定権を有する。馮玉祥の入閣。財政が統一される前には各省は中央に援助を求めることはできない。政治分会は執行機関とはなれない。主席の任期。これらはすべて確実に解決されなければならない」と書かれている（「蔣介石日記」一九二八年八月八日の条）。
78――「蔣介石日記」一九三一年二月一三日の条。なお、「困勉記（初稿）」では「彼」の部分が「展堂（胡漢民）」に書き換えられている（「困勉記（初稿）」巻一七、三頁）。事略稿本では、引用のまえに「胡漢民、汪精衛の好ましくない言行に思いを致し」との説明がくわえられている（同右（高素蘭）、第一〇冊、八四頁、一九三一年二月一三日の条）。
79――中華民国約法草案と訓政約法については、石川忠雄「中華民国訓政時期約法の制定と蔣介石」『法学研究』第三七巻第七号、一九六四年六月。山田辰雄『中国国民党左派の研究』慶應通信、一九八〇年、第六章。横山宏章『中華民国史―専制と民主の相克―』三一書房、一九九六年、第三章を参照。蔣の電文については『中央日報』一九三〇年一〇月八日、参照。「約法」をめぐる蔣と胡の対立についてはすでに楊天石(前掲)の研究がある。本稿の分析対象は両者の権力をめぐる争いそのものにあるのではなく、対立を生じさせる基礎たる訓政に対する認識にあり、あわせてそれらの認識が訓政にいかなる影響を与えたのかを明らかにすることにある。

80 ――「中国国民党第三届中央執行委員会第二次全体会議第四日下午記録」(中央執行委員会秘書処編印『中国国民党第三届中央執行委員会第二次全体会議紀録』南京、一九二九年、五六、六三～六四頁所収)。「第四次会議」『中央週報』第五五期、一九二九年六月、第三次中央執行委員会第二次全体会議紀録、一二頁。「治権行使之規律案」『中央週報』、第五五期、専載、二一頁。

81 ――「蔣介石日記」一九三〇年一一月一六日。なお、「困勉記(初稿)」では、改革案については「これはみな展堂(胡漢民)の発意によっている」との一文がくわえられている(巻一六、七頁)。会議の経緯、最終的な案文については、中央執行委員会秘書処編印『中国国民党第三届中央執行委員会第四次全体会議紀録』南京、一九三〇年、三、四〇～四一、一三五～一四三頁、参照。

82 ――「蔣介石日記」一九三〇年一一月二六日。「困勉記(初稿)」同右、巻一六、八頁。

83 ――「蔣介石日記」一九三〇年一一月二八日。

84 ――邵元冲も日記の中で、胡幽閉時に蔣介石が指摘した主要な問題として、胡漢民が「党権を支配した」点を最初に挙げている(邵元冲『邵元冲日記』上海、上海人民出版社、一九九〇年、七一〇頁)。

85 ――胡は、三全大会以降、幽閉に至るまで、すべての常務会議に出席していた。各中央常務会議の出席者参照。

86 ――第二期四中以降(括弧内は三期以降、交代・増加分のみ記す)部長：蔣中正、(副部長：陳果夫)、秘書：余井塘・張厲生・(曾拡情)、普通組織科主任：呉保豊、軍人組織課主任：黄仲翔、海外組織科主任：呉公義・(謝作民)、編審(編撰)科主任：許心武、統計科主任：趙棣華、調査科主任：張道藩・(葉秀峯)、総務科主任：呉道一・(張厲生)、(民衆組織科主任：李敬斎)。以上、専門知識が必要な編撰・僑務のほかはすべて蔣介石派で占められていた(中国国民党中央執行委員会党史史料編纂委員会編印『民国十八年中国国民党年鑑』出版年・出版者不詳、五六九頁。岡本在南京領事発田中外務大臣宛 第三三七号電、一九二八年九月二二日、外務省外交史料館、外務省記録、A.6.1.1.2-2-2「支那中央政況関係雑纂 国民党関係 中央執行及監察委員会関係」)。

87 ――桂崇基『中国現代史料拾遺』台北、台湾中華書局、一九八九年、二八三頁。

88――「田挺致閻錫山電(一九二八年一一月五日発・六日到(原文は十六到となっているが、ただしくは六日))」閻錫山档案、「北伐後之中央政局案(二)」116-010101-0054-058(国史館蔵)。

89――「擬更調贛蘇浙皖四省指導委員案」党史館、会議、2.3/96.3。

90――「中国国民党中央執行委員会第一八〇次常務会議速記録」、「第一八〇次常会速記」、「第一百八〇次常会」(「第二届中央執行委員会第一六八到一八一次常務会議速紀録」前掲、所収)。ただし、召集は組織部部長の権限とされている。なお、この日の会議の速記録は三つあり、内容が錯綜して前後関係が不明な部分がある。また、当時鉄道部労工科長であった諶小岑によれば、胡漢民と陳立夫のあいだで、華北の党務をめぐって会議で激しい口論があったという(諶小岑「一九三一年胡漢民被扣前後見聞」中国人民政治協商会議全国委員会文史資料委員会編『文史資料存稿選編』北京、中国文史出版社、二〇〇二年、第一二巻、五〇頁)。

91――「訓政時期党務進行計劃案」。ちなみに当時の訓練部長は胡漢民に近い馬超俊であった。馬によれば、当時訓練部は組織にかかわる案件を扱うことができず、計画が進まなかったと回想している(中央研究院近代史研究所『馬超俊先生訪問紀録』台北、中央研究院近代史研究所、一九九二年、一三五～一三六頁)。

92――「中央組織部五個月内工作報告」『中央党務月刊』第五期、報告、一頁。

93――「令全体党員対於中央所派党務指導委員不得有軌外挙動」『中央党務月刊』第一期、文書、七～八頁。「擬組織部提議咨請国民政府令飭各省保護党務指導委員由」『中央党務月刊』第一期、文書、三～四頁。

94――第三章参照。

95――第三章註四八参照。

96――胡漢民「胡漢民自伝続編」前掲、五六頁。なお、胡漢民が幽閉された後、その解放条件として、蔣は総統制度の新設を胡が承諾することを要求していたという(「煥良致商震電(一九三一年三月二一日)」(「機密第三〇一号」矢野参事官発幣原外相宛、機密第三〇一号密電情報、一九三一年四月一日(七日接受)、外務省外交史料館、外務省記録、A.6.1.0.5「密電情報関係一件」所収))。

97――胡は蔣介石の江電(三日発電)後、すぐにみずからの訓政制度化がよって立つ孫文の諸著作が「約法の根本大法に等しい」として正当化し、約法は不要であると訴えた。胡漢民「国家統一与国民会議之召集」『中央週報』一二四期、一九三〇年一〇月二〇日、選録、五頁。また、訓政にかかわる重要な主張は、中常会の討論と決定が必要であるとして、発表を差し止めようとした(程思遠『政壇回憶』桂林、広西人民出版社、一九八三年、四三頁)。

98——胡漢民「遵依　総理遺教開国民会議」『革命』三、前掲、七六三〜七六五頁。

99——「胡院長談国民会議意義」『中央日報』一九三一年二月二五日。「三週間国内外大事述評」『国聞週報』第八巻第八期、七頁。これについて、蔣は胡が宣伝部をつうじて発表したとするが、頼景瑚の回想では記者が胡を取材して、記者の考えで発表したとする(蔣介石「宴会立法院各委員席間演説要旨」(一九三一年三月四日)『蔣主席文抄』(国史館蔵本)第五冊、三一頁。頼景瑚『煙雲思往録―頼景瑚回憶―』台北、伝記文学出版社、一九八〇年、一六八頁)。

100——胡漢民「監察権之意義及其運用」『革命』三、前掲、五五〇頁。

101——胡漢民「党的訓練問題」『中央日報』一九三一年二月二三日。

102——「蔣介石日記」一九三一年二月九日の条。

103——「蔣介石日記」一九三一年二月一〇日の条。なお、事略稿本では、「胡氏は真に小人であり、ともに事にあたる人物ではない」と修正されている(高素蘭『稿本』前掲、第一〇冊、五六頁(一九三一年二月一〇日の条))。

104——「蔣介石日記」一九三一年二月一五日の条。高素蘭『稿本』同右、第一〇冊、一三三頁、一九三一年二月一五日の条。

105——「蔣介石日記」一九三一年二月二四日の条。同右、第一〇冊、一六五頁、一九三一年二月二四日の条。

106——当時の様子については、胡漢民「胡漢民自伝続編」前掲、四九〜六五頁。邵元冲『邵元冲日記』前掲(一九三一年二月二八日の条)七一〇頁、参照。

107——書稿では中央各部の部長職辞任をはかったとあるが、実際の書簡によれば、胡は蔣の中央組織部長の辞任を迫ったようである(「與胡展堂書」(一九三一年三月二日)『蔣主席文抄』前掲、第五冊、三〜四頁)。

108——高素蘭『稿本』前掲、第一〇冊、一七五〜一八九頁、一九三一年二月二八日の条。蔣中正「蔣介石歴数胡漢民反対制定約法企図不軌等罪状書稿」中国第二歴史档案館『匯編』政治(二)、前掲、七二〇〜七二五頁。

109——「中華民国訓政時期約法」羅家倫『革命文献』第二三輯、前掲、四七六六〜七三頁。

第6章 政治指導の構造

1 体制からみた訓政

本章では、政治体制が持つ特徴から訓政の政治指導の諸特徴を検討する。前章において、訓政時期における政治制度や基本的な政策をめぐる決定過程を検討したが、決定を導く政治的機制については、さらなる検討課題として残された。

従来、蔣介石は独断で諸般の決定をおこなっていたと考えられていたが、前章での検討から明らかなように、訓政開始から胡漢民幽閉に至る期間、蔣介石の決定は指導者間の合議に拘束されており、その後も次章でみるように、蔣汪合作政権下でも剿匪《そうひ》区を除いて一定の拘束を受け、その決定は合意の枠内においてのみ可能であった[1]。これは当該期間にあっては、蔣介石もまた、中国国民党中央執行委員会常務会議ならびに政治会議における合議、とりわけそこでの胡漢民や汪精衛を含む元老や党の指導者たちの意向に強く左右され、独断で決定できなかったことを示している。

また、胡漢民幽閉という専断が各方面の強い反対を引き起こしたように、専断行為そのものも、盤石の権力基盤にもとづいた独裁が生んだものではなかった[2]。無論、その後の過程をみるならば、蔣介石の客観的な権力基盤が、とりわけ戦時体制に向かうにつれ、軍や特務組織を中心として堅固なものになり、日中戦争期には抗戦の指導者としてその地位を確立していったが、そのような状況下にあっても、つねにその権力を牽制したり、またその活動に干渉したりする勢力が存在した。樹中はこのような不安定な政治構造を、(一)政策・イデオロギー対立、(二)国家統一をめぐる中央と地方の衝突、(三)「民主化」要求、という三つの政治闘争から引き起こされたものであると指摘し、その過程を論じている[3]。

一党独裁にあって、なお不安定な政治運営を強いられる状態、いいかえれば、安定した政治的決定の構造を継続するために独裁が必要とされるような状態は、たしかに訓政時期における国民党政権に通底する一貫した性格であった。不安定を引き起こす要因についてはすでに論じられているが、ここでさらに追求すべき問題は、この三つの不安定要因が実際に不安定化する制度上の基礎にある。つまり、すくなくとも個人の資質にもとづいた専断的決定が制度的に可能な一方で、指導者間の合議が一定の拘束力を持ち、なおかつ各指導者の志向が相互に対立するような政治制度や政策決定機構の構造が何に由来するのか、ということである。

これらの構造的特徴は、蔣介石の指導的立場が堅固になるにつれて、徐々に弱まっていったとはいえ、訓政期をつうじてみられた現象であった。なぜならば、後に述べるように、これらの現象は党の実態、ならびに訓政が持つ諸特徴と密接にかかわっていたからである。具体的には、低位にとどまる党の制度化や、強力な指導者の欠如といった党指導層の実態、また単一政党制ならびに政治的諸権利の独占的な代行、すなわち選挙による付託を得ないこと、といった訓政の特徴とかかわっていた。

それは、国民党政権の最終的な支配の源泉が特定の社会勢力でもなく、また軍や警察といった実力組織でもなく、憲政を約束し、訓政を準備する党に暫時付与された、革命前衛としての正当性そのものにあったからであり、個々の指導者は党を超越することはできず、また党から逸脱することもできなかったことを示唆している[4]。

従来の研究においては、党の独裁と蔣介石個人の独裁が、同一線上で語られ、またそうした独裁の指摘が、制度上と実態上の区別がおこなわれないまま議論されてきた。それは、横山の指摘するところであるが、南京国民政府成立以降の過程で、相次いで反蔣介石運動が生じ、蔣介石が逐次対応していったように、実態としてその経過が蔣介石の独裁的権力確立の過程とみえたことによる[5]。しかしながら、他方で家近が指摘するように、制度的な側面からみるならば、蔣介石は南京政権の成立から、かなりながい期間にわたって、集団指導体制による牽制を受けていた政権内の挑戦者であった[6]。

本章の意図するところは、以上の蔣介石の台頭、あるいは権力掌握への志向が、単に蔣介石個人の資質や志向がもたらしたものとみるのではなく、――無論その過程に蔣介石の資質や志向が独自の要素をくわえていることを否定するものではないが――、安定的な政治運営を模索するうえで不可避的に生じる構造的問題であったと指摘することにある。

まず、確認しておかなければならないことは、訓政開始以降の国民党政権が一貫して個人による独裁であったと考えられがちであるが、それは蔣介石個人による独裁ではなく、あくまで国民党による独裁であったことである。蔣介石が三民主義や国民党を否定せず、むしろそれらに忠実であろうとしたことは、党を離れてその権力を維持できなかったことを如実に表している。

じつのところ、当該時期の国民党の政治運営は、一党独裁ではあったが、個人独裁ではなく、指導者らによる寡頭支配であった。蔣介石や胡漢民、また汪精衛らは、支配グループに属しているかぎりにおいて、民衆からの政治的諸権利を独占的に代行するという目標、つまり一党専制の権力を独占的に維持するという目標において、利害を共有していた。

しかしながら、一方で、各々の指導者が占める地位、またそれに付随する権力は、制度的に堅固な手続きによって保障されていたものではなく、最終的には各指導者の実力に応じた合議・互選によっていた。無論、党の指導者は、まずもって代表大会において選出される必要があったが、一九二九年の三全大会を契機に代表選出の操作がおこなわれたため、代表選出の手続きさえも事実上形骸化していた。つまり、代表に選出されるかどうかは、党中央において操作可能な程度の実力を持っているかどうか、あるいはそうした実力者と関係を取り結べるかどうか、また地方党員に対してどれだけ派閥の勢力を拡大、浸透させ得るかにかかっていた。この不安定な構造ゆえに、他の指導者より優位な地位を占め、みずからの地位を安定的なものにしようとする動機が恒常的に生まれるのであり、制度的弱勢は指導者間での合従連衡や牽制を常態化させる要素となっていた。

また、注意すべきことに、訓政の実施はいずれ実現されなければならない「民主」(あるいは「民主化」)という問題をも内包していた。民主の実現が訓政の課題に内包されていることによって、指導者間には恒常的に民主化、あるいは民衆の政治参加の問題を持ち出して、他の指導者を出し抜こうとする動機が生じる。

寡頭支配にあずかる指導者からみれば、権力を維持するためのもっとも合理的な判断は、指導者間で寡頭支配を維持することである。しかし、もともと各々の指導者の地位が不安定なため、各指導者が自己の政治的権力の維持、あるいは他者より優位に立つために「民主の実現」を唱え、政治的資源として利用したいという潜在的誘因を持っていた。そして、その潜在的誘因は寡頭支配から排除されることによって、現実のものとして顕在化する。したがって、不安定な政治的決定の構造は持続し、圧倒的な指導者が台頭する余地は非常にかぎられたものとなる。このような「独裁の不足」や不安定な寡頭制は、本章で検討する党のあり方、ならびに訓政が持つ諸特徴と密接にかかわっていた。

それゆえ、本章では、政治制度と党の様態との関連を視角に据え、まず訓政の諸特徴を党の実態と関連づけながら検討し、訓政期の国民党政権における一党独裁下の政治運営を明らかにする。その基礎を把握したうえで、政治運営がなぜ訓政を非民主的な、そして管理的な方向へと導いていったのかを、国民党が直面していた国内外情勢とのかかわりから考察する。以上の検討をつうじて、なぜ国民党政権が民主的な憲政を目指す訓政を志向したにもかかわらず、曲折を経つつ、徐々に管理的で非民主的な体制へと向かい、また蔣介石の個人独裁へと変転していかざるを得なかったかを明らかにする。

2　一党独裁政治の内実

❖政党制

訓政期の国民党政権は、自党以外に政権を担える政党を認めない体制であった。したがって、それは政党間の相互作用を持たない単一政党制であり、政党間システムそのものを欠いていた。一般に、政党の凝集性は、政党間における競合度の直接的関数と考えられているように、政党間の競合度が低ければ低いほど、政党内における異質性は高まる[7]。つまり、政権を争う政党の数が少なければ少ないほど、政党内における党内集団形成の誘因が高まる。これは単一政党制を前提とした訓政が党内集団形成への誘因を内包していることを意味する[8]。

しかしながら、ここで示される含意は、単一政党制が必然的に党内集団を形成するということではなく、形成への誘引を高く持つことを示すにすぎない。そこで、さらに党内集団が形成され得るか否か、その条件を検討する必要がある。党内集団については、一般的にひとまとまりの態度としての「傾向」から、永続的な組織化された政治集団としての「派閥」まで、さまざまな形態が認められるが、形成される集団の程度は、政党自身の制度化（＝組織の固定化）〔①〕と密接な関係にある〔9〕。

政党の制度化は、進展すればするほど党内集団の組織化は難しくなり、逆に政党の制度化が低ければ低いほど、党内集団の組織化は容易となる。仮に政党の制度化が極限まで進んだならば、党内集団が組織されることはあり得ない。この場合、党内集団が存在するとしても、それは純粋にさまざまな「傾向」を表現するにすぎない。他方で、政党の制度化が最小限の場合には、党内集団は高度に組織化された「派閥」となりやすい〔10〕。無論、これは理念型であって、現実には、その両極の間のどこかに実際の政党は位置することになる。いずれにせよ、ここでは政党の制度化の程度が党内集団の組織程度と負の関係にあることを確認しておく。そこで、当該時期の国民党の制度化がどの程度であったのかについて検討する。

❖政党の制度化

ここでは、政党の制度化を、（一）環境に対する政党の自立度、および、（二）党内組織間の相互依存の程度、すなわちシステム度の二つから測ることとする。一般に、政党が組織として存続するためには、なんらかの方法で党の構成員に対してインセンティブを継続的に分配する必要があり、こうしたインセンティブ・システムが確立できなければ制度化は生じ得ないし、組織としてみずからの生き残りを確保することができない。それゆえ、インセンティブ・システムを確立するには、環境に対する高い自立度と、緊密な党内組織間の相互依存が実現される必要がある。

まず、政党の自立度であるが、これは政党が必要とする人的、財政的資源をどの程度みずからが支配しているかによって測ることができる。たとえば、政党に必要な人的・財政的な資源を利益団体などの外部勢力に依存しているか、または支配されている場合は自立度が低く、反対に人的・財的な資源を（党員または党営企業をつうじて）直接的に支配している場合は自立度が高い。つまり、制度化には環境に対するある程度の自立化を必要とし、自立度が低い場合、制度化に必要なインセンティブを中央がコントロールできず、各下部組織が独自にインセンティブを調達するために党の自立度は低下する。

次に、党内組織間の相互依存度は、党内部の下位集団にどの程度の自立性を残しているかによって測られる。たとえば、政党が必要とする人的・財的資源を、下位集団が自立的に組織の中枢から独立して支配することが可能な場合、そのシステム度は低く、組織の資源や環境との交換過程が中央によって集権的に支配されている場合、下位集団の依存度は高まり、そのシステム度は高い。つまり、中央が下位集団に対してインセンティブを配分するシステムを備え、制度化の程度が高い状態にあったならば、下位集団は活動するための資源を中央に依存せざるを得ず、他方でそうしたインセンティブ・システムが確立していなければ、下位集団は独自に資源を獲得せざるを得ず、その活動の自立性は高まる。

以上の検討から理解されるように、（一）環境からの自立度と、（二）党内下位集団の依存度は関連しており、両者が高ければ制度化の程度は高く、両者が低ければ制度化の程度は低い。つまり、制度化が高ければ、党内集団の形成は困難であり、低ければ党内の下位集団はみずからの存続のために、中央から自立した党内集団を形成することになる。このように、政党の制度化の水準と政党の下位集団の組織水準は負の関係にある。なぜならば、制度化が高ければ、党内アクターによる操作可能性の余地はいちじるしく制限されるから

①——新たに誕生した組織が、いまだ生成中であるような初期の構造的に流動的な段階から、組織が安定して、組織の生き残りに安定した利益が見出されるとともに、組織への安定した忠誠心も生まれてくるような段階を指す（アンジェロ・パーネビアンコ著（村上信一郎訳）『政党―組織と権力』ミネルヴァ書房、二〇〇五年、二六頁）。

表4　財政支出に占める党務費の割合

支出年	1928年	1929年	1930年	1931年	1932年	1933年
党務費	4,040,000元	4,617,000元	5,070,800元	3,922,894元	4,756,172元	5,589,584元
全支出割合	0.93%	0.85%	0.7%	0.57%	0.7%	0.7%

出所：財政部財政年鑑編纂処編『財政年鑑』上海、商務印書館、1935年、上巻、196頁。

であり、制度化が低い場合、各アクターはたがいに競い合うために、さらに大きな自立性を持とうとするからである。

では、当該時期における国民党の制度化は、どの程度にあったのだろうか。まず、環境からの自立度についてみると、当該時期の国民党政権は、表面上は全国統一を成し遂げていたものの、実質的には、多くの地域が地方軍事指導者によって支配されていた。これまで述べたように、訓政開始時に国民党政権が支配下におさめていたのは、江蘇、浙江、安徽、福建、河南、湖北、陝西、甘粛の諸省であった[11]。その後、若干の支配力を強めたとはいえ、あらたに江西や湖南への影響力を強めたにすぎない[12]。蔣介石も上記の一〇省について「ここに集まった数省は…財政、軍事、教育、司法など各方面に関して中央に服従することができ、一つの統一国家を形成している」と述べたように、裏を返せばその他の省は中央に服従しない、一つの国家を構成していない省であった[13]。

この事実が重要であるのは、次のような党の構造によっている。国民党はみずからの財政収入の一部を華僑からの送金に頼っていることを除いては、経費のほとんどを国民政府からの収入、すなわち外部環境に依存していた。しかし、国民党は国民政府を訓導しているわけであるから、実質的に外部依存度はかぎりなく低い。つまり、国民党の党活動費については、中央の場合は国民政府から支出されるのだが、省以下の党部については、一部中央党部から省党部への給付があるものの、その大部分が各級省・県政府より支出される仕組みになっていた点には注意を要する。

たとえば、一九三〇年一一月から一九三一年五月の七ヶ月間における中央党部の経

表5　江蘇省における党務費の支出

支出年	1927年	1928年	1929年	1930年	1931年	1932年	1933年
党務費	180,000元	164,450元	164,450元	276,000元	252,000元	192,960元	192,960元

出所：趙如珩編『江蘇省鑑』上海、新中国建設学会、1935年、財政、88～89頁。

費は三五一万元、月額に換算すれば約五〇万元である[14]。これに対し、国民政府財政部からの収入が約四四万、政府各機関所属人員からの所得寄付金が一一万七〇〇〇元であり、中央レベルについていえば、これら政府からの援助でほぼ全額がまかなえる[15]。

省レベルについては、河北省党部を例にとれば、経費はほぼ省政府からの支出によっており、不足した場合は維持費として財政庁より支出され、他省の場合もその収入源に大差はない[16]。県の費用も含めた党務費となると、月々の費用は九万一五〇〇元であり、そのうち県政府から支給されるのは四万五七五〇元、省政府からの補填が一万九八六〇元、前議会の経費からの補填が二万五八九九元であり[17]、ほとんどの費用を地方政府がまかなっていることが理解できる。

江蘇省を例にとると、一九三二年以降、党務費は約二〇万元で推移しており、全支出の一パーセント前後を占めている。省・県を合わせると、一二〇万五〇〇〇元となり、だいたい各県は年間一万元ほどを県党部の党務費として県から支出していることとなる[18]。

このように、省以下についていえば、各級党部はその活動に必要とする経費を中央党部から受領するのではなく、地方政府に依存することによって維持していた。その依存の度合いは省レベルから県レベルに下るにつれて大きくなり、県レベル以下になると、経費は支給されず、基本的に党員の寄付に頼らざるを得ない状況にあった。

つまり、省以下のレベルに関していえば、中央から省へ、省から県へ、県からそれ以下へとレベルが下がるにつれ、政府および地方党部に対する党中央のコントロールは逓減していくのであり、国民党は下層に向かうほど、環境に依存せざるを得ない構造にあった。

実際、国民党は社会にもっとも近い基層組織である区党部、区分部に対しては、経費を中央から支出せず、所属党員によって維持することとし、党費でまかなえない場合は、党員からの寄付によって処理することを義務づけていた[19]。このような制度下では、党員はみずからその活動費用を求めねばならず、裏を返せば中央の拘束力を受けないに等しいものであった。その帰結は、党内の各組織間における低位の相互依存(たとえば中央と地方、地方と地方)である。

さらに、半数近くの地方政府は、地方実力者が実質的な支配者となっており、国民党中央が十分に影響力を行使できた省が一部に留まっていたことはさきに確認した。このような状況を環境からの自立度との関連で考えた場合、省レベルにおける外部環境への依存はかなりの程度に達していたといえよう。国民党は中央においては外部環境から自立していたものの、省以下のレベルでは外部環境から自立することは困難であった。

では、人材のリクルート・昇進はどうであろうか。国民党には、基層党部から県党部、県党部から省党部、省党部から中央党部へと定期的に抜擢されるような昇任階梯は、制度的に存在しなかった。また、党員が中央政府の要職を兼職するに際しても、一定の条件が定められているわけではなく、時々の指導者が利害を有する者や関係の深い者、また懐柔すべき指導者を要職につける傾向にあり、中央政府の要職は、指導者がみずからの勢力を保持するための資源となっていた。

それは、たとえば、汪蔣合作政権成立後に汪精衛に近い陳公博や顧孟餘などが実業部長や鉄道部長に就任した事例や、蔣介石が内政部長に閻錫山を、また張学良を国民政府陸海空軍総司令部副総司令に推した事例などからもうかがえる。一方、一般の党員がその能力によって、基層から中央へと決められた要件を満たしつつ階梯を登っていくということはなかった。一介の党員にとって、唯一の昇進の方法は、組織部を中心とした陳果夫・陳立夫の派閥に属することによって、党・政府の要職へと抜擢されることであった[20]。

以上から理解されることは、第一に国民党は党内の異質性が高く、制度化の度合いが低かったため、派閥形成への強い誘因を備えており、実際に緩やかな派閥が形成されていた。第二に、国民党は下層に向かうほど、外部環境に依存せざるを得なかった。別のいいかたをすれば、党員にとって、党中央は単に中央でしかなく、中枢ではなかった。

つまり、一般の党員に便益を供給していたのは党中央ではなく、中央の各指導者を中心とした派閥であり、また地方政府やその地方政府を支配していた地方指導者、場合によっては地域社会そのものであった。国民党政権において、左派による改組同志会や胡漢民らによる新国民党などの党内組織の簇生がやまなかったのは[21]、単一政党制に由来する党内派閥形成への誘因の高さ、また地方党部の中央への依存度の低さ、ならびに国民党自身の環境からの自立度の低さ、すなわち国民党自身の制度化の弱さに由来していることが理解できる。

問題は、このように低位の制度化にとどまる特徴を持つ党の実態が、どのような政治運営を導いたのかにある。以下では、低位の制度化にある党の実態が、訓政が持つ諸特徴と相まってどのような政治運営をもたらしたのかを、正当性の調達や党内民主の問題をてがかりに検討する。

❖正当性

まず、政治運営において政権を拘束する重要な要素として、正当性の調達が挙げられる。そこで、当該時期における国民党政権の正当性の獲得、またその確認手続きについてみると、訓政期にある以上、すべての政治的判断は前衛たる国民党にゆだねられており、選挙によって国民の判断をあおぐというプロセスそのものが存在しない。このような体制下にあっては、政策決定の是非を競合選挙によって確認したり、正当化したりする必要がなく[22]、政治的利害は党内で争われることになり、政策の是非は純粋に党内の問題として処理される[23]。

ここで注意すべきは、党内における意志決定の構造である。正当性の源泉が国民にある場合、政策の是非は、最終的には国民の意思を反映する形で、政権担当者が交代することになる。その意味で最終的な判断は政党外部にあり、政党を超えた制度のなかで一定の手続きを経ることになる。しかしながら、そうした正当性が暫定的に党に賦与されている状況においては、判断は純粋に党内の手続きによって決定される。党内において同様の手続きに代わるものは、党代表の選出である。

そこで問題となるのは、手続きが制度化されているか否か、またそれが機能するよう実行されているかどうかである。それは、党代表の選出手続きが公平におこなわれているか否かが、政党における寡頭制の形成と密接にかかわっているからである。では、政党における寡頭制の形成(オリガーキーへの転化)は、どのような状況下で起こるのだろうか。

サルトーリによれば、政党の官僚制化は必然的な傾向であるが、そのオリガーキー化は必然ではないと説く。その際、オリガーキー化を導くかどうかの条件は、だれがどのように指導者を選ぶかにかかっているという。つまり、党員がリーダーを選ぶのではなく、幹部らの自選や互選によって決められるとき、オリガーキーに転化するという[24]。

当該時期の国民党は、二年に一度、全国代表大会を開催し、中央執行委員・中央監察委員を選出すると定められ、大会閉会中は中央執行委員会の常務会議が党の意志決定機関とされていた[25]。この常務会議において影響力を行使する常務委員は、全国代表大会により選出されることから、党の指導者を決定する際に、全国代表大会における代表選挙が党内民主主義の制度的な担保となっている。民主集中制が採用されていたとはいえ、みずからが支持する指導者を中央執行委員に選出することにより、制度的には選挙によって党員の意志を反映させることができた。

たとえば、党員は発言権、表決権、選挙権、被選挙権があり、党部に対して意見を述べることができた。また代表幹部を選出できる一方、代表大会の終了から次の大会まで、選出した幹部にしたがう義務を負っていた。さらに、代表大会の開催に際しては、まず各級党部にあらかじめ通知し、党員に十分に議論させ、党員は開会時に代表をつうじて意見を提出することができるなど、党の総章のうえでは党内民主が保障されていた[26]。この場合、代表の選出が適正に実施される必要があるのはいうまでもない。

しかしながら、党中央は第二期第一八七次中常会における三全大会代表選出法に関する最終決定において、(一)二月一五日以前に正式成立し、さらにその組織が健全な党部は選挙で選ぶ、(二)未成立の党部では中央が定員の倍の候補者を提示し、それを省市で選ぶか、省市が倍の候補者を選んだ後に中央が決定する、(三)県党部が未成立の場合は中央が選ぶ、との最終決定をくだしたことにより、約八割の代表を「中央」に都合のよいように選出する結果となり、制度的な保証を無効にしてしまった[27]。一説によれば、出席した代表者三五六人のうち、党員により直接選挙された代表は八九人にすぎず、八割以上が選出の過程でなんらかの手がくわえられた代表であった[28]。

三全大会以降は、指導者間の合議を経た後に代表党員が選ばれるのであり、以後の国民党政権は党の方針について、中央の指導者による恣意的な決定を容認せざるを得ないものとなった。さらに、二年半後の四全大会ではそもそもの中央委員を従来の三六人から七二人へと倍増させた。続く一九三五年末に開催(以後一九四五年までを任期とする)された五全大会ではさらに倍に近い一二〇人とし、うち六分の一にあたる二〇人を選挙によらず大会主席団により選出する方法に変更し、増員という方法で選出者が操作された[29]。最終的な決定は、操作された選出手続きで選ばれた党員が支持する指導者らによる合議によっておこなわれる。このように、訓政期の国民党政権の政治運営は、党内民主の形骸化と相まって、寡頭制への傾向を強く持っていた。

❖政治運営

正当性をめぐる党の地位と、党内指導者選出手続きの実態、ならびに寡頭制への傾向を確認したうえで、政党の制度化の問題に立ち返り、政治決定を取り巻く環境が、制度化が低位にとどまる党と相まった際に、どのような政治運営をもたらすかを考察する。

一般的に、制度化の水準が高い状況下では、党中央は資源を集中的に管理する中枢であり、派閥に分裂しないような指導者間の高い凝集性がみられる。一方、制度化の水準が低い場合には、外部環境から指導者が中央の地位に横滑りしてくるような指導者の水平的な統合がみられ、派閥の形成をともなう分裂した「有力者連合」を持つ傾向にある。こうした「有力者連合」においては、仮に内部で権力が均衡していたとしても、つねに均衡が崩れる可能性を有している。なぜならば、制度化の水準が低いということは、党員に分配すべき資源が中央に集中しておらず、したがって、各指導者はそれらの資源をできるだけ多く手に入れ、対抗者より優位に立とうとする動機を持つからである。

さらに、上述のような制度的配置のもとでは、常務委員の選出が恣意的な選出を排除できない以上、党中央そのものが指導者の影響力の優劣を反映するものとなってしまう。それゆえ、指導者は政治的抗争に勝利するための資源を必要とし、また一方で、指導者の勝利は追従者にとって便益をもたらすがゆえに、政治的指導者を中心とした派閥の形成は不可避的である。

当該時期の国民党においては、指導者による恣意的な任用が可能であり、その意味で、ポストを見返りとしたパトロン－クライアント関係が成立し得る基盤を有していた[30]。しかしながら、当該時期の国民党内「派閥」は、派閥そのものの組織化には至っておらず、派閥組織自体がなんらかの利益を継続的に分配する母体とまではなっていない。むしろ、それは依然として指導者との二者関係の累積として構成されたパトロンークライアント的なグループ集団としての性格が強い[31]。つまり指導者が人事権をつうじてもたらす便益以上のものを、組織としての「派閥」が分配し得るまでに達していないということである[32]。

さらに、正当性の調達と党代表選出の手続きで確認したように、指導者たる資格が実力に依っている状況下にあっては、指導者達のあるものが、党員あるいは配下の支持者に分配可能な資源に対する支配を拡大していくならば、その他の指導者達はそれだけみずからの支配権を失っていくことになる。それゆえに、制度化の程度が低い状態にある有力者連合は、潜在的につねに不安定な構造にある[33]。

以上の検討から導き出される政治運営は、有力な複数の指導者に党内の下位集団が結びつき、指導者間での影響力の多寡により合従連衡を繰り返す、非常に不安定な寡頭政治である。正当性の調達において、党中央は国民からも、また党員からも拘束されていないが、党中央の各指導者はたがいを拘束し、また拘束されている構造にある。この寡頭政治は、正当性の調達を、革命前衛としての党そのものによって担保しており、党の分裂や崩壊が即政権の正当性の喪失につながるため、たがいに権力を維持できるよう協力するという合理的な選択が望まれる。一方、党代表の選出手続きが形骸化しており、指導者の選出が各人の実力に依っているために、潜在的に他の指導者を出し抜き、みずからの地位を安定させようという誘因が働く。くわえて、党の制度化が低位にとどまっていたことは、各指導者が独自に獲得し得る資源の範囲を広める結果となり、任意の指導者が圧倒的な力を持つことが困難な状況を生み出した。この場合、いずれかの指導者が影響力を増大させようとするならば、その他の指導者は反対に回るため、制度を強化することも困難である。

結局のところ、指導者達の決定を左右するものは指導者自身の力関係と、その指導者が有する政治的な志向となる。このように、政権の重要な決定は、最終的に党中央内の合議にゆだねられているのだが、常務委員の選出が恣意的な選出を排除できない以上、党中央そのものが指導者の影響力の優劣を反映した結果となってしまう。つまり、政策決定は有力な指導者間での不断の争いを経て、闘争に勝利した指導者の政治的志向が反映され、具現化される[34]。以上の状況下では、仮に突出した影響力を持つ指導者がいる場合、政策は偏向をともなう可能性を有しながらも、一貫したものとなる。他方で、突出した指導者が存在しない場合は、指導者がたがいの意向を可能な範囲で反映させようとし、政策が一貫性を欠いたものとなりがちである。

その結果、個人の資質にもとづいた専断的決定がすくなくとも制度的に可能な一方で、指導者間の合議が一定の拘束力を持ち、なおかつ各指導者の志向が相互に対立するような政治運営の構造が形成されるのである。

3　蔣介石の台頭と独裁の構図

まず、これまでの検討から導き出された点を確認しておく。訓政下の政治運営は、一党独裁下における一部の指導者による寡頭政治であった。そして、それは政党の制度化の低さと結びつき、不安定であった。その結果、指導者達は党の一党独裁を維持するため、たがいに協調することが望まれるものの、中央から排除された指導者は、中央に対して反対の立場をとるため、党員を巻き込んでの内訌となり、政策の内容はそれぞれの指導者の力関係と政治的志向に左右された。

指導者の政治的志向が政策に影響を与えた点については、すでに第五章において検討したとおり、訓政の理念に忠実であろうとする胡漢民と、共産党への対処から急進的な活動をおこなう下層党部を危惧する蔣介石との対立が生じていた。この下層党部の活動は、さきに第三章で検討したように、汪精衛・陳公博らを中心とした左派の主張と連動した活動であった。

第五章では、行論の関係上、その主張や思想的背景については取り上げなかったが、左派の主張は指導者間の対立と政治的志向の関連をみるうえで非常によい例となる。ここではとくに、訓政が「民主の実現」を達成するために努力する期間であり、その達成に努めることが正当性を維持するための担保であったことに注意する必要がある。

❖訓政をめぐる抗争

訓政の目的は憲政の準備にあり、訓政の実施は地方自治をつうじた民主政治を実現することにある。この民主の実現が訓政の目的に内包されていることによって、指導者間にはつねにこの問題を持ち出し、他の指導者を出し抜こうとする誘因が存在した。寡頭支配に与る指導者からすれば、権力を維持するのに最善の方法は指導者間で寡頭支配を続けることであったが、寡頭支配から排除された指導者が取り得るもっとも効果的な対抗手段は、民衆の政治参加を打ち出すことであった。訓政のおもな内容である地方自治の推進には、民権の訓練が必要となるが、これは憲政を準備するうえで、民衆が政治参加することを意味する。

仮に、訓政の課題が民主化や政治参加を内包していないとしても、一般に、権力のそとにある政治指導者は政治参加の拡大により関心を示し、あらたな形態の参加を発展させようとする[35]。これに対し、政治的権力の座にあるものは、みずからの権力を支え政治的安定を促進するために、参加の拡大よりは、それを制限しようと試みる[36]。そして対抗勢力がおさえられた場合、政治参加は最小限にとどめられる[37]。二期五中全会以降の国民党中央における政治過程、すなわち蔣介石、胡漢民ら権力の座にあるものと、そこから排除された左派との争いは、以上のような対立および闘争として理解することができる。つまり、「左派」の言説は、民衆を代表した「民主」の「独裁」に対する糾弾であるのみならず、寡頭支配から排斥されたグループが権力への復帰を目指して展開した運動であるとする見方である。

左派の言説を検討すれば、その主張のなかに以上に述べたような目論見を見出すことは容易である[38]。左派は民衆の政治参加に積極的であり、民衆運動をとりわけ重視する。これは、胡や蔣が安定のために民衆運動を忌避するのとは対照的である。左派は、いまだ国民革命は完成していないばかりか、革命は「もっとも危険な時期に至り」、国民党は周囲の様々な圧迫のために、「もっとも動揺の大きい時期に至った」と認識していた[39]。そして中国でもっとも圧迫を受けているのは「農民・労働者・小ブルジョワジー」であるとし、大いなる民衆による擁護がなければ、どのような革命も起こし得ず、またどのような革命もその保証を得ることができないとみる。左派が依拠し得るのは、「農民・労働者・小ブルジョワジー」であるがゆえに、今後も引き続き民衆を組織し、民衆の力を引き出すことによって、革命を成し遂げる必要があると考える[40]。

左派にとって、訓政とは民衆を組織し、その民衆団体をつうじて、自治を遂行するものとの認識がある。軍政が終了したとはいえ、革命はなお未完のままであり、郷村においてはなお「宗法社会」が残存しているる[41]。左派にとって自治とは宗法社会を打破することにある。「訓政時期には本党は全力でもって地方自治を建設」するとは、そのような意味において述べられるのであり、それゆえに、地方自治とは、まさに民衆の組織化にはじまり、民衆団体において民衆の政治的諸権利を行使させることである。ここにこそ訓政の本質がみい出される。左派の自治観は汪精衛の「地方自治をおこなおうと欲するならば、民衆の組織からはじめなければならない」[42]、との言葉に体言されている。

左派は民衆運動の継続(復活)を喫緊の課題として認識しており、党はその運動において積極的役割を担う存在として、特別な位置が与えられる必要があると考えている。それゆえに、「党部は本来、民衆を代表する機関であり、地方自治制度が成立する以前においては、党部は行政機関を監督する唯一の機関である」と考える。したがって、「本党主義の政策の実行を保証するためには、行政に対する最高の指揮権を党部に与えなければならず、同級政府に対する党部の最小限度の監督権を規定することは、目下、政府が職権を濫用することを防ぐ唯一の確実な方法である」と主張する[43]。具体的には、党と政府の関係は、「各級(省、市、県)党部は同級(省、市、県)政府に対して監督する権利があり、その監督範囲は、(一)一切の地方財政収支は党部に提出して通過させなければならない。(二)党の綱領に違反する行政をおこなった場合は、党部は中央に上申してその執行を停止することができる」とされており、それは政府に対する党の優位へと導かれる[44]。

この主張の背後には、地方党員を支持基盤とする左派がみずからの影響力を高めようとする企図がみてとれる。それは、陳公博の「党の権威を高め、党の専制を実行せ」よとの主張に集約される[45]。こうした左派の企図は、党内における勢力拡大にまで及び、支持党員の数が即勢力となるよう党内の民主化を訴える。それゆえ、左派は党の民主化・民衆化を主張し、党内において選挙が実施されなければならないと述べる[46]。結局のところ、左派の考えは「党治を励行し、民権を『培植』する」[47]、の一言に集約されるといえよう。蔣介石が政府を優位に置く裏面には、このような左派の目論見に対抗するという目的があった。

左派の言説は、訓政の理念を忠実に追求する一方で、不安定な寡頭制に対する積極的な攻撃となっていることが理解できる。仮に、左派が権力奪取のために民主を主張しているのではなく、真に憲政を達成するために主張していたとしても、政権を担う寡頭政治に与る指導者にとっては、政治的な闘争とみなさざるを得ない。とくに訓政の根幹である民主の実現が謳われていることは重要である。蔣介石が訓政約法の制定を目指した背後に、こうした危惧があったことに注目する必要がある。

次に検討すべき課題は、このような争いがなぜ、訓政を非民主的な管理的制度へと志向させ、また不安定な寡頭政治が蔣介石の独裁へと収斂していったのかにある。

❖国民党政権の課題

ここで、当該時期の国民党政権がおかれた状況を、蔣介石の志向とともに再度確認しておく。北伐完了により、国民党政権は形式的には全国統一を成し遂げた。しかしながら、実際には東北・華北・西南などの諸省の多くが依然として地方軍事指導者の支配下にあった。また一九三〇年代に入ると共産党の活動も活発化し、一九三一年には江西省瑞金に根拠地を形成する。当時の中国は、国民党政権の支配下にあるとはいえ、その領域のかなりの部分に国民党の支配が及ばない地域を抱えていた。

つまり、国民党は表面上統一を成し遂げたのであるが、その支配すべき領域内に、依然として対抗勢力が存在した。これら対抗勢力のうち、地方軍事指導者は、国民党中央と利害を共有しないが、政権そのものは暫時承認する対抗勢力であり、共産党は、そもそも政権を認めない外部対抗勢力であった。前者は国民党中央との軋轢が拡大し、回復不能となった場合は、政権をも認めない敵対者となる。

地方軍事指導者についていえば、国民党政権にとってのかれらの脅威は各指導者が持つ軍事力にあり、国民党中央の指導者たちは、地方軍事指導者の軍事力に対して備えなければならなかった。とりわけ、北伐完了以後、一連の反中央・反蔣戦が繰り広げられたことは、地方軍事指導者の軍事力が国民党中央に対する現実の脅威として存在したことを示している。この場合、必要とされるのは、対抗勢力の軍隊を打ち破る軍事力であり、またその軍事力を支える人的、物的、財的基盤にある。

一方、共産党についていえば、同じく軍事力を有していたとはいえ、当初は国民党政権を危機に陥れるほどの軍事力ではなかった。共産党の脅威はその軍事力よりは、むしろ基層社会に浸透していく党組織や、それにともなう活動にあった。共産党はまさにみえない敵であったため、瑞金の中央根拠地に所在している軍事力を打倒することは可能であっても、各地に潜在する党組織や共産党員を個別に打倒していくことは困難であった。

この場合、もっとも効果的な対応は、三民主義にもとづいた訓政の諸施策によって、反政府勢力を消滅させることであるが、すでに共産党が地域社会に浸透し、なおかつ国民党自身の組織的基礎が脆弱である状況にあっては、各地域社会における行政的管理を強めて対応するほかない。というのも訓政の理念に照らせば、堅固な党組織にもとづいて各党員が地域社会において民権訓練の責務を担うのだが、実際には党組織は散漫で、活動をおこなうには微弱にすぎ、理念を実行に移すことは困難であったからである。そのうえ、第三章での検討から理解されるように、下層に向かえば向かうほど、国民党員と共産党員の境界は曖昧になっていくのであり、仮に民権の訓練や代表の選挙を実施すれば、左派の影響力が増すのみならず、機に乗じて活動をおこなう勢力を排除することは困難であった。

このように、北伐完了によって全国統一が成し遂げられたとはいえ、国民党は引き続きその支配領域内に、つねに武装した対抗勢力を抱えている状態にあった。潜在的敵対者と対峙しなければならない環境下において、党の弱体が明らかであり、またその機能が十分に果たされないのであれば、政権が置かれた現況に対処する指導者は、管理に重点を置いた地方統治政策を模索せざるを得ない。

しかし、訓政とはそもそも民主憲政を準備するものであるために、つねに管理的な施策に対する反対者を生み出すことになる。さらに、不安定な指導者間の連合は、恒常的に権力から排除される指導者を生み出した。排除された指導者は、訓政の理念にもとづいて批判をおこなうため、党中央の政策決定も、また訓政の実施そのものも、つねに不安定な構造下におかれる。

蔣介石の台頭もまた、党中央の指導者たちによる不安定な連合という構造をすぐに打破できたわけではなく、胡の幽閉以降も数次にわたって牽制を受けた。ときには党中央が分裂し、広東派が広州に成立させた国民政府と分立するに至った時期もあった。この際、蔣介石を非難する材料とされたのも訓政の実施、とくに地方自治の実行方法についてであり、その非民主性が糾弾された[48]。

不安定を打破するには、特定の指導者による独裁を実行するか、党の制度化を推し進めるかのいずれかである。党の制度化を推し進めることは、国民党にとって容易ではない課題ではあったが、独裁的な指導者の出現を期待することもまた困難であった。なぜならば、独裁の萌芽は、初発の段階で他の指導者らの連合によって摘み取られるからである。

仮に、左派などの民主的政策を進める指導者が主導権を握ったとしても、党組織の現状は、それを効果あるものとはしなかったであろうし、実際に、改組派の活動や、汪蔣合作時期における左派の政策は、はかばかしい成果をあげることができなかった。これは、党を迂回した蔣介石の方法が、とりもなおさず国民党がとり得た唯一の現実的方法であったことを示唆している。したがって、蔣の選択した管理的方法は、望ましいかどうかは別として、党をつうじた民主的諸制度による統治が奏功しない状況下にあっては、蔣個人の政治的志向を超えて、政権を担う指導者にとって、ほかにとり得る余地のない選択であった。

4 小結

本章における訓政の諸特徴と党組織の実態の検討から解明された点は、第一に、訓政が一党独裁の形態をとったために、党内の異質度が高く、そのうえ党組織が実態として低位の制度化にとどまっていたことである。その結果、緩やかな派閥を形成するとともに、構造上、党中央が党員に分配する地方の資源を把握できていなかった。つまり党組織そのものが分節的な構造を持っており、これら分節的な党組織に対し、党中央はかぎられた影響力しか持たず、その傾向は省レベルから下層に向かうにつれ増していった。

第二に、訓政の特徴として正当性の調達が暫時不要であり、基本的には党内の手続きによって政権は維持される。この場合、手続きとして重要となるのが、党内の代表選出である。仮に国内外の環境が安定していれば、左派が主張する党の再建による訓政の実施も時間をかければ不可能ではなかったであろうし、緩やかな民主化への移行は可能であったかもしれない。その意味では個人独裁と管理的な統治制度は必然的なものではなかった。ただし、外部環境からの自立とインセンティブ・システムの確立によって、党の制度化を高めることができたとしても、そこから党内民主の確立と自治の実施を選択できたかどうか、また実現できたかどうかは別の次元に属する問題であり、さらなる課題として検討されなければならない。

国民党は制度上党内民主が約束されていたものの、実際の選出過程は形骸化していた。このような形骸化は、第一の特徴からもたらされる党中央のかぎられた資源掌握や、分節的な党組織といった低位にとどまる党の制度化と相まって、不安定な寡頭制による政治運営を強いた。党の実態と訓政の特徴の結合、つまり、訓政期における国民党政権の政治的基礎は不安定な寡頭制による政治運営に帰結した。

以上の基礎は、当該時期の国民党政権が置かれた環境によって、一定の方向付けを余儀なくされた。それは外的条件と内的条件とに分けることができる。外的条件とは、地方軍事指導者や共産党といった敵対者の存在であり、内的条件とは、国民党政権を内部から拘束する政権の正当性、すなわち訓政が民主憲政を準備するという理念である。

国民党は外的条件として、政権を維持するためにも敵対者に対応せざるを得ないのだが、そのためには強力なリーダーシップをそなえた独裁が必要とされた。仮に安定的な国内外環境であれば、左派が主張する党の再建をつうじた訓政の実施も可能であったかもしれない。その意味では、個人独裁と管理的な支配は必然ではなかった。しかし、独裁には党組織の分節的な構造の改革と、地方資源の掌握によって、有力者連合を形成する指導者の影響力を削ぐ必要があった。党の改革が困難であり、また民権の訓練をつうじた「自治」

による政治統合がかなわない状況下においては、その方策は政府をつうじた地域社会の掌握へと向かわざるを得ない。さらに、一部地域では共産党組織が地域社会に浸透しているために、政府による地域社会に対する掌握は管理的な制度を志向させた。次章で検討するように、こうした傾向は日中戦争の勃発により全国的に展開していく。結果的には、党組織そのものが弱体であるために、政府をつうじた管理的な方策に頼らざるを得なかったのである。

しかし、一方でそのような試みは、党の正当性の源泉である民主憲政の準備をそこなうという内的条件に抵触する。その結果、民主への志向をめぐって、党内指導者からの反対を引き起こす構造にあった。つまり、訓政期の国民党政権下においては、党の弱勢をともなうことによって、政治的決定の安定と民主的制度の実施がトレードオフの関係にあった。

それゆえ、党の弱勢という国民党の根本的性質が不安定な政治決定を生み出す状況において、不安定な政権運営を回避するには一貫した政策を遂行できる安定的な寡頭制か、次善の策として個人独裁が必要とされた。しかしながら、国民党の置かれた状況は安定的な寡頭制を実現する基礎を欠いていた。ただ、残された選択肢であるその個人独裁は、「党」の存在そのものが持つ正当性という枠組みに依存し、また、「党」にどこまでも拘束される。

この独裁は、敵対勢力が残存する当時の情勢下において、また党の機能に期待できない状況にあって、現実的な選択として管理的な制度を志向せざるを得ず、政権の安定を望めば望むほど、その志向は強まる。しかしながら、それら非民主的な諸制度の実現は、同時に民主憲政を目指すべき「訓政」の正当性を、さらにいえば「党」の正当性をも掘り崩していくのであり、国民党はその権力の安定を求めるにしたがって、政権の正当性を内部から浸食していかざるを得ない構造にあった。

国民党政権は、一部の地域で共産党討伐のために準戦時体制を布き、さらに日本との戦争により戦時体制の構築をせざるを得なくなる。次章では、戦時下の国民党政権がどのようにその統治体制を発展させようとしたのか、その変容の過程を確認する。

註

1――第五章参照。また、蔣介石は政治会議において、胡漢民らの妨害により、みずからの提案が合意を得られず、強い不満を日記に記している。「蔣介石日記」(一九三一年二月二五日の条)。なお、文中の「彼」は「困勉記初稿」では「展堂(胡漢民)」と明示されている(「困勉記初稿(三)」巻一七、四頁、一九三一年二月二五日の条(台北、国史館蔵))。

2――たとえば、広州非常会議の組織など。非常会議の形成過程や詳細については張天任『寧粤分裂之研究―民国二十年至二十一年―』中壢、安泰出版社、一九九二年参照。また、非常会議の主張として、中国国民党中央執監委員非常会議編『国民会議之意義及其使命』広州、中国国民党中央執監委員非常会議、一九三一年。中国国民党中央執監委員非常会議編『討蔣言論集初編』広州、中国国民党中央執監委員非常会議、一九三一年。中国国民党中央執監委員非常会議編『討蔣文電集第二編』広州、中国国民党中央執監委員非常会議、一九三一年。蔣介石側の主張として中国国民党広東省市党務特派員辦事処編『粤変文件彙編』広州、中国国民党広東省市党務特派員辦事処、一九三一年参照。

3――樹中毅「国民革命期から訓政時期における蔣介石の独裁と政治的不安定の構造」『法学政治学論究』第四五号、二〇〇〇年六月、七五頁。

4――軍、警察や特務組織は国民党政権の権力基盤であるよりは、蔣介石の権力基盤であったとみるほうが正確であろう。岩谷將「蔣介石、共産党、日本軍―二〇世紀前半、中国国民党における情報組織の生成と展開」山田辰雄・松重浩充編『蔣介石研究―政治・戦争・日本』東方書店、二〇一三年、三六五～三八七頁、参照。

5――横山宏章『中華民国史―専制と民主の相克―』三一書房、一九九六年、第三章参照。また、横山宏章「書評：家近亮子『蔣介石と南京国民政府』」『近きに在りて』第四一号、二〇〇二年六月、一〇二～一〇四頁。

6――家近亮子『蔣介石と南京国民政府』慶應義塾大学出版会、二〇〇二年、第五章参照。

7――ジョバンニ・サルトーリ(岡沢憲芙・川野秀之訳)『現代政党学』早稲田大学出版部、一九八〇年、I、一五八頁。

8――Jing Huang, *Factionalism in Chinese Communist Politics*, New York: Cambridge University Press, 2000, p. 61.

9――西川知一・河田潤一『政党派閥―比較政治学的研究―』ミネルヴァ書房、一九九六年、四〇頁。

10――同右、六〇~六六頁。

11――東洋協会調査部『中華民国政治勢力の現状』東洋協会、一九三五年、一四頁。

12――Hung-Mao Tian, *Government and Politics in Kuomintang China 1927-1937*, Stanford: Stanford University Press, 1972, p. 180.

13――蔣介石「今後改進政治的路線」国民政府軍事委員会委員長南昌行営第二庁編輯室編『各省高級行政人員奉召南昌集会紀録』南昌、国民政府軍事委員会委員長南昌行営第二庁編輯室、一九三四年、九~一〇頁。

14――「第三届中央執行委員会常務委員会対於第五次全体会議之報告」中国国民党中央委員会党史委員会『中国国民党党務発展史料―中央常務委員会党務報告―』台北、中国国民党中央委員会党史委員会、一九九五年、二七三頁(ちなみに一九二九年三月以前は月額三〇万元、その後は四〇万元、一九三一年度からは五〇万元であった(大陸調査会上海調査室『中国国民党の研究』上海、大陸調査会上海調査室、第一冊、一九四〇年、八一頁))。

15――「第三届中央執行委員会常務委員会対於第五次全体会議之報告」中国国民党中央委員会党史委員会『中国国民党党務発展史料―中央常務委員会党務報告―』同右、二七三~二七四頁。

16――中国国民党中央監察委員会秘書処編『中国国民党第三届中央監察委員会報告書』南京、中国国民党中央監察委員会秘書処、一九三一年、一五五~一五九頁。

17――河北省財政庁第四科編『河北財政公報』第三三期、一九三二年六月、統計、二一~三四頁。

18――趙如珩編『江蘇省鑑』上海、新中国建設学会、一九三五年、五一~五四頁。たとえば呉県では、訓政開始以降、県より毎月一六〇〇元を経費として受領していた(喬増祥『呉県』呉県、呉県県政府社会調査処、一九三〇年、党務、一一~一七頁)。

19――「各級党部経費支配辦法」中央組織委員会『中国国民党現行組織法規輯要』南京、中央組織委員会、一九三五年、二二六頁。「各級党部人員一律徴収所得捐案」(一九二八年五月一四日第二届一三七次常務会議通過)同上、二八四頁。「中央第一〇次常務会議」『中央週報』第五〇期、一九二九年五月、一三頁。

20 ——とりわけ、中央党務学校への入学をつうじて陳兄弟と関係を持ち、その後、各地の党政機関に派遣されるケースがおもな昇進パターンであった。おもな人物に張金鑑、苗培成、胡夢華、李宗黄、黄宇人など。中央党務学校の入学者と、その後の派遣先については中央政治学校『中央政治学校畢業同学録』南京、中央政治学校指導部、一九四七年参照。

21 ——これらについては、郭諸印『国民党派系闘争史』上海、上海人民出版社、一九九二年参照。

22 ——ジョバンニ・サルトーリ、前掲、I、八二〜八九頁。

23 ——Samuel P. Huntington, "Social and Insitutional Dynamics of One-Party Systems," Samuel P. Huntington and Clement H. Moore ed., *Authoritarian Politics in Modern Society: The Dynamics of Established One-party System*, New York: Basic Book Inc., 1970, p. 6.

24 ——西川知一・河田潤、前掲、一八一頁。

25 ——中国国民党中央委員会党史委員会『中国国民党党章政綱彙編』台北、中国国民党中央委員会党史委員会、一九九四、八五〜一〇二頁。

26 ——同右。

27 ——「中央常務会議—第一百八十七次—」『中央週報』第二八期、一九二八年一二月一七日、専載、一二〜一三、一五頁。

28 ——中国国民党各省市臨時聯合辦事処『蔣中正叛党禍国之罪悪』出版地不詳、中国国民党各省市臨時聯合辦事処、一九三〇年、四頁。叔痒「第三次代表大会之前」『民意』第一期、一九二九年三月、八〜一〇頁。

29 ——李雲漢『中国国民党職名録』台北、中国国民党中央委員会党史委員会、一九九四年、八四〜八五、九七〜九九、一一七〜一一九頁。

30 ——蔣中正総統档案（以下、蔣档と略す）には、蔣介石、譚延闓、孫科、戴季陶などの有力な指導者が人事等について合議する電報が多く収録されている。たとえば「譚延闓致蔣中正電（一九二九年四月一六日）」蔣档、002-080200-00043-053、「譚延闓致蔣中正電（一九二九年四月一九日）」蔣档、002-080200-00043-076、「譚延闓致蔣介石電（一九二九年四月二二日）」蔣档、002-070100-00002-037など。

31 ——Hung Mao-Tien, "Factional Politics in KMT China," Gilbert Chan ed., *China at the Crossroads: Nationalists and*

Communists, 1927 - 1949, Boulder: West view Press, 1980, p. 34. また、派閥は指導者の資質や利益を中心としたパトロン－クライアント関係にもとづく集団と、イデオロギーをおもな関係基盤とする集団とに区別できるが、本稿とのかかわりでいえば、蔣介石および胡漢民を中心とするグループは比較的前者の、左派は比較的後者の性格をより強く持つといえる。

32――Jing Huang, *op. cit.*, p. 74.

33――アンジェロ・パーネビアンコ著（村上信一郎訳）『政党―組織と権力』ミネルヴァ書房、二〇〇五年、六七～六九頁。

34――Bruce J. Dickson, *Democratization in China and Taiwan: The Adaptability of Leninist Parties*, Oxford: Clarendon Press, 1997, p. 18. この傾向は、三全大会における国民党各部門の責任者が合議をつうじて最終的に蔣介石によって決定され、その後に中央常会で通過したことからもうかがえる（桂崇基『中国現代史料拾遺』台北、台湾中華書局、一九八九年、二七四～二七五頁）。

35――Samuel P. Huntington and Joan M. Nelson ed., *No Easy Choice: Political Participation in Developing Countries*, Cambridge: Harvard University Press, 1976, p. 31.

36――*Ibid.*, p. 29, 31, 40.

37――Myron Weiner, "Political Participation: Crisis of Political Process," Leonard Binder et al, *Crises and Sequences in Political Development*, Princeton: Princeton University Press, 1971, p. 172.

38――左派については、さきに検討した蔣介石、胡漢民とは異なり、汪精衛を求心力とするものの、汪を中心とした広東派や党の改組を主張する改組派などがあり、その思想を一義的に述べることは困難である。そのため、その中心人物たる汪精衛・陳公博・顧孟餘の思想を中心として、その差異よりは共通点を中心に訓政・地方自治などに関する思想を検討する。

39――陳公博「今後的国民党」『革命評論』第一期、一九二八年六月、一頁。

40――編者不詳『中国国民党改組同志会第一次全国代表大会宣言及決議案』出版地不詳、出版者不詳、一九二八年、四頁。

41――陳公博「今後的国民党」『革命評論』第一期、一九二八年六月、一三頁。

42――汪精衛「欲地方自治須自組織民衆始」南華日報社編集部『汪精衛先生最近言論集』香港、南華日報社、一九三〇年、六八頁。

43――「関於五中全会的一個重要党務提案―重新確立党的基礎案」『革命評論』第一四期、一九二八年八月、四頁。

44――「政治制度決議案」(『中国国民党改組同志会第一次全国代表大会宣言及決議案』前掲、一六〜一七頁、所収)。

45――陳公博「党的改組原則」『革命評論』第一〇期、一九二八年八月、一頁。

46――「関於五中全会的一個重要党務提案―重新確立党的基礎案」『革命評論』第一四期、一九二八年八月、一〜三頁。

47――汪精衛「党治之意義」南華日報社編集部、前掲、三六頁。

48――中国国民党中央執監委員会非常会議編印『中央導報―地方自治専号―』広州、第七期、一九三一年八月、参照。

第7章 平時から戦時へ

1 「戦時」からみた訓政

これまで各章において訓政初期の国民党政権の構造的問題を検討してきたが、本章では指導者として台頭した蔣介石が、その後の戦時期において、これまで提起した諸問題、とりわけ党組織とその役割について、いかに対応したのかを検討する[1]。

制度からいえば、国民党は一九二四年の改組に際してソ連共産党の党組織を模倣し、民主集中制に代表される集権的で堅固な党組織の構築を企図した。また、基本的に全国統一を果たした一九二八年末から地方自治をつうじた国民の政治参加と政治的統合を目指した。この意図を敷衍するならば、堅固な党組織と厳格な規律にしたがう党員によって、国家運営がおこなわれるはずであり、理念的にいえば、少なくとも各級政府は最終的に党の意向をふまえた存在となることが、本来的な「以党治国」の望ましい姿であった。また、当該時期の中心的課題であった自治政策の実践による民衆の政治参加を、党による訓練をつうじておこなうことを考えれば、党は国民統合の司令塔であり、かつ原動力となるはずであった。

しかし、国民党は実態として厳格な入党審査と堅固な組織による党勢の拡大をはかったわけでもなく、また地方レベルにおいて政府に対する党の管理強化を目指したわけでもない。さらにいえば、党は独自の役割とされた国民の政治参加に対し、積極的な活動を展開したわけでもなかった。指摘しておく必要があるのは、国民党が「以党治国」を唱えつつも、中国共産党が目指したような各級の党が政府を統制する体制を実現せず、また結果的にではあるが、そのような体制を強く志向したわけでもなかったことである。

すでに指摘したように、国民党政権における党・国家・社会の困難な関係は、制度的な規定の是非にあったのではなく、むしろ新たな制度構想のなかで活動することが期待された新たな担い手、すなわち党の中に相応しい党員と組織を時宜に応じて生み出すことができず、全体的な制度構想と実態のあいだに、埋めることのできない乖離を生じさせたことにあった。にもかかわらず、国民党は党の在り方という本質よりは、党・政府・民衆の関係を制度的な設計のなかでどのように折り合いをつけるかという副次的な問題に関心を集中させ、徐々に改革すべき対象であった既存の諸制度や社会に依存していった。それは、党の指導による自治をつうじた国民の政治参加によって、あらたな政治統合の形態を生み出すことができなかった苦悩の結果でもあった。

本章では、すでに述べた訓政の理念的な制度設計と現実の党組織や構成員の実態を簡潔にまとめつつ、日中戦争期に蔣介石が党と国家の関係をどのように再設計し、その結果、党・国家と社会との関係にいかなる変容をもたらしたのか検討する。まず、これまでの議論をより俯瞰的な観点から再度簡潔に整理し、それに対応する形で、その後の展開と課題について論じる。

2　革命から統治へ

❖革命の党、統治の党

広東省の一隅を支配するにすぎなかった国民党は、北伐の完了によって中国本土の大部分を支配することになった。もちろん、その版図の多くが依然として地方軍事指導者の影響下にあり、表面的な支配にとどまらざるを得ない地域もあったが、ごく一部の地域を統治していた往事に比べれば、遙かに広大な地域を統治しなければならなくなったことに変わりはなかった。

国民党自身に制度を構想する力はあったが、それを実現するための組織基盤は脆弱にすぎた。その意味で、急激に支配地域を拡大した国民党にとっての困難は、伝統社会の変革や秩序の再構築という「目的」にのみあったのではなく、むしろそれらを変革する「手段」にあった。ただ、正確にいえば、国民党はみずからの組織を用いてすべての政策を実行しようとしたわけではない。当該時期の国民党の政治綱領である訓政綱領によれば、党は宣伝と民衆に対する政治的訓練を実施し、それ以外の具体的な政策は政府が実行することになっていた。

党が指令し、政府が実施するというのは、社会主義政権においてよくみられた形態である。国民党の特異性は党政両者の役割分担にあったのではなく、むしろ党政の関係がレベルによって異なることにあった。それは、政策決定レベル――すなわち中央――においては実質的に党が圧倒的に優位に立つものの、政策実施レベル――すなわち省以下のレベル――では、国民党の党政関係は党と政府の関係を対等のものと規定しており、党が優位にあったわけではない点にある。規定上もそうであったが、人事面ならびに財政面においても党の優位を裏付ける担保はなかった[2]。

政策実施レベルにおける党と政府が平等に位置づけられた理由を理解するには、革命党から執政党への転換過程における特徴を考えなければならない[3]。革命時代における党は、本来軍事的進攻に先立って党の主義を宣伝することが使命であり、当該地域の政府との関係は問題にならなかった。しかし、政権が樹立されると、党と政府の関係が問題になり、これまでの「革命的」な党のあり方が議論の対象となった。

国民党が経験した革命の党から統治の党への転換には、二つの大きな特徴があった。第一の特徴は、北伐の目的が軍事指導者の打倒にあり、旧来の組織・人員の徹底的打倒をともなう政権交代を企図したものではなかったことである。旧政権の人員はかならずしも国民党に忠実ではない一方――無論かならずしも不忠というわけでもない――、その組織的な機能を引き続き利用できる利点もあった[4]。

第二の特徴は、北伐が急速に展開したため、国民党の勢力拡大が軍事的支配領域の増大に追いつかない状況が生じていたことである。中国国民党は興中会以来の伝統を持つものの、共産党との協力と厳格な民主集中制を決定した一九二四年の改組までは結社的性格を持つ組織であって、党員は五万人あまりにすぎなかった[5]。国民党は一九二六年七月より北伐を開始し、二六年一月の段階で約二七万人を数えた党員は一〇月段階で約五五万人に達する[6]。これら党員の七割が従来の地盤ともいえる広東・広西の両省に偏在していた[7]。国民党の地盤であった広東省はもっとも多い党員を抱えていたが、北方や辺疆地域ではほとんどいないに等しい状況であった。そのうえ、党員数が突出している広東省(人口五〇〇人に一人)を除けば、人口数千人に一人という、おおよそ党に与えられた任務を担えるような状況にはなかった[8]。

こうした状況を考えたならば、国民党中央が可能なかぎり旧政権を維持し、利用しつつ地方政府の再編を試みたとしても不思議ではない。実際には、旧政権以外に国民党が描く政策を実行できる系統だった組織・人員は存在しなかった。くわえて十分な紀律に支えられた党組織と十分な練度に達した党員を獲得できていなかったことも事実である。

国民党は一九二四年の改組以来、共産党との協力関係(第一次国共合作)にあったこともあり、それまで民衆運動を主体とした革命を目指していた。そのため、いわゆる「左派」と呼ばれる若年層を中心とした勢力が成員の大半を占めており、そのなかには共産党員や共産党に共感を覚える党員が多くいた。かれらが目指す革命は旧習の打破であり、その打倒対象には旧政権の政府人員も含まれていたために、しばしば紛糾を起こしていた[9]。党を優位に置かなかった理由を突き詰めていくと、党そのものの問題にたどり着く。

❖国民党政権の社会的基礎

国民党の党員数が飛躍的に伸びたのは、共産党との合作下においてであった。国共合作開始から二年後の一九二六年には党員は五四万人に達する。しかし、一九二七年に開始された、いわゆる清党(共産党員の粛清)により、党員は二六万六〇〇〇人に半減する[10]。たとえば、陝西省では党員の八割以上が共産党との二重党籍者として排斥された[11]。犠牲となった党員の多くが急進的な青年層であったが、それでもなお粛清を免れた国民党員の五六パーセントが三〇歳に満たない青年であった。そして、党員数の八割が国共合作時期のうち急進的な運動が盛んであった一九二六年から一九二七年に入党していた。とりわけ民衆運動が激化した江蘇省の例でいえば、一九二九年から省都であった鎮江県の全党員のうち約半数が一九二七年に入党しており、一九二五年から二七年の間に約八五パーセントが入党している[12](第三章図3参照)。

一九二九年の全国統計によれば、党員の出自は教育界が最多の二一パーセント、次いで学生が一一パーセントで教育に従事しているか、あるいは学校に籍を置く者が全体の三割を占める[13]。また、党員の教育程度は、教育を受けていない者が七・五パーセント、家庭教育を受けた者が一四パーセントであり、これに小学教育と不明者をくわえると四九・七パーセントとなり、半数近くが党の任務を担うにあたって、なんらかの訓練を必要とする状態であった。

もう一点指摘しておく必要があるのは、党員の経済状況が良くなかったことである。一九三三年の統計によれば、家計が富裕なものは六・六パーセントにすぎず、家計が赤字である党員は二六・三五パーセントにも達していた。これは農村部に向かうほど高くなり、比較的裕福な江蘇省においても銅山県などでは六四パーセントが家計収入より支出が多い状態で、なんとか帳尻を合わせている者も合わせると実に八五パーセントに達する[14]。

また、この党員を都市と農村の対比からみると、都市部においては教育程度が高く、農村に向かうにつれて高学歴者が減少する。たとえば、首都南京では未教育・家庭教育・小学教育を合わせたものが全体の五パーセントにすぎないが[15]、上海においてさえその割合は二八パーセントに達するのであり、農村の状況は惨憺たるものであった[16]。また、地域との関連でみるならば、地方党部の指導者を含め、党員のほとんどが地元出身者であった。たとえば、河北省では党員のじつに九五パーセントが地元出身者であった[17]。くわえて、県以下のレベルには定職を持たない党員がかなりの数にのぼっていた[18]。

以上の事実から、政権を獲得した時期の国民党が、革命や民衆運動に積極的な学生や教育にたずさわる左傾青年を主体としていたことが理解される。かれらは思想傾向といった内面においても、また年齢や職業といった外面においても、共産党員との区別が困難で、その境界は曖昧模糊としていた。政権運営が現実の課題となるに及んで、急進的な民衆運動や革命に傾倒し、政府を攻撃する左傾青年党員は、指導者にとって排除すべき対象となった。そのため、党代表大会の選挙をひかえ、党中央は党務整理と称して幾度も左傾青年党員の排除をおこなった[19]。

ただ、この党務整理による党員の排除は、単純な問題ではなかった。党中央が排除しようとした党員は、統治という課題に直面する指導層からみれば、たしかに急進的であり、政府とのあいだに紛糾を起こすこともあった。しかし、かれらは一面では理想に燃え、国の現状に心を痛めていた党員でもあった。

かれらの多くが新式教育を受け、五四運動以来のあらたな思潮のなかで育った青年学生であったことを考えれば、国民党中央が排斥したのは扱いづらくはあるが、当時生まれつつあったあらたな教育を身につけた、あらたな階層ともいうべき有能な青年であった。思想傾向はさておき、能力の面からいえば、かれらは国民党が求めていた人材でもあった。

求めるべき青年党員の排除、また幻滅による青年党員の離党の結果もたらされたのは、地方党員のさらなる劣化であった。一九二六年以降、急激に増えた党員は当然ながら「必要な」党員ばかりではなかった。何応欽が述べたように、当時の地方党部は新党員の量にのみ注意し、その質には注意していなかった[20]。事実、清党後にある県でおこなわれた調査では、党員が五〇〇〜六〇〇人と報告されたが、実際は、一時的に引き入れられた者達で、少数の青年学生を除けばごろつきか無職者であった[21]。

党員の再登録時に失格となった理由のうち、もっとも多かったのが、党の主義を理解していないという根本的な問題であった。また、不合格となった者のうち、内訳がわかる南京市を例にとると、行政人員、軍人、警察関係者がそれぞれ二割あまりで合計七割を占めた[22]。江蘇省の報告でも述べられているように、これは公務員が党員になれば有利であることから入党をこころみた者たちで、党の理念に共鳴して入党したわけではなかった[23]。

つきつめて言えば、党中央は有能ではあるが扱いづらい党員か、中央に楯突いたりはしないが有能ではない党員――そしてかれらの少なくない部分が党の理念を理解しておらず、裕福ではなくしたがって腐敗と無縁ではない――のうち、前者を排除した結果、後者を党内に残すことになった。青年党員たちは異党（すなわち共産党）に入党するか、党を離れて政府に奉職した。その結果、下層の党組織は行動様式において伝統的でありながら、伝統的な社会階層からあぶれた者たちによって占められた。

国民党中央も、地方党部の急進的傾向や相次ぐ腐敗に直面し、政策実施レベルにおける党政関係については、党の優位を規定することに躊躇せざるを得なかった。無論、訓政の制度設計にかかわる議論があったことはたしかであるが、第五章でも検討したとおり、政策実施レベルの党組織ならびに党員が十分に機能しないという点において、党中央の指導者達の認識は一致していた。結局のところ、党指導者は本来党によって監督すべき行政組織に依存するほかなかったのである。

では、政府——とりわけ政策実施レベル——の成員は、どのような者たちによって占められていたのであろうか。もちろん、党員と政府職員では単純な比較の対象とはなりえないが、おおよその傾向を把握することは可能であろう。いくつかの省レベルの統計によれば、政府人員も二〇～三〇代が七～八割を占め、残りの二～三割が四〇歳以上と、若い層がかなりの多数を占めるものの、いちじるしい若年傾向を示す党とは異なる。ただ、党より年齢構成が高いとはいえ、あたらしい教育を受けた人材が大半を占めていることは注目に値する。そして、かれらのうち四割程度が専門学校や師範学校を出ており、七割以上が高校卒業相当であり、同レベルの党員に比べ高学歴である。党員と大きく異なる点は、おおよそ半数が省外出身者によって占められており、地域社会との関係が希薄な点にある。社会階層からいえば、傾向として末端の党に集まる人材は同級の政府に集まる人材より下に位置することがうかがえる[24]。

とくに指摘しておく必要があるのは、政府人員における党員率の低さである。中央政府各機関においても当初は五割ほどあったが、各機関が組織されていくにしたがって低下し、一九三〇年には三割にすぎなくなり、その党員にしても党歴は三～四年が大半を占めた[25]。地方政府になるとその傾向に一層拍車がかかる。たとえば、さきにもみたように、河北省政府では党員率は一割にも満たない。これが県レベルまで下ると、県長ですら党員であることを期待するのは困難となる[26]。一般に県長が党員であれば、県政府は党の主義にもとづいて政策を実施し、党員にも適切に応じるために県政そのものが円滑におこなわれる[27]。これは県長が党員である県の大多数に共通することであり、県長が党員であることの意義は大きい[28]。しかしながら、実態として県長が党員であるケースの方が例外であり、党の主義は下層に向かうほどあやふやなものとなってしまう。

総じていえば、党に比べて政府人員は年齢構成がバランスにとみ、教育程度も高い傾向にある。党義に疎く、党の政策に関心が高くないとはいえ、指導者にとっては、党に比べて信頼の置ける存在であったことがうかがえる。では、国民党の指導者は、以上の社会的基礎を持つ党と政府の関係をどのような権力構造のもとに描いたのであろうか。

3　権力構造の構想

❖党と政府の関係

党と政府の関係を規定することは、単に制度上の設計にとどまるものではない。とりわけ、政策実施レベルに関する地方党政関係は、政権活動の成否を如実に左右する。ここでは中央――政策決定――レベルにおける規定と実態を検討した後、地方――政策実施――レベルについて検討する。

中央における党と政府の関係は、「以党治国」の理念をかなりの程度実現したものといえる。もちろん、制度面からいえば、幾多の変遷を経ており、時々において党と政府の関係も変化している。たとえば、成立当初の南京国民政府と国民党の関係は党の優位性が担保されているのに対し、訓政開始後には党と政府を並列関係とし、その両者を中央政治会議が統べる形式をとった。さらに一九三一年末に修正された国民政府組織法では、五院がそれぞれ中央執行委員会に責任を負う形を取りつつ、党と政府が並列関係となる方法が採用された[29]。

ただし、これらの制度上の差異は形式的なものにすぎない。政府の主要なポストに任命されたものは、ほとんど党中央の執行委員会常務委員か、あるいは中央執行委員による推薦であったことから、党中央と中央政府のあいだで対立や深刻な問題が生じることはあり得ず、むしろ対立は党内の指導者間で生じた[30]。また、日中戦争が始まるまでは、重要な政策のほとんどが政治会議(のち政治委員会)によって議論されたが、政治会議のメンバーもまた、党の要職者によって占められていた。後に述べるように、戦争が始まってからは、国防最高会議(のち委員会)に引き継がれ、この点に変化はない。その意味で、中央においては党指導者が政府指導者を実質的に指名したり、兼職したりすることによって党の優位を不動のものにしていた[31]。

もう一点指摘しておくべきことは、党中央における指導者間の対立についてである。当該時期の国民党政権は不安定な寡頭政治であった。国民党の指導者は、党員代表によって間接選挙で選ばれたが、各省の党員代表を選ぶ際は、あらかじめ中央が定員の倍の候補者を提示して省市党部で選ぶか、省市党部が倍の候補者を選んだ後に中央が決定するなどして、代表の選出に介入することができた[32]。これはさきに述べた左傾青年党員の問題を受けて実施された変更であるが、指導者選出の手続きを指導者による恣意的な介入によって操作可能にしたため、指導者の選出が党内民主の制度手続きではなく、単に指導者間の力関係によって決定されることとなった。その後も中央委員の数を増加させることによって、党内選挙の持つ意義を骨抜きにしていった。そのため、みずからの地位を確保するために指導者間で合従連衡をともなう権力闘争が繰り返される結果となり、一九三〇年代半ばまで政権運営はつねに不安定であった。

また、これと関連して、各地方党部を改組するにあたって、指導者はみずからの勢力を扶植しようと息のかかった人物を派遣し、影響力を保持しようと努めた。結果として、地方の党組織は改組が繰り返され、党組織の発展が阻害されるとともに、派閥の形成が促された[33]。その意味で、党の組織的な脆弱性は党中央における不安定な寡頭制と連動していた。

いずれにせよ、ここでは中央レベルにおいて「以党治国」が実態として維持されていたこと、またその政権運営が不安定な寡頭制にもとづいていたこと、さらにこの寡頭制が党組織の脆弱性と密接にかかわっていたことを確認しておくにとどめ、引き続き地方レベルの状況について再度確認しておこう。

中央レベルの党政関係が党政不分とするならば、地方レベルの党政関係は党政分離である。北伐完了後に打ち出された党政間の規定は、同級の党と政府とのあいだでの干渉を禁じている[34]。

本規定は訓政開始後もながいあいだ有効とされ、日中戦争開始後まで基本的に党政分離が維持された。ただし、党による政府への干渉を禁じた規定は、以党治国の理念とはかけ離れたものであったため、党員の反対は強く、しばしばその改正が提起され、ときには紛糾に至ることもあった[35]。もちろん、党員の要求はさきに述べた党員の思想傾向や若さといったこととも関連している[36]。

他方で、指導者たちはこれら政府に対する党員のいきすぎた要求を問題視していた。指導者によって、党政関係に対する見方に相違があったのはたしかだが、総じていえば、党員の思想傾向や資質の問題から、地方における党政分離を維持したといっても過言ではない。たとえば、蔣介石は地方党部に対する強い不信感を抱いており、「各地の党部、党員、および派遣した指導員の七割はとても幼稚であり、現在の党の政策、また中国社会の環境をまったく理解していない」と指摘しており、地方党部の構成員は思想傾向に問題があったか、そうでなければ、能力上の問題があったことを示唆している[37]。こうした地方党部に対する問題意識は、地方党部の意義を重視する左派の没落とともに、地方党部軽視へと導き、民衆の政治的訓練がほとんど進まない、といったさまざまな問題を引き起こした。

この党が担うべき政治的訓練の頓挫が示すのは、単に憲政の準備が進まないという事実のみにとどまらない。それは、つまるところ民衆の政治参加を欠くということであり、国民党は制度的には政治参加をつうじた国民統合を企図しつつも、その参加を実現する契機を欠くことになる。党に与えられた所期の役割が果たされないならば、訓政の制度的な構想は破綻する。ただ、制度的な構想の破綻という理念的な問題よりは、自治をつうじた政治参加の欠如という実際的な問題の方が、より深刻であった。

この問題は、国民党政権が社会的資源に大きく依存していなかった一九三〇年代前半までは表面化しなかった。しかし、戦争の長期化は国民党政権の社会的資源への依存を急激に高め、社会動員があらたな課題として浮上するにともなって、徐々に顕在化していく。本来的には党が民衆の政治参加を高める役割を担っていたのであるが、機能不全に陥っていた地方党部は実態として徐々にその役割も縮小されていった。したがって、国民党政権は社会的資源を調達するにあたって、政治参加をつうじた方法をとることができず、管理と支配をつうじた動員に向かわざるを得なかった。国民党はこの矛盾をどのように解決しようと試みたのであろうか。

4　戦時下の訓政体制

❖剿匪区と軍政

国民党の政策決定は実質的に指導者間の合議に依っていたが、孫文の死後、その決定を支える寡頭政治は圧倒的な力を持つ有力者の不在によって、指導者間の絶え間ない争いを惹起し、つねに不安定な構造にあった。訓政開始以来、徐々に高まる蔣介石の地位と、それにともなう政権中枢における集権化、ならびに蔣が進める党に対する政府の優位に対して、意見を異にする党指導者の反対が繰り返された。それは軍事力削減を嫌う地方軍事指導者と結びつき、幾度かの反蔣介石戦争（反蔣戦争）に発展した。その後、元来党権力の優位、民衆運動による活動を方針とする左派の中心的存在であった汪精衛が政権中央に返り咲いたため、一九三二年から一九三六年のあいだ、党と政府、国家と社会の関係は揺り戻しを経験した。この間、蔣汪合作政権が成立したことにより、汪精衛が対日交渉を担いつつ、中央政治をとりしきり、蔣介石が対日抗戦準備と剿匪《そうひ》区における共産党討伐をおこなう役割分担が成立し、それぞれ進められた[38]。したがって中央政府レベルでは、かつての左派が主張する「民主」的な制度が部分的に復活した。

　まず、政策決定レベルでは、「修正国民政府組織法」が採択された。修正案では委員の合議制が採用され、国民政府主席は兼職が認められず、国家元首ではあるが名目的な代表にとどまり、実際の責任を負わないとされた。また、五院が独立し、法律の発布を命令することができるようになり、各々党中央執行委員会に責任を負うものとされた[39]。これにより、中央レベルにおける党に対する政府の独立性が高まるとともに、権力の分散傾向がかなり明確となった。

　政策実施レベルにおいても変化が生じた。党務関連決議では、党中央各部が委員会制に改められ、訓練部が廃止されるかわりに民衆運動委員会が設けられた。下級党部についても、民主集中制の確認とともに、党員による代表委員の選挙が決定された。また、人民の自由を保障する案が決議されるなど、これまで左派が主張していた、より民主的な制度が模索された[40]。その後、あらたに決議された党の活動原則では、政府に対する党の指導・監督が一定程度認められ、また民衆運動の強化が打ち出された[41]。左派はこれまでも党の民主性や、党の存在そのものの重要性を訴えており、復権とともに規定上の党の地位を高め、政府に対する党の優位を一定程度回復した。

図4　1929-1947年　党員職業構成の推移

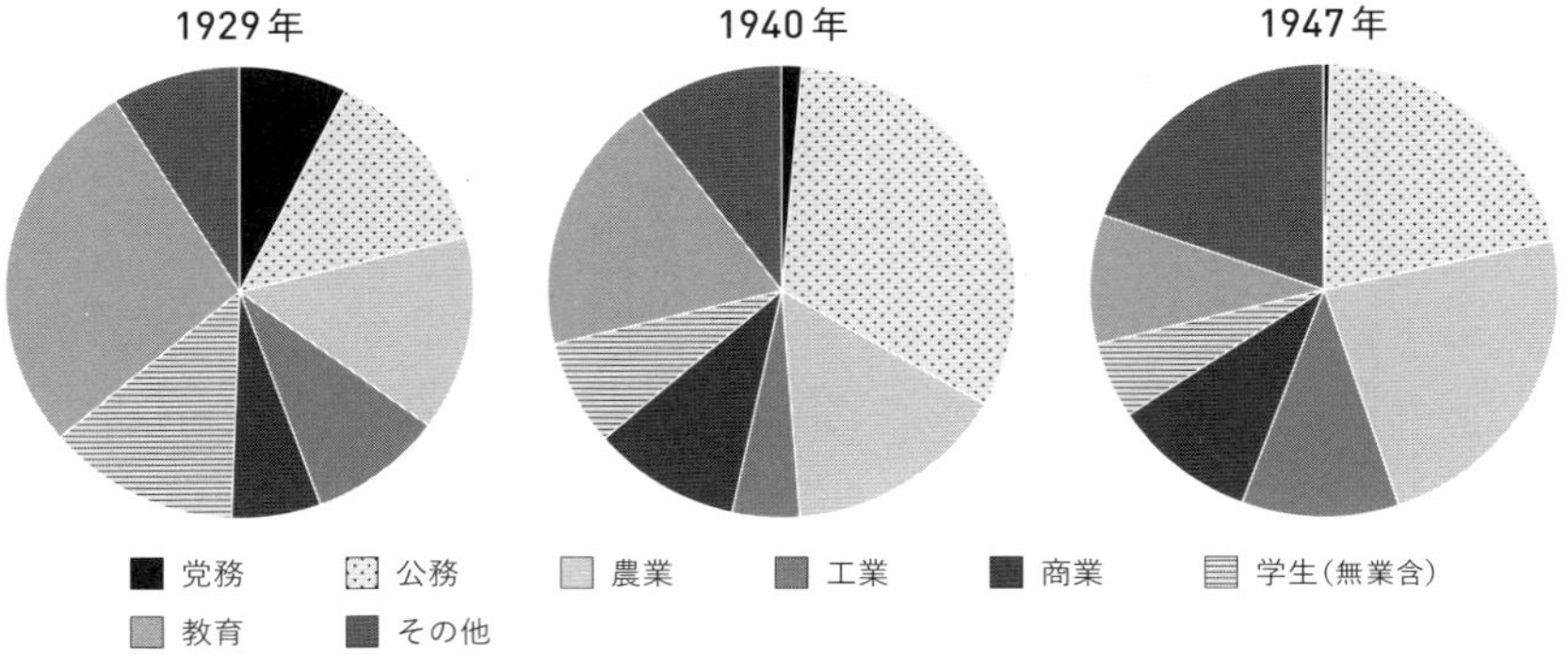

社会との関係については、地方自治の重視が再確認され、党による民衆団体をつうじた訓練による政治参加が試みられた[42]。この時期、政策実施レベルでは、党内民主の強化と党の地位向上――それにともなう政府に対する党の優位――が目指された。また、社会との関係でいえば、地方自治への回帰と民衆の政治参加に対する党の主導性が唱えられた。

ただし、党の復権が目指されたとしても、それを担う党員の数や質が劇的に向上したわけではなかった。左派が影響力を行使することができた一九三六年までのあいだ、党員は九万人増えた程度で増加率も緩慢であった(第三章図3参照)。そして増加分の三分の一を占めたのは政府機関で働く職員の入党であった。質の面からいえば、入党した人物の教育水準は一九二九年以降、専門学校以上を卒業した知識人の減少が目立ち、以後下がり続ける傾向にあった。それとともに高校卒業かそれ以下の党員がじつに八割以上を占めるまでになる。以前から党が抱えていた問題は、量的にも、また質的にも克服されていなかったのである。たとえば、政府に対する指導性が示されると、政府人事に対して不用意に干渉したり、また党員が容易に地域の土豪劣紳と結びつくという、これまでにも問題となった構図が繰り返された[43]。蔣介石もまた「現在多くの事がことごとく支障を来しており、うまくやることができない。それは法規や条例がうまく定められているかどうか、また計画や方案が詳細に定められているかどうかにあるのではない。これらは副次的な問題であり、もっとも緊要なのは一般的に活動を担う党員であり、さらにいえば、各省市特別党部において指導の責任を負う同志であり、かれらが真に法規や計画にもとづいて切実に実施しているかどうか、また活動をおこなう時と方法およびその手順が妥当かどうかにある」と指摘していた[44]。

他方で、この時期の国民党政権には、特筆すべき現象が生じていた。さきに述べたように、左派が政権運営にたずさわっていたあいだ、蒋介石はこれに協力しつつ、共産党の討伐に専念していた。一連の囲剿戦《いそうせん》(共産党・軍の包囲掃討戦)はその代表的なものであるが、囲剿戦にともない蒋介石は「剿匪《そうひ》区」を設け、他の省とは異なる統治制度の実施を試みた。これらの措置は、剿匪地区という現実の要請に対応したものである一方、党・政府の非効率や党政間の紛糾を好ましく感じていなかった蒋介石による、地域レベルにおけるあらたな統治形態の模索という一面を持ち合わせていた。

剿匪区は時期によりその範囲を異にし、また与えられた権限も異なったが、いずれも時を経るにつれて拡大していった。一九三二年に入ると、軍事委員会が復活し、剿匪区には新たに剿匪総司令部が設置された[45]。総司令部は当該省の党務と政府に関する事項について、中央よりその指導と処理に関する権限が与えられた[46]。さらに剿共戦(共産党剿討作戦)を遂行するため、一九三三年五月には軍事委員会委員長南昌行営が設置され、剿匪総司令部廃止後は、その任務も引き継いだ。当初、南昌行営は江西、広東、福建、湖南、湖北の五省における剿匪区内の党務・政務の監督、指揮をおこなう権限を与えられ、剿匪地区において中央から独立した権力を行使した[47]。

剿匪区における課題は、党の役割を実力に見合ったものとし、政府による効率的な支配を達成することにより、地方社会に対する厳格な管理を布くことにあった。そのため、剿匪総司令部には党政委員会が設けられ、総司令が党政委員会委員長を兼務した。これにより、党政両者の統制がはかられ、党政両者の活動の効率化がはかられた。具体的な例として、党政委員会は各省で党政会議を設け、省政府・省党部の人員をあつめて当該省の党務・政務に関する報告提案をおこなうよう定められた[48]。

また、南昌行営には同様に党政軍調査設計委員会が設置され、剿共（共産党剿討）政策の立案とともに、党政軍の調整がはかられた。設計委員会は十数人の専門知識を持つ識者から構成され、半月毎に委員長から示された課題について討論し、その解決策を提案した。保甲制や新生活運動なども本委員会をつうじて提起された[49]。

党政委員会ならびに党政軍調査設計委員会は、強力な権限を持った軍事委員会委員長ならびに総司令を政策的に補佐する一種の幕僚組織とみることができる。党政軍から構成された幕僚機構は、各地の実態を反映した報告や提案をふまえて政策を提言し、一元的な政策決定権を持つ委員長ならびに総司令がそれらの政策にもとづいて命令を下した。この時期に模索された諸制度は、その後の日中戦争下で採用された制度の雛形ともいえるものであり、上層における幕僚組織による政策立案と、中間層における上級党部から派遣した一部の有能な党員による監察、下層における党政の融合がみられた。

社会との関係では、共産党対策の必要から戸籍を精査して自衛力を高めるため、従来の自治ではなく、戸を単位とし連座責任を負う保甲制（一〇戸を一甲、一〇甲を一保とする連座制の隣保組織）を採用した[50]。当初の保甲制の狙いは、戸を単位とした近隣を組織することによって自衛する警察的役割にあったが[51]、剿匪の進展にともない、徐々にさまざまな行政を担う基礎として用いられるようになった[52]。その際、保甲の組織や自衛団の訓練を担う役割は、地方の公正紳士に求められた[53]。

また、剿匪区では行政の効率化と集権化を実現するために、省・県の各庁・各部を統合した。その狙いは、政府内の意思統一、権力・責任の集中、組織の充実と効率化にあった[54]。これらの改革とならんで、省県間に行政督察区を設け、督察専員による県政の監察と効率化が目指された[55]。これは党に依らずして党が本来担うべき監察を政府系統でおこなうものであり、剿匪区では集権化された行政系統にしたがって順次下層へと伝達されて実行されるとともに、督察専員による監督が実施された[56]。また、地方社会に対しては保甲制を中心として、管理を主とした政策が取られたが、それは伝統的な家族や隣保、地方紳士に依存するものであった。

剿匪区における試みは、軍の機関ならびに指導者が党と政府を調整するものであり、一種の軍事管制であった。したがって、その内容も自治よりは支配や管理に主眼が置かれ、準戦時体制と呼びうる内容をそなえていた。上層部においては司令部に権限が集中され、基層部では保甲制をつうじた管理的な制度が形成された。

一九三〇年代前半は、党が民衆の政治参加をうながす本来あるべき訓政がふたたび志向されたが、規定上の問題に終始し、党組織の脆弱性という問題を克服することはできなかった。それは、全国規模で本来のあるべき訓政が模索される一方で、剿匪区を中心とした軍政が局部的に胚胎し、それらが順次規模と権限において拡大していく過程とみることができる。剿匪区は本来、時限的な措置であったが、日中戦争の開始により、その経験が日中戦争下の戦時体制にも活用されることになった。

❖動員と訓政体制

一九三五年末に対日関係をめぐる問題によって、汪精衛が狙撃され、療養を余儀なくされた。汪精衛にかわって蔣介石が行政院長をも兼任することになり、それにともなって剿匪区における集権体制は部分的ではあるが、全国的規模での展開が模索された。さらに、日中戦争の勃発は戦時体制の構築をうながし、政策決定レベルにおいても、また政策実施レベルにおいても国民党政権にあらたな変容を迫った。

政策決定レベルにおける変化は、蔣介石の中央政治への復帰と権力獲得の過程と軌を一にしている。囲剿戦の終結と自身の行政院長への就任は、蔣介石が政権中枢に復帰する転換点となった。一九三六年七月には、政府と軍の協議組織である国防会議が設置され、盧溝橋事件勃発後には国防会議の廃止と、国防最高会議の設置が決定された[57]。続いて中央政治委員会の活動が停止され、国防最高会議がその職権を代行することが決定された[58]。

国防最高会議は国防に関する最高決定機関であり、軍事委員会委員長を主席、党中央政治委員会主席を副主席とするほか、党、政府、軍から委員が選ばれた[59]。本会議は作戦時に党政軍の一切について、平時の手続きによらず主席により命令できると規定されており、戦時下との限定はあるが、党政軍を軍指導者が一元的に指導する強力な集権体制の実現を目指したものといえる。

さらに、一九三八年四月の国民党臨時全国代表大会において、蔣介石はすべての領袖として設けられた総裁の地位に選出された。その後、常態として党政軍の指揮を統一し、政治委員会の職権を代行するものとして国防最高委員会の設置が決議される。メンバーは委員長に国民党総裁があてられ、委員長の提案により党中央常務委員会の承認を得た者がくわえられたほかは、おおむね国防最高会議とおなじであった。重要な変化は委員長に党総裁があてられたことと、平時・戦時にかかわらず党政軍の指揮を統一して政治委員会の職権を代行し、中央執行委員会所属の各部会、国民政府五院、軍事委員会、およびその所属各部会が国防最高委員会の指揮を兼ね受けることにあった[60]。

蔣介石は、一九三九年一二月に一時離職していた行政院長に再就任し、党政軍の実権を実質的に獲得して名実ともに党政軍の統一的指導者となった。以上の事実は、蔣介石に対する呼称を領袖たる総裁に統一するよう変更が指示されたことからもうかがえる[61]。

日中戦争の勃発にともない、中央レベルにおける政策決定の中心は、制度上、国防最高委員会に一元化されたが、その運用実態についてははかばかしい成果をもたらさなかったといわれている[62]。問題が実際に顕在化しなかったのは、結局のところ、蔣介石が党政軍の指導権を一身に具現化していたからにほかならない。国防最高委員会の問題はとりもなおさず、制度上の集権化が実態として蔣介石個人の権力強化と同義であったことを示している。

次に、地方――政策実施レベル――での変化について、組織形態から検討してみよう。これまで紆余曲折を経てきた地方の党政関係は、一九三八年以降、大きな変化を経験する。あらたに決議された党政関係案は、政策実施レベルにおける党政関係を次のように規定した。

省レベルでは主任委員制をとり、中央が省党部執行委員のなかから主任委員を選び、主任委員は省政府会議に参加できるものとされ、省党部と省政府は聯席会議を開くものと規定された。また、委員は省内の各分区を指導・督察することが定められた。

県レベルでは書記長制がとられ、委員は全県代表大会で選挙されるものの、書記長については省党部が中央に諮って県党部委員より選ぶこととされた。また、県政府は地方自治指導員一人を設け、県党部書記長が兼任することが定められ、そのほか県では地方自治推進委員会を設け、委員は県党部と地方民衆団体から選挙で選ばれるものとされた。さらに、県以下の区党部、区分部については秘密の非公開組織に改められることなどが決定された[63]。

本規定の主要な特徴は二点に集約される。一つは各レベルで党と政府の関係が変わり、省では「党政連携」、県以下では「党政融化」が目指されたことである。これまでも県以下まで影響力が及ばなかった党組織であったが、本規定の実施により、下層に向かうほど党の存在がより不明瞭となり、また実態としてその指導性の効力も、より不確実となった。当時、省党部主任委員を務めた黄宇人が「党治は単なるスローガンにすぎない。各省市党部は地方政府の施政に対して、完全に口を挟むことができない。仮に批評して、いわゆる党政紛糾などを起こそうものなら、党部は改組されてしまう」と回想するように、党政連携を掲げる省レベルでさえ党の指導は実効性を欠いていたのであり、県以下に至っては党の存在は無きに等しいものであった[64]。

二つ目は指導層の人選を上級が決定することと、党委員内でも主任や書記長など少数の人物に決定権が委ねられたことである。国民党の民主集中制は、これまでも代表選出において党中央の介入の余地を残していたが、本変更によって下層から代表を選ぶことができない一方、上級の指示には服従する義務を負う片務的関係に近づいた[65]。その狙いは上級組織による統制と少数者による統制にあった。

以上の規定上の変化は、日中戦争による戦時動員とそれにともなう大量の党員の加入と関係している。蔣介石は「過去本党は中央と省の二級にのみ人材を集中させ、基礎となる県・区と郷・鎮をおろそかにし、地方自治の停滞を招いた」と認識しており、戦時体制を構築するに際して、末端における組織の充実を重視した[66]。そのため、党務決議案では、「党員は各保(県―郷鎮―保―甲)にあまねく分布し、党員の募集は深く農村に分け入らなければならない」として、末端農村から大量の党員を入党させることを課題とした[67]。

これを受けて、一九四〇年に五〇万人を突破した党員数は、一九四二年末には二〇〇万人に達し、党はこれまでにない党員の激増を経験する。増加党員の社会的背景についてみると、約八割が高校卒業相当かそれ以下であり、一九四〇年以降、入党員に占める専門学校以上を卒業した者の割合はつねに一割以下であった[68]。また、急激に増加した入党者の半数が農民か公務員であった[69]。ただ、あらたに入党した人材の大多数は定職を持つ者であり、かつて活動の中心を担った学生などのように、党活動を生活の主体とすることは困難であった。したがって、少数の信頼にたる党活動の専門家――かれらはおもに中央政治学校で育成され、またその多くが党中央に忠実で、党の指導者と繋がりのある人物である――が各省に派遣され、主任委員や書記長として党の活動全般を指導するとともに、政府を監察する方法が採られた[70]。

図5　日中戦争開始以降の各省市党員数

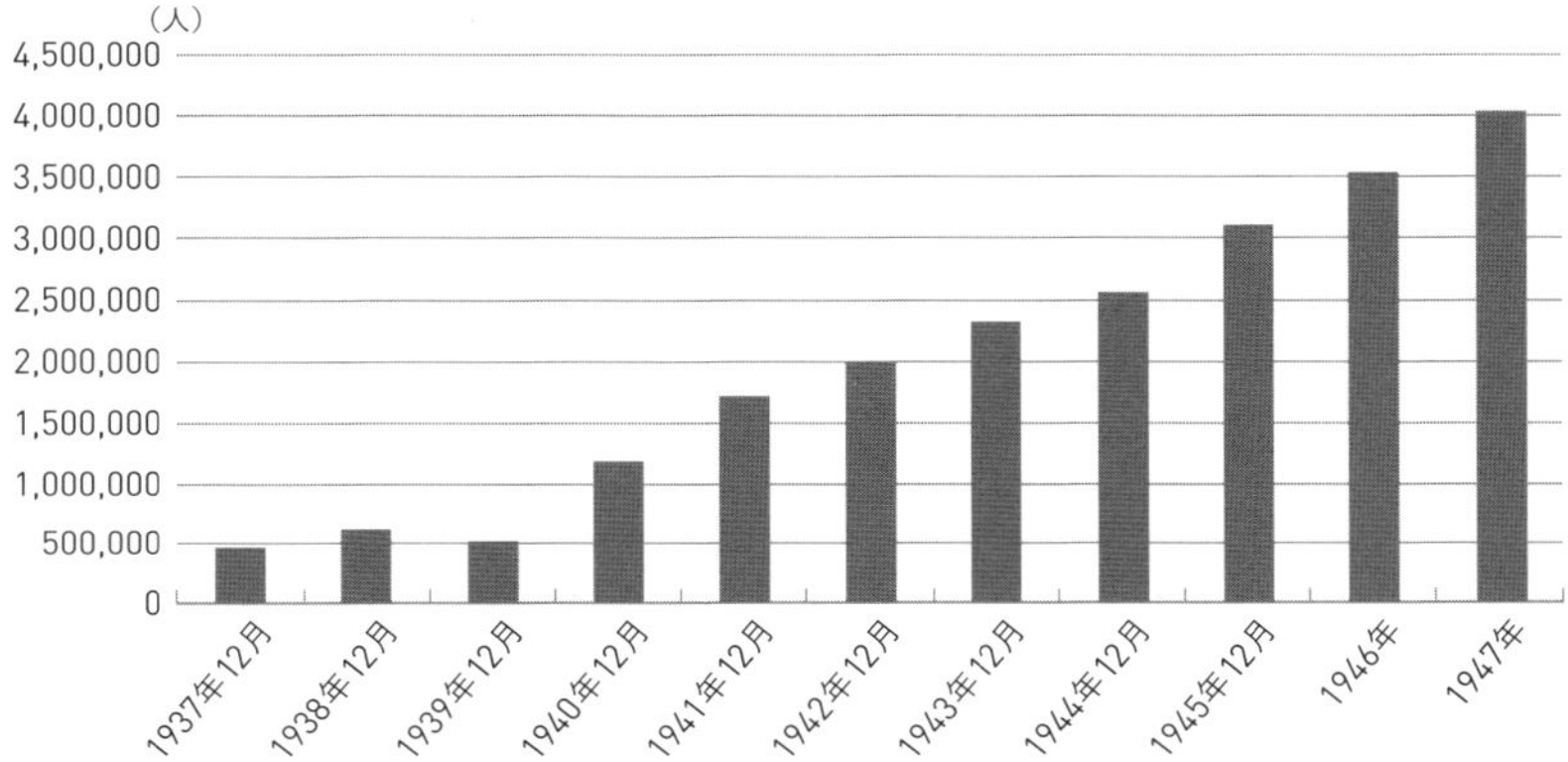

出所：巻末統計参照。

あらたに入党が求められた党員の性格は、党の活動方法にも見直しを迫った。新党員の大多数は定職を持ち、職業として党務に専念できる人材ではなかった。そこで、党中央は一般党員に活動家としての役割を期待するのではなく、各職場や所属機関において党の主義を広め、党の活動を宣伝することを期待した。あらたな党の活動方針は、「党員はかならず各職業に就かなければならず、党の命令と紀律を絶対に尊重し、党の力によってあらゆる政治部門と社会の事業を可能なかぎり推進しなければならない」、とその目標を謳っている[71]。

この活動方針では、政治部門についても言及されているが、国民党は各級政府の主要な人物を訓練のうえ党に加入させることにより、これまで党員の少なかった省以下の政府機関内に党の影響力を及ぼすよう努めた。県長についても党員を登用し、県長が非党員の場合は、県党部の紹介で入党させるものとされた[72]。これは、党務を本業とするエリート党員に活動全般をゆだねるとともに、政府など党の指導が必要な組織の成員を党員にすることによって、構成員レベルで党と政府の融合をはかり、これまでの党政間の問題解決を試みるものといえる。また、同様の目的から各種社会団体や学校への

◆職業割合

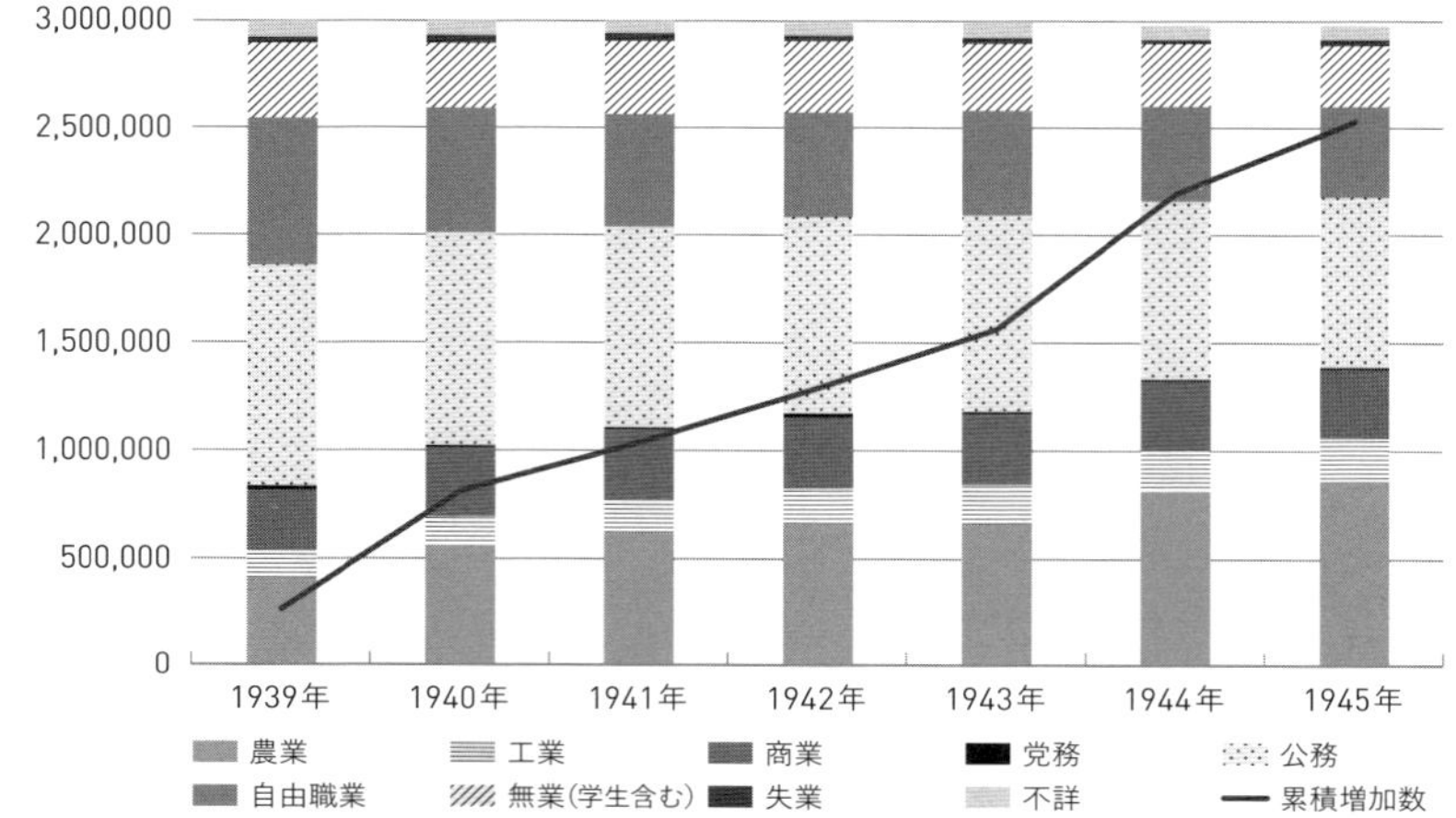

党団の設置と、政府機関への区党部、区分部の設置が目指された。党団は、かつて国民党が政権を奪取する以前に、各地で秘密活動をおこなった際に採られていた方法で、秘密裡に各種団体内に設置して活動の拠点とするものである[73]。社会団体への党団、政府機関への党部の設置は、組織としての党をそのまま各組織・機関内に持込むものであり、政府や社会の党化を目指すものであった[74]。

各種社会団体や政府内への党の浸透とあわせて、国民党は地方社会における影響力を高めようと、農村部における組織化に力を入れる。県レベルにおける党の組織は、すでに一九四二年には戦地を含んだ全省一九五八県(一九四二年六月時点)のうち一八〇〇の県市で組織されていたが、実際に党員が役員を選出した県は七三県にすぎず、実態をともなったものではなかった[75]。国民党組織部長が、「今後、党の組織は貧しい農村や僻地にまで普遍的に発展させ、保に小組を設けるまでに至らずとも、すくなくとも郷ごとに区分部を設置しなければならない」と述べたのは、県以下の党組織のさらなる意欲的発展に対する自信の表れではな

図6　1939-1945年　党員累積増加数と各種属性変化

◆年齢層

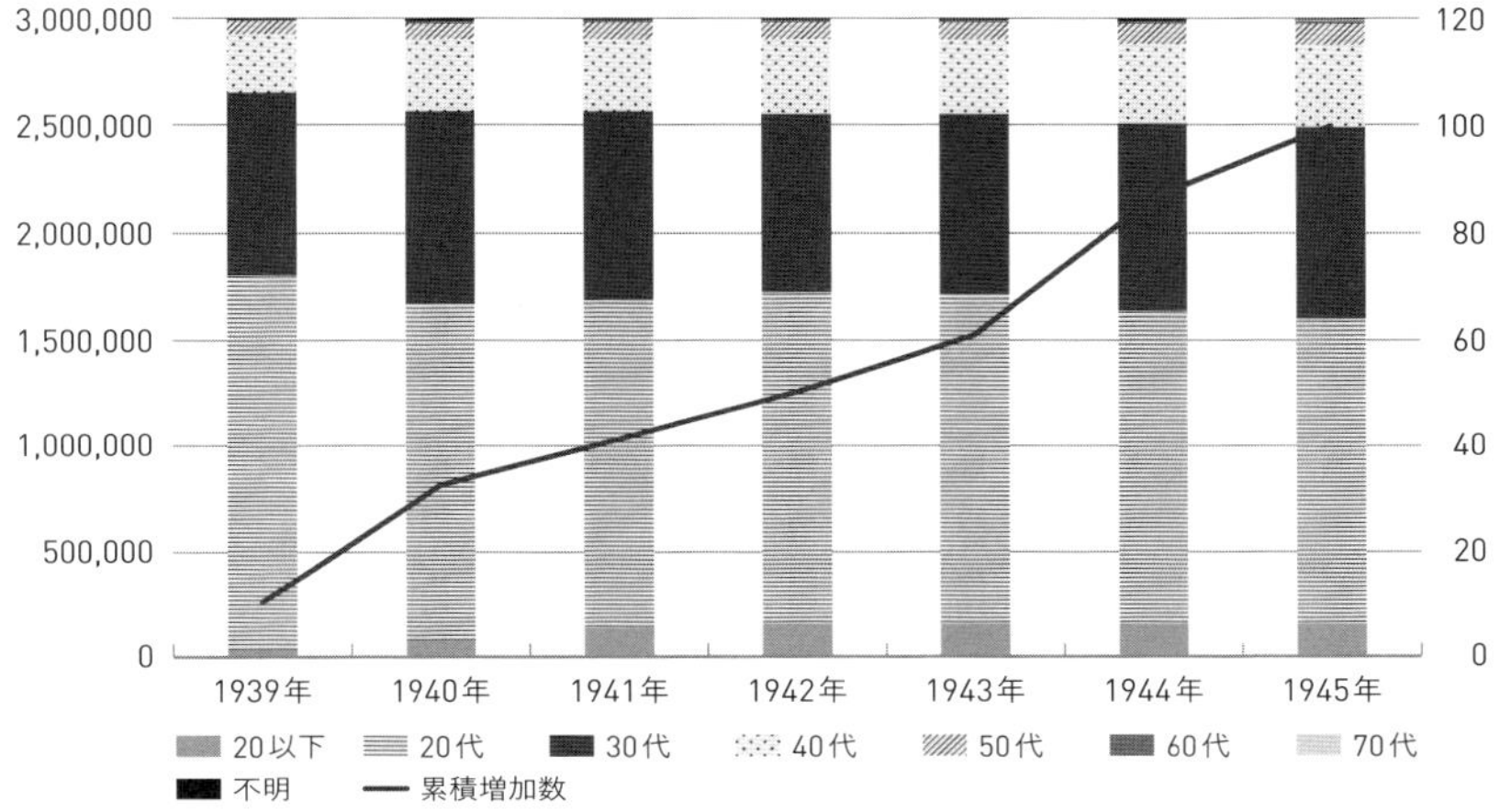

◆教育程度

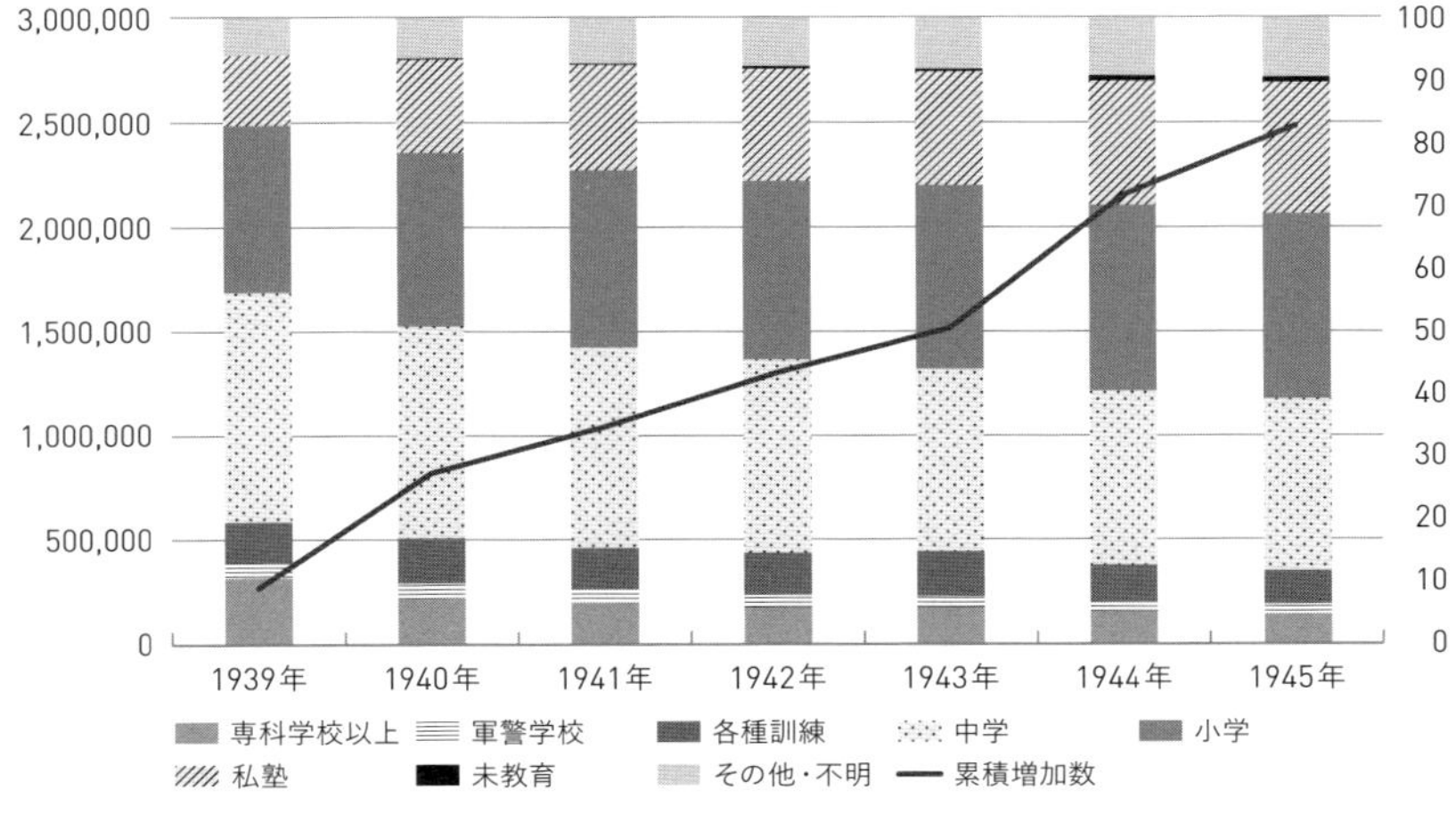

出所：各図とも中国国民党中央執行委員会調査統計局『中国国民党党務統計輯要』民国三十年度（重慶、1942年）、民国三十四年度（南京、1946年）。「中国国民党第五届七中全会後党部組織暨党員統計提要」

く、むしろ県以下の惨憺たる状況に対する危機感の表れであった。それは、「本党は中央において『以党統政（党を以て政府を統べる）』の形式をそなえているのみならず、実際にも政府は党から生まれている。省レベルはすこし劣っており、『党政連携』の制度をとっているものの、省党部はすでにあまり重視されていない。県レベルはさらにひどく、党はその形式においてすら十分に完備されていない」という認識がみずから語っている[76]。

戦争の長期化は、党と政府の関係のみならず、社会との関係にも変容をもたらした。従来の自治にくわえ、自衛の必要性が再認識され、一部地域で導入されていた保甲制が、一九三九年に正式に全国的な組織として組み入れられた。これは県以下の最末端組織として保甲を地方組織の単位として正式に位置づけ、戸を基礎とした組織化を狙ったものであった。あらたに制定された地方組織の規定は「新県制」と呼ばれる。

新県制は保甲をとり入れた一方、民衆の政治参加を実現し、地域社会の凝集力を高めるための民意機関として、各級参議会（代表）大会の設立をうながした。ただ、当時、実際に直接選挙で選ばれたのは保民大会のみで、県と郷では間接選挙によって代表が選ばれた。また、保民大会においても、選挙は個人ではなく戸単位で実施された[77]。これらの民意機関の設置は、理念からいえば、一定程度民意を反映する制度と評価できる。しかし実際には、郷・鎮以下の末端では形式的なものにとどまり、地域の利害がぶつかり合う場と化していたという[78]。

新県制は民意機関をつうじて地域社会の凝集力を高めようと試みた一方で、行政機構をつうじて社会から人的・物的資源を動員する役割を果たしたことに、より注目する必要がある[79]。新県制は民意を上達することよりは、為政者側の要求を下達するうえで、より貢献したといえる。「個」を欠いた政治参加は、保甲制による自衛や、食料や壮丁の供出義務とあいまって、県―郷鎮―保―甲と連なる行政組織、「戸」を基礎とした家長制や地縁といった伝統的要素に強く依存する結果をもたらした。地方工作を先導し、訓政を担う党のあるべき姿は、もはや地方社会にはみられなかった。

政府人員を入党させ、政府機関を内部から党化させる方法は、党政間の融和をうながすものであった。また、各種社会団体に党団を設置し、地域社会の内部に党組織を浸透させることは、地方レベルにおける党の方針や活動を理解させるうえで役立つものであった。さらに、農村における地方党組織の展開は、その狙いからすれば、上層から下層に向かうにつれて脆弱となる党の組織を堅固なものとし、またその影響力を高めるものであった。しかしながら、政府や社会の党化は、組織としての党の独自性や役割をさらに不明確にさせ、また、地方社会の末端における党組織の形骸化や、党員の大衆化にともなう党の指導力の低下は、党の存在意義そのものへの疑念をさらに強める結果となった。党務決議案で打ち出された、「一切の地方工作の発動は党部によっておこない、一切の地方工作の執行は政府によっておこなわなければならない」との方針は、党のあるべき姿を描いた、単なるスローガンの域をついに出ることはなかった[80]。

戦時体制に突入して六年後の一九四三年一〇月、蔣介石は党が実施してきた「成果」を次のように総括せざるを得なかった。「現在、我々が選挙を実施したならば、省レベルでは我々は六〇パーセントを掌握することができる。県レベルに至れば、最大でも二〇パーセントしか掌握できず、県以下では一〇パーセントも掌握できない。こうした上層が重く、下層が軽い状況を改めずに、将来、本党が他の人々と公開で争ったならば、あるのは一〇〇パーセントの失敗だけだ」と[81]。それは、党員が「民衆に近づいていかず、民衆の苦痛を知らず、さらには民衆の苦難を解放しようと努力しない。そのため、当然、民衆は党部と距離を置き、好感を持つことはなく、なおさら党に対して信仰を持つことなどあり得ない」、とのかつての批判が容易には改善できなかったことを物語っている[82]。

5 小結

中国国民党は、孫文が構想した軍政・訓政・憲政の具現化を試み、ほとんどの期間を訓政の実現に費やした。国民党が当初描いた訓政構想は、分権的な政策決定機構の指導下に、あたらしい社会の担い手である党員が、民衆の政治的諸権利の訓練をおこない、地方自治にもとづく政治参加をつうじて、政治的統合をはかるものであった。しかし、結果として国民党が生み出したのは、集権的な領袖政治の指導のもと、行政組織をつうじた上意下達による、家長制や隣保に依存した動員であり、領袖政治、官僚機構、地縁・血縁など伝統的要素に多分に依存したものであった。

その原因は、訓政の理念において党に重要な役割を与えたにもかかわらず、党そのものを有能なあたらしい担い手で満たすことができなかったことにある。訓政の開始当初、国民党にはあらたな価値観を身につけた、思想傾向において急進的ではあるが有能な若者が多数参加した。しかしながら、革命から統治への転換に際して、安定的な政権運営を目指す指導者層と急進的な青年党員は相いれず、青年党員は政権の安定のために犠牲となった。党員に対する指導者の不信、あるいは失望は、政策実施における政府への依存と党の役割縮小をもたらした。

地域社会における党の役割縮小は、戦時体制下の党員の大衆化と相まって、本来党が担うべき地方自治をつうじた民衆の政治参加に対し、期待していた効果をもたらさなかった。現実に起こったのは、行政組織をつうじた動員であり、本来、社会を先導すべき党は社会に埋没していた。それは党員無き党治の帰結であり、訓政の期間中、終始みずからの構成員をコントロールできなかった国民党は、党による独裁政治も、また党による民主政治も実現できず、本来克服すべき対象に依存せざるを得なかったのである。

註

1——序論で挙げた田湘波のほか、訓政時期の党政関係を通観したものとして、劉会軍、李曄曄「論訓政時期南京政府地方党政関係」『北方論叢』二〇一一年第五期、一〇三～一〇九頁、参照。

2——陳立夫『成敗之鑑—陳立夫回憶録』台北、正中書局、一九九四年、一五二頁。

3——「革命」から「統治」への転換については、久保亨「南京政府成立期の中国国民党」『アジア研究』第三一巻第一号、一九八四年四月、参照。

4——中央政府の要職でさえ旧政権の人物が占めており、一九二九年時点では、その数は部長級で約四割に達していた。王賢知「試論抗戦前国民党組織発展的幾個基本特点」『民国档案』一九九〇年第三期、八七頁。

5——大陸調査会上海調査室『中国国民党の研究』上海、大陸調査会、一九四〇年、第一冊、三二頁。

6——中央秘書処『中国国民党第二次全国代表大会会議紀録』広州、中央秘書処、一九二六年、三一、四六頁。

7——中央執行委員会統計処「中国国民党中央執行委員会統計処報告第二類第二号—党員統計—省市部份」出版地不詳、出版者不詳、一九三〇年、台北、中国国民党中央文化伝播委員会党史館蔵档案、一般、435/215（以下、「党史館、分類、番号」と略す）（以下、『党員統計』と略す）。

8——同右。

9——三谷孝「南京政権と『迷信打破運動』（一九二八－一九二九）」『歴史学研究』第四五五号、一九七八年四月、一～一四頁。笹川裕史『中華民国期農村土地行政史の研究—国家—農村社会間関係の構造と変容—』汲古書院、二〇〇二年。Bradley K. Geisert, *Radicalism and its Demise: The Chinese Nationalist Party, Factionalism, and Local Elites in Jiangsu Province, 1924-1931*, Ann Arbor: The University of Michigan, Center for Chinese Studies Publications, University of Michigan, 2001.

10——陳希豪『過去三十五年之中国国民党』上海、商務印書館、一九二九年、一四七～一四九頁。『党員統計』前掲。「中国国民党第四届中央執行委員会第四次全体会議中央組織委員会工作報告」中国第二歴史档案館『中華民国史档案資料匯編』南京、江蘇古籍出版社、第五輯、第一編、政治、二、四三〇頁。

11——延国符『延国符奮闘生活回憶録』出版地不詳、自刊本、一九七六年、六二頁。

12——中国国民党江蘇省鎮江県執行委員会「党員成分調査表」鎮江、一九三〇年、党史館、一般、435/194。

13――『党員統計』前掲、不明を除く。
14――「中国国民党江蘇省銅山県党部工作調査一覧」一九二九年、党史館、一般、435/175。
15――中国国民党南京特別市執行委員会編印『中国国民党南京特別市執行委員会工作総報告』南京、一九三〇年、第一届、頁数記載なし(一九二九年二月調査)。
16――中央統計処「上海市党員専長学歴職業統計詳表」一九三〇年、党史館、一般、435/213。また、第二章註八の山西省の例も参照。
17――『河北民国日報』一九二九年五月七日。
18――たとえば、河北省呉橋県の例では、党員二〇四人のうち、教育界が七〇人で、商人一人、軍人四人、医者一人を除く一二八人が無職であった。中国国民党河北省呉橋党務指導委員会『党員同志録』呉橋、一九二八年一二月(石家荘、河北省档案館、全宗六一一―一/二六七)。なお、当時呉橋では人口一六万人に対し無職者が一万四〇〇〇人いた(河北省政府秘書処『河北省省政統計概要』北平、一九三〇年、民政類、四四~四五頁)。三二年時の省の統計では教育界六六人、農界二〇人、不明三二人、失業七人(総数一七〇人)などであった(河北省党部『中国国民党河北省党務統計報告』北平、中国国民党河北省党務整理委員会、一九三二年、四三頁)。
19――第四章参照。
20――「何応欽沉痛語」『晨報』一九二八年一月一一日。
21――「河北省滄県各区民衆代表程俊亭等百余名呈国民政府函(一九二九年一月五日)」(南京、中国第二歴史档案館、国民政府档案、全宗一(二)―一四三二「河北省党務人員被控」所収)。
22――南京特別市党務指導委員会編印『南京特別市党務指導委員会工作総報告』南京、一九二九年、附表。詳細な割合はわからないものの、次の江蘇省の例も同様であり、また、省内の武進県の例でも党の主義を理解していないものが大変多いと指摘している(張淵揚「武進党員総登記以後」『江蘇党声』第一四期、一九二八年一〇月、一六頁)。
23――中国国民党江蘇省党務指導委員会編印『中国国民党江蘇省党務指導委員会工作総報告』鎮江、一九二九年、工作報告、第四編、一~六頁。
24――国民政府主計処統計局『中華民国統計提要(民国二四年輯)』上海、商務印書館、一九三六年、一九二~一九三頁。広西統計局『第二回広西年鑑』桂林、広西省政府総務処、一九三六年、一一二五、一一三八~三九頁。

河北省政府秘書処『河北省省政統計概要』北平、一九三〇年、総務類三、四二～四九頁。

25――林暐「中央政府職員之統計的研究」立法院統計処『統計月報』第二巻第一〇期、一九三〇年一〇月、第六表。「国民政府直属各機関職員統計図(十七年九月)[未報告の外交部、審計院等を除く]」中国国民党中央執行委員会『中国国民党中央執行委員会組織部工作概況―十七年三月至七月』南京、一九二八年、附件三(天津図書館蔵)。

26――河北省では県長が党員である県は一三〇県中一一県にすぎない(不明四四県を除く)。河北省党部『中国国民党河北省党務統計報告』北平、中国国民党河北省党務整理委員会、一九三二年、八〇～九三頁。

27――「視察大興県各項情形之報告」『視察特刊』第三期、報告、一九三〇年一月、二頁。

28――たとえば、薊県や永清県などでも同様の傾向が指摘されている。「視察薊県各項情形之報告」、「視察永清県各項情形之報告」同右、二三、三七頁。

29――家近亮子『蒋介石と南京国民政府』慶應義塾大学出版会、二〇〇二年、一三九～一五二頁。

30――訓政期間中、国民政府主席、五院院長のべ三七人のうち、全員が党員であり、一時期代理職にあった一名を除いて、すべて党中央執行・監察委員によって占められていた(劉国銘主編『中華民国国民政府軍政職官人物誌』北京、春秋出版社、一九八九年、李雲漢主編『中国国民党職名録』台北、中国国民党中央委員会党史委員会、一九九四年)。

31――第六章註三一参照。

32――第六章註二八参照。

33――桂崇基『中国現代史料拾遺』台北、台湾中華書局、一九八九年、二八三頁。

34――「各級党部与同級政府関係臨時辦法案」『革命文献』前掲、第七九輯、九七～九八頁。上級党部をつうじ上級政府に通達の後、上級政府より同級政府へと指示するという形で影響をおよぼすこと、また党部の監察委員会をつうじて検査することは可能である(「省監察委員会組織条例」、「県監察委員会組織条例」、「省監察委員会組織条例」、「県監察委員会組織条例」中央組織委員会編印『中国国民党現行組織法規輯要』南京、一九三五年、四八～五〇、五八～五九頁)。

35――第二章参照。

36――土田哲夫「中国国民党の統計的研究(一九二四～四九年)」『史海』第三九号、一九九二年六月、三九頁。Bradley K. Geisert, "Power and Society: The Kuomintang and Local Elites in Kiangsu Province, China, 1924-1937," Ph.D.

Dissertation, University of Virginia, 1979, pp. 136-137.

37 ——蔣中正「北伐成功後最緊要的工作」中国人民大学中共党史系『中国国民党歴史教学参考資料』北京、中国人民大学中共党史系、一九八五年、第二冊、一五九頁。

38 ——岩谷將「一九三〇年代半ばにおける中国の国内情勢判断と対日戦略—蔣介石の認識を中心として」防衛省防衛研究所『戦史研究年報』第一三号、二〇一〇年、一～二五頁、参照。

39 ——「修正中華民国国民政府組織法(一九三一年一二月二六日通過、三〇日公布)」岑徳彰編輯、新中国建設学会審訂『中華民国憲法史料』上海、新中国建設学会、一九三三年、一～八頁。

40 ——『中央党務月刊』第四一期、二六二一～二六三一頁。

41 ——「指導民衆運動方案」『中央党務月刊』第四二・三・四合期、五六～五八頁。「改善県市以下党部組織暨活動方式之原則」『中央党務月刊』第四七期、二四三～二四四頁。

42 ——「各級党部訓練工作実施綱領」『中央党務月刊』第五三期、九三八、九五五～一〇五六頁。「地方自治指導綱領」(一九三三年五月一八日)『中央党務月刊』第五八期、一五五三頁。

43 ——「中国国民党中央執行委員会指令河北省党務整理委員会」『中央党務月刊』第四八期、二九六～二九七頁。「中国国民党中央執行委員会令各級党部」『中央党務月刊』第五二期、七七二～七七三頁。

44 ——蔣中正『今後推進党務之要領』南京、中国国民党中央執行委員会組織部、一九三六年、二～三頁。

45 ——これ以前については、斎藤道彦「行営(行轅)—中華民国国民政府軍事機構」中央大学経済学部創立一〇〇周年記念事業委員会『中央大学経済学部創立一〇〇周年記念論文集』中央大学経済学部、二〇〇五年、参照。

46 ——「中国国民党中央執行委員会秘書処公函　務字六一五一号」中国第二歴史档案館『国民党政府政治制度档案史料選編』合肥、安徽教育出版社、一九九四年、上、四〇一～四〇四頁。三九八～三九九頁、「豫鄂皖剿匪司令部組織大綱」立法院編訳処『中華民国法規彙編』上海、中華書局、一九三四年、三二頁。

47 ——中国第二歴史档案館『中華民国史档案資料匯編』南京、江蘇古籍出版社、第五輯、第一編、軍事、一、二六頁。また、この時期蔣介石がおこなった「行営政治」の意義については、樹中毅「強い権威主義支配と弱いレーニン主義党—軍事委員会南昌行営と南京国民政府の地方への権力浸透—」『法学政治学論究』第五一号、二〇〇一年一二月、参照。

48 ——「豫鄂皖三省剿匪総司令部党政委員会組織条例」中国第二歴史档案館『国民党政府政治制度档案史料選編』

前掲、上、四〇一～四〇四頁。

49 ――鄧文儀『冒険犯難記』台北、学生書局、一九七三年、上、一五九～一六〇頁。

50 ――「剿匪区内各県編査保甲戸口条例」中国第二歴史档案館『国民党政府政治制度档案史料選編』前掲、上、四〇七～四一四頁。

51 ――楊永泰「総部新頒法規的精義」豫鄂皖三省剿匪総司令部『総部新頒法規的精義及豫鄂皖政制改革与財政整理』武漢、豫鄂皖三省剿匪総司令部、出版年不詳、二七頁。

52 ――「軍事委員会委員長行営政治報告」秦孝儀主編『中華民国重要史料初編―対日抗戦時期』台北、中国国民党中央執行委員会党史委員会、一九八一年、緒編、三、四九五～四九六頁。

53 ――「蔣介石為令各省任用地方公正紳士辦理編組保甲及訓練民団事致豫鄂皖三省剿匪総司令部秘書楊永泰急密電」中国第二歴史档案館『国民党政府政治制度档案史料選編』前掲、上、四五〇頁。

54 ――程懋型『剿匪地方行政制度』上海、中華書局、一九三六年、三〇、八〇頁。

55 ――「剿匪区内各省行政督察専員公署組織条例」中国第二歴史档案館『国民党政府政治制度档案史料選編』合肥、安徽教育出版社、一九九四年、下、四六五～四六七頁。

56 ――なお、この制度が創出された背景には、党系統(C.C.系)と政府系統(政学系)の派閥争いがあったことも指摘されている(陳存恭他『劉象山先生訪問紀録』台北、中央研究院近代史研究所、一九九八年、一五～一六頁)。

57 ――「国民政府訓令渝字第一二八号」中国第二歴史档案館『国民党政府政治制度档案資料選編』前掲、上冊、五二頁。

58 ――「第五九次会議」中央執行委員会秘書処編印『中国国民党第五届中央執行委員会常務委員会会議紀録彙編』台北、一九五四年、上、一七七頁。

59 ――その他のメンバーとして党からは中央執行委員会・監察委員会常務委員、中央政治委員会秘書長、政府からは五院正副院長、行政院秘書長、行政院各部長、軍からは軍事委員会常務委員などが委員として選ばれた(「国民政府立法院訓令　渝訓令字第八四号」中国第二歴史档案館『国民党政府政治制度档案資料選編』前掲、上冊、四八頁)。

60 ――「国防最高委員会組織大綱」栄孟源『中国国民党歴次代表大会及中全会資料』北京、光明日報出版社、一九八五年、下、五六三〜五六四頁。

61――「国民政府通飭全国党政軍将称鈞座為領袖者一律改称総裁令」中国第二歴史档案館『中華民国史档案資料匯編』前掲、第五輯、第二編、政治、一、一五五〜一五六頁。

62――劉維開「国防最高委員会の組織とその活動実態」石島紀之・久保亨『重慶国民政府史の研究』東京大学出版会、二〇〇四年、四三〜四五頁。

63――李雲漢『中国国民党臨時全国代表大会史料専輯』台北、中国国民党中央委員会党史委員会、一九九一年、上、二五三〜二六八、五一〇〜五一四頁。

64――黄宇人『我的小故事』香港、呉興記書報社、一九八二年、上、二九一頁。

65――ただし、一九四一年三月の五期八中全会において省党部の選挙が復活した(「恢復省県党部選挙制度案」)。

66――蔣中正『改進党務与調整党政関係』武漢、軍事委員会委員長侍従室、一九三八年、二〇頁。

67――「中国国民党第五届中央執行委員会第六次全体会議対於党務報告之決議案」『中央党務公報』第一巻第二〇期、七頁。

68――中国国民党中央執行委員会調査統計局統計処編印『中国国民党党務統計輯要(民国三四年度)』南京、一九四六年、三頁。

69――同右。

70――たとえば、蔣介石は党秘書長に対し、各省党部人事科長は中央から直接任命派遣し、その職権および人事処理の方法ならびに職責について規定を定めるよう指示している。(「蔣介石致葉楚傖手令(一九四〇年九月五日)」国民政府档案、001-016142-00008-012。

71――「確定本党今後党務推進之方針案」『中央党務公報』第四巻第二期、二三〜二四頁。

72――「県各級党政機関調整辦法」『中央党務公報』第一巻第一三期、一三頁。

73――「中国国民党団組織及活動通則」中央委員会秘書処『中国国民党第五届中央執行委員会常務委員会会議紀録彙編』前掲、上、三三一〜三三三頁。

74――「加強政府機関内党的組織及活動案」栄孟源、前掲、下、六九五〜六九六頁。

75――李雲漢『中国国民党党務発展史料―組織工作』台北、中国国民党中央委員会党史委員会、一九八三年、下、四七四〜四七五頁(各省市一二四五県)、四八五〜四八七頁(戦地五四二県)。国民政府主計処統計局編印『統計月報』第八九号内政専号、一九四四年一月、一一頁。栄孟源、前掲、下、七八一頁。

76——朱家驊「現在地方党務工作的方向」『中央党務公報』第六巻第一〇期、八頁。

77——「県各級組織綱要」秦孝儀、前掲、第四編、戦時建設、二、一九九〇～一九九七頁。田鎬『県各級組織綱要釈義』重慶、商務印書館、一九四三年、一二四～一三三頁。

78——天野祐子「日中戦争期における国民政府の新県制―四川省の事例から―」平野健一郎『日中戦争期の中国における社会・文化変容』東洋文庫、二〇〇七年、一二三～一二四頁。

79——奥村哲・笹川裕史『銃後の中国社会―日中戦争下の総動員と農村―』岩波書店、二〇〇七年。天野祐子、同右、一二四～一二五頁。天野は動員が一定程度可能となった点から政府組織をつうじた末端への権力浸透を指摘している。

80——「中国国民党第五届中央執行委員会第六次全体会議対於党務報告之決議案」『中央党務公報』第一巻第二〇期、八頁。

81——蔣中正「本党同志今後努力之方向」秦孝儀主編『先総統蔣公思想言論総集』台北、中国国民党中央委員会党史委員会、一九八四年、巻二〇、二七九頁。

82——蔣中正「今後発展党務的途径」軍事委員会委員長侍従室編印『蔣委員長訓詞選輯』出版地・出版年不詳、第六冊、三二頁。

結論　未完の訓政

1　理念と実態

中国国民党は党主導による国民国家建設を目指し、訓政と呼ばれる、党による政治的訓導によって段階的民主化を試み、憲政を準備しようとした。国民党の訓政は明確な理念的構成を持っていた。それは党が政権を担う代わりに、その条件として民衆の政治的訓練をおこないつつ、地方自治を進めるというものであった。そこには、いくつかの狙いがあった。第一に、正当性の調達という問題を当面解決するとともに、他の政治勢力に対する国民党の優位を確立することである。民権の訓練という正当性の調達にかかわる重要な任務を党が担うことで、国民党自身が憲政を目指す主体となる。これにより国民党の政権代行もまた正当化される。

第二に、党と政府の役割を明確にし、党政相互の分業と党による監察をおこなうことによって、政府の地方建設の効率を高めることである。環節的な社会を構成する中国郷村において、行政組織は往々にして地域社会に埋没してしまい、人的・財的な限界ともあいまって、自治を中心とする訓政の推進は、中央政府が期待する効果をあげ得なかった。それゆえ、党というあらたな共助者は、政府の活動を円滑にするとともに、適切な監察によって政府の施政を廉潔なものとするよう期待された。

第三に、地方党組織が地方自治を推進する主体となることで、国民党の影響力が限定されている――地方軍事指導者の影響下にある――地域において、草の根の影響力を培い、国民党の勢力を扶植し、来るべき憲政にそなえることである。

これらの狙いからもうかがえるように、訓政は党が期待された役割を十全に果たすことによって、はじめて成し遂げられる。しかしながら、問題は掲げられた理念に対して実態がともなわないことにあった。仮に党が与えられた役割を担えず、機能しなかったならばどうであろうか。国民党政権が実際に直面したのは、まさにそのような状況であった。民権の訓練はなおざりで、政府を監察するどころか攪乱するなど、地方党部は紛糾を引き起こす主体となっていた。その意味で、地方党組織は訓政の推進者ではなく、妨害者であった。ただし、訓政は党が主体となることによって、はじめて正当性が担保されることから、党を訓政の主体からはずすことは困難であった。

既往の研究は、地方党組織が弱体であったことを指摘するものの、それにもかかわらず、国民党がなぜ「党」を訓政の主体として規定し続けなければならなかったか、十分に検討してこなかったが、この理念的規定を遵守することによって、国民党の正当性が担保されていることに注意が払われなければならない。

2　党内対立と組織

国民党は訓政を担う主体であったが、その組織的基盤は脆弱であった。国民党の組織が散漫で機能しなかった原因は、党自身が抱えるいくつかの問題に起因していた。それは、党中央における政治路線の対立、指導者層と青年党員の対立、党中央と地方党部の対立である。

国民党内には、共産党との協力の是非に端を発する政治路線上の対立があった。対立は南京国民政府成立以降も政権内の主流派をめぐる争いとして続いたため、党中央と左派による政治路線の対立は、党員を巻き込んだ権力闘争の様相を示した。この政治路線をめぐる争いは、党内に存在していた指導者と青年党員の対立、ならびに中央と地方党部の対立と連動するに至った。革命路線の放棄に煩悶する青年党員は、党中央の強権的態度、とくに党内民主を無視するやり方に反感を覚えていた。青年党員の反感は、党内左派の思想的根拠を得ることによって、反中央運動へと向かった。

この際、反中央運動の拠りどころとなったのが地方党部であった。当時の国民党は、大部分の省において、限定的な影響力しか持っていなかった。そのうえ、各地方党部や党員に対する経費や補助を党中央が支出したり、定期的に昇進させたりする制度がなかったため、国民党中央は地方政府や地方の指導者以上に、地方党部や党員に手を焼くという皮肉な結果を招いた。党員や地方党部を党中央に繫ぎ止めるインセンティブが欠如していた点において、組織化の方法に問題があったといわざるを得ない。

その結果、党内の過度の自由と「民主」によって、党中央は地方党部を統御できなくなった。このような状況下において、地方党部の権限を縮小し、その役割を軽減していくのはやむを得ない選択であったが、その代償として、国民党は、訓政というみずからの依って立つ理念にそむく結果となった。

3　党と地方政治

地域社会において訓政を担う地方党部は、地方政治において実際にいかなる活動をおこなったのか、また、地方党部の構成員や様態はどのようなものであったのかについて、我々はあまり多くのことを理解していなかった。本書での検討から、これまでの理解と異なる事実もあきらかとなった。予想に反し、地方党員は地方政府の人員より、地域に密着した青年層によって構成されていた。職を持たない者も多く、地方党部は政府人員とはかなり異なる経歴の持ち主によって占められ、党と政府の懸隔は予想以上に大きかった。これまで指摘されてきた党政間の分業や権限の不明確さ以上に、両者の紛糾は異なる社会的出自が生み出したものであった。
また、地方の指導者と党・政府の関係も予想以上に複雑であった。無論、その原因は省ごとに異なり、また多様であったが、共通する要因のなかでも最大のものは、地方党部における派閥の横行であった。地方党部には数え切れないほどの派閥や小組織が存在しており、派閥間の絶え間ない闘争は、政府や地方指導者も巻き込み、事態を一層複雑化させ、訓政の実現を阻害したのであった。

地方指導者のもとでも、政府が実施すべき建設は一定程度進展していたのであり、国家建設という観点からみれば、中央・地方の別なく、訓政期においては進捗がみられた[1]。しかしながら、党による監察や民権訓練の欠如、また急進主義にもとづく政府への攻撃といった地方党部のおこないは、地方自治を進めるにあたっての障害となった。

4　党と社会的基礎

一九三〇年代に至ってもなお、中国は圧倒的に農村社会であった。歴史的にみて、県以下の郷村社会は没交渉といえるほど国家との関係が希薄であったのみならず、村落や郷鎮内の凝集性も希薄であった。したがって、郷村社会における政治は低調であり、容易に少数者の専制を生み出す可能性を持っていた。直截にいえば、少数者による専制が生じるか否かは、ひとえに郷村における指導者の性格にかかっていた。

一九〇〇年以降、科挙の廃止と新式教育の普及、また外部経済との結びつきによる世界経済の郷村への波及など、文化的、経済的変化にともない、郷村社会内の秩序にも変化が生じていた。郷村社会における伝統的秩序を共有していた保護的な指導者は、退場を余儀なくされた。それは、はからずも国民党が全国規模での統治を試み始めた時期と一致する。しかし、より正確にいうならば、それは旧秩序の衰退と、中国が世界

——とりわけ世界市場——と密接に結びついていく、不可避的な趨勢がもたらしたものであった。

旧来の秩序が衰退するなかで、国民党が郷村社会にあらたな秩序を形成しようとしたことは自然なことであり、本書で扱った自治制の導入は、旧秩序の衰退に対する総合的な解決策であった。しかしながら、国民党の期待とはうらはらに、結果ははかばかしいものではなかった。要因はさまざま指摘できるが、自治のために導入した区制は、区長の持つ権限の大きさに比して、それに対する監察が不備の多いものであったことを、まず挙げなければならないだろう。区長は伝統的な社会的紐帯の外に存在するよそ者であり、郷村民はかれらを抑止する手段を欠いていた。

さらにいえば、訓政の理念からも区長の施政を適切に監察し、民衆の訓練をおこなうべき地方党部および地方党員は、期待された働きができなかった。そのため、国民党は旧来の伝統的秩序が衰退していくなかで、あらたな秩序を構築することには成功しなかった。それは、地方社会において党が機能しなかった当然の帰結であった。

では、そもそもなぜ、地方党組織や地方党員が機能しなかったのだろうか。なぜ党は地域社会に埋没してしまったのであろうか。

多くの党員が地元出身であったことを考えれば、むしろ地域社会と異なる行動を取らせることの方が困難であった。本書ではインセンティブシステムの欠如を指摘したが、共産党との対比で興味深い点は、高橋の研究にあるように、一九三〇年代の中国共産党の地方党組織が、国民党同様、場合によってはそれ以上に散漫で野放図な状態にあったことである[2]。党員と農民の境界がかぎりなく曖昧なものであったとの指摘は、農民を地域社会の構成員に置き換えれば、国民党にもあてはまる。

一九二〇～三〇年代という共通の社会的土壌において、イデオロギーの異なる二つの党がごく似かよった様態を示したとしてもおどろきはない。このような共通性から国民党を観察したならば、国民党員の行動様式が一定の時代を濃厚に反映した社会秩序のあり方と関係していると想定することは、あながち間違いではないだろう。むしろ国民党――この時期の共産党も同じく――の様態は、郷村社会における旧来秩序の弛緩に根ざしていたといえよう。それは旧秩序の崩壊とともに、郷村社会から指導者が退場し、あらたな指導者による新秩序がいまだ形成されていない権力の空白状態である。

党中央は地域の党員に対して、あらたな理念にもとづいた指導的役割を担うよう活動させることができなかったのであり、その結果、あらたな指導者となるべき党は、改革すべき対象である社会態制[①]を変革することができなかった。また、党自身、党員に変革をおこなわせる制度的基盤を欠いていた。国民党は地方党組織と党員の問題を解決できなかった結果、変革すべき社会態制によってその企図をはばまれ、埋没してしまった。

5 統治体制と政策決定

党の問題は、地方においてのみならず、訓政下の中央政治――とりわけ政策決定――にも大きな影響をおよぼした。

訓政期の国民党政権はいくつかの特徴をそなえていた。その多くは訓政の性格、および党組織の様態によって形成されていた。訓政の性格は一党独裁、政権における党の優位、正当性調達の回避といった条件を国民党に与えていた。一方、国民党自身は、低位にとどまる制度化、地方資源の掌握不足、党内異質度の高さに起因する派閥の横行、党内民主制度の形骸化といった、党の様態に起因する問題をかかえていた。

以上の訓政の性格と党組織の問題は、国民党政権の政治的基礎を形成しており、不安定な寡頭制による政治運営を余儀なくさせた。そのため、安定的な政策決定をおこなうには、突出した実力を有する指導者が必要とされた。しかしながら、有力な指導者の出現は、他の指導者の合従連衡によって制限されるため、つねに不安定な指導層が形成され、政策決定は一貫せず、したがって政権そのものも脆弱であった。

このような不安定な構造を打破するには、党組織の制度化の度合いを高めるか、または党内指導者選出の制度保障が必要となる。しかしながら、制度化が低位にとどまる状況下において党内民主を徹底すれば、一層の混乱をまねきかねない。国土を部分的にしか支配できず、また党員へのインセンティブを十分に分配できない当時の国民党がおかれた状況を考えれば、党の制度化を高めることは困難であった。政権の安定を求めるとしても、組織の制度化を高めることも、指導者選出の制度的担保も困難であれば、特定の指導者による独裁に頼らざるを得ない。さらにいえば、党の制度化を高めるにも強力なリーダーシップと、それを確実に実行できる権力基盤をそなえた指導者が必要であった。国民党政権はこの点において、根本的な矛盾をかかえていた。国民党政権はこれらの矛盾を内包したまま、解決の糸口をみいだせずに戦時体制に突入していくことになる。

訓政の制度設計をめぐる蔣介石と胡漢民の対立は、蔣介石による胡漢民幽閉事件をみちびいた。これに反対する広東派によって、一九三一年に広州に国民政府が組織され、蔣介石は下野を余儀なくされる。しかし、適材を欠く広東派は、一年もたたずに政権を投げ出す結果となり、一九三二年には広州で不遇を託っていた汪精衛と、下野中の蔣介石が協力することによって、安定的な政権が誕生した。一般に蔣汪合作政権と呼ばれるこの協力政権は、汪精衛が対日問題によって狙撃されて療養に入る一九三五年末まで続くことになる。

---

①――ここでいう社会態制とは、「…政治的志向を、その上で実現すべき基底であり、そのような政治的働きかけの対象であることによって、逆にそのような政治的欲求を制約し規定し、これに具体的な形を与えるもの」である(村松祐次『中国経済の社会態制(復刊)』東洋経済新報社、一九七五年、四頁)。

この期間に、国民党政権は国内の敵を一掃した後に外国からの侵略を防ぐ、いわゆる安内攘外政策をとった。蔣介石が軍事委員会委員長に就任して共産党掃滅と対日戦備を指導し、汪精衛が行政院長に就任し、対日交渉と国内政治を取り仕切るという役割分担がおこなわれた。

蔣介石は江西省の「剿匪区」において、準戦時的な体制として行営政治をおこない、区内の限定的な地域においてではあるものの、政策決定レベルでは指導者への権力の集中と、政策実施レベルでは党政委員会による党・政府機関の一元的管理、さらには督察専員による監察を実施するとともに、一種の隣組制度である保甲制による地域管理を目指した。

汪精衛は中央政治会議常務委員として国内の党務、政務を統轄することになるが、汪精衛の中央政治への復帰により、中央レベルでは集権から分権へ、地方レベルでは政府に対する党の優位が定められ、従前の左派の政策が目指された。しかしながら、これらは規定上にとどまり、実態をともなうには至らなかった。

したがって、蔣汪合作政権の時期においては、一時的に規定のうえでは国民党左派が目指した分権的で党優位の制度が進められた。しかしながら、一九三五年末に対日問題で汪精衛が狙撃され、療養に入ると、蔣介石が行政院長を兼任し、国交調整をめぐる対日関係が緊張の度合いを強めるとともに、中央レベルでは再度集権化が進められ、日中戦争の開始以降はさらにその傾向が顕著となった。

蔣介石への権力集中とともに、党政関係もまた蔣介石の考えを踏襲し、中央においては政府に対する党の統制を強化した。また、省レベルでは党政連携を謳い、県以下では党政融化と称して政府人員を党に入党させて、政府組織の中に党を埋没させてしまった。

6　結語

訓政体制は組織的基礎を欠いた中国国民党を主体としながらも、「以党治国（党を以て国を治める）」を理念として掲げた統治体制であった。訓政の担い手である国民党はいくつかの理由から弱体な党組織にとどまっていた。党の制度化が低位にとどまった原因は、インセンティブシステムの未確立、ならびに党中央による地方資源の不完全な掌握にあった。その意味で、不完全な軍事的統一、それに引き続く共産党との内乱、さらに日本との戦争が、国民党の支配、さらにいえば党組織をつうじた支配の確立に与えた負の影響は大きい。この低位にとどまる制度化は、訓政体制に二つの特徴をもたらした。それは、地方における散漫な党組織と、党中央における不安定な寡頭制による政治指導であった。

国民党は南京国民政府成立後、党組織の形成・党内政治の運営において、みずからが掲げた理念と背馳しないよう強権的な独裁を忌避した結果、基層部における党組織の液状化と、上層部における不安定な政策決定を招来した。国民党における個人独裁、あるいは管理的な統治体制への志向が生じた根源的な原因は、逆説的ではあるが、党内の反対勢力、ならびに不完全な統一や共産党の活動といった、内外の敵対勢力が依然として存在する状況のもとで、党外において地方自治を推し進め、党内においては合議と党内民主を維持しようとした――あるいはそうせざるを得なかった――ことにあった。

蔣介石の抬頭、ならびにその個人独裁の強化は、むしろ政権を安定させるうえで必要とされたものだった。仮に国内外の環境が安定していたならば、左派が目指した党の再建――低位にとどまる党組織の制度化の向上――による訓政の実現も、時間をかければ可能であったかもしれない。ただ、党の脆弱さは、地方軍事指導者ならびに共産党の存在とあいまって、蔣介石に保甲制などの管理的制度を模索させることとなり、引き続く日本との対峙を見据えた蔣は、政権中枢における独裁的傾向と、地方統治制度の管理的、非民主的傾向を、一層強めざるを得なかった。国民党が置かれた内外環境と党組織の状況は、仮に蔣介石以外の指導者であったとしても、同様の施策をうながしたであろう。

しかしながら、非民主的な諸制度の導入は、同時に民主憲政を目指すべき「訓政」の正当性を、さらにいえば「党」の正当性をも掘り崩してしまった。国民党は権力の安定を求めるほどに、政権の正当性を内部から浸食せざるを得なかったのである。

ここでの問題は、個人独裁の出現そのものにあったのではない。むしろ、個人独裁をつうじた一元的な権力の確立による政権の安定が、自治を中心とした訓政の理念——すなわち政権の正当性——を実現するために必要な党組織の再生と両立しないことにあった。つまり、国民党の訓政体制がかかえた根本的な問題は、安定した政権運営そのものが、堅固な党組織の再生をつうじて達成できないことにあった。

そのため、国民党の訓政は、不完全な統一による敵対者を党内外に抱えた状況下において、弱体であった党組織を機能させることも、再生することもできなかったにもかかわらず、党という主体を欠いたまま、民主を標榜した理念に忠実であろうとしたために混乱を引き起こし、理念とは対極にある個人独裁と管理的な統治制度に帰結せざるを得なかったのである。

註

1——このような視点はすでにレミックにより提起されている。Elizabeth J. Remick, *Building Local States: China during the Republican and Post-Mao Eras*, Cambridge: Harvard University Press, 2004.

2——高橋伸夫『党と農民—中国農民革命の再検討—』研文出版、二〇〇六年。

あとがき

本書は二〇〇八年に提出した博士論文「中国国民党訓政体制の研究」に加筆修正をくわえたものである。かなり時間がたってしまったが、基本的な論旨は変わっていない。それは本書で論じた問題が、今なお意味あるものと考えているからにほかならない。なお、史料番号などは当時から変わってしまっているものもあり、現在の番号に修正したが、いくつかの史料は移管されたり、所蔵機関で行方がわからなくなったりしており、それらは当時の書誌データのままとした。

博士論文の審査にあたって主査をつとめていただいた国分良成先生、副査の労をとっていただいた山田辰雄先生、高橋伸夫先生にはこの場を借りてあらためて御礼を申し上げたい。恩師である国分先生には学部三年から現在にいたるまで言葉では言いあらわせないぐらいお世話になった。運よくここまでやって来れたが、それもひとえに国分先生が匙を投げずに見守ってくださったおかげである。慣例にしたがえば、ここからお世話になった人への謝辞がつづくのだが、お世話になった人が多すぎ、かならず書きもらす自信があるので、感謝の気持ちを胸に思い切ってすべて割愛させていただく。

さまざまな事情から一冊の本にまとめるまでに一六年の月日を費やしてしまった。正直にいえば、多少大げさではあるが、本書をたなざらしにしたまま、あの世に行くのは心残りだなと思っていた。公刊したいと思いつつ、なかなかその機会にめぐまれず、またその決意を得られぬまま今日に至ってしまった。その決意をうながし、機会を与えていただいた同僚の前田亮介先生と千倉書房の神谷竜介氏には心からのお礼を申し上げたい。お二人が背中を押してくれなければ、本書は日の目をみないまま、自身の書架の一隅で、その役目を終えていただろう。

けして裕福な家庭とはいえず、なんでも子どもの好きなようにさせる余裕はなかったはずだが、両親は三〇歳近くまで定職に就かず、研究を続ける私を、なにも言わず物心両面で支えてくれた。母と父が元気なうちに、本書を届けることができたことは望外の幸せであり、あらためて心からの感謝を伝えたい。ありがとう。

木々が色づき始めた初秋の札幌にて

本研究はＪＳＰＳ科研費16H06585の助成を受けたものです。出版に当たっては北海道大学法学研究科・法学部学術振興基金ならびに慶應義塾大学東アジア研究所現代中国研究センターの出版助成を受けました。ここに記して謝意を表します。

引用文献一覧

未刊行史料

◆中国国民党文化伝播委員会党史館（台北）

会議档案
中国国民党中央執行委員会政治会議速記録
政治会議档案
中国国民党第二届中央委員会常務委員会会議速記録
中国国民党第二届中央委員会常務委員会档案
中国国民党第三届中央委員会常務委員会会議速記録
中国国民党第三届中央委員会常務委員会档案
第三次全国代表大会会議提案
中央執行委員会政治会議議事録
政治档案
呉稚輝档案
一般档案（刊行物は除く）
編者不詳「河北民衆対党員呻吟録」
陳果夫「第三届党務文件輯要」
顧子楊「江蘇省党務沿革」
［中央執行委員会］中央統計処「上海市党員専長学歴職業統計詳表」一九三〇年
中央執行委員会中央統計処「中国国民党中央執行委員会統計処報告第二類第二号―党員統計―省市部份」

中央執行委員会中央統計処「中国国民党中央執行委員会統計処報告第二類第二号—党員統計—海外部份」
中国国民党江蘇省鎮江県執行委員会「党員成分調査表」鎮江、一九三〇年
「中国国民党第五届七中全会後党部組織暨党員統計提要」
「中国国民党江蘇省銅山県党部工作調査一覧」一九二九年。

◆国史館（台北）

国民政府档案、蔣中正総統档案、閻錫山档案

◆法務部調査局（新店）

中央調査統計局「関於改組派的総報告」南京、中央調査統計局、出版年不詳。
編者不詳「河北省党務報告」出版地不詳、出版者不詳、一九三八年。

◆中国第二歴史档案館（南京）

国民政府档案　全宗一（一）、（二）
行政院档案　全宗二

◆河北省档案館（石家荘）

国民党河北省党部档案　全宗六一一—一
商震档案　全宗六一四—二

◆南京図書館（南京）

童蒙正「河北地方二十二年度財政調査報告」出版地不詳、出版者不詳、一九三五年。

編者不詳「河北地方財政調査報告」出版地不詳、出版者不詳、一九三四年。

◆外務省外交史料館（東京）

「密電情報関係一件」A.6.1.0.5
「支那中央政況関係雑纂　国民党関係　国民党全国代表会議関係（地方大会ヲ含ム）」A.6.1.1.2-1-1
「支那中央政況関係雑纂　国民党関係」A.6.1.1.2-2
「支那中央政況関係雑纂　国民党関係　中央執行及監察委員会関係」A.6.1.1.2-2-2
「支那地方政況関係雑纂　官吏任免関係」A.6.1.3.1-4

◆Hoover Institution Library & Archives (Stanford)

「蔣介石日記」

刊行史料

◆会議録、決議案

国民政府軍事委員会委員長南昌行営第二庁編輯室編印『各省高級行政人員奉召南昌集会紀録』南昌、一九三四年。

中国第二歴史档案館『中国国民党中央執行委員会常務委員会会議録』桂林、広西師範大学出版社、二〇〇〇年。

中央秘書処編印『中国国民党第二届中央執行委員第五次全体会議紀録』南京、一九二八年。

中央秘書処編印『中国国民党第三次全国代表大会会議紀録』南京、一九二九年。

中央執行委員会秘書処編印『中国国民党第三届中央執行委員会第四次全体会議紀録』南京、一九三〇年。

編者不詳『汪陳甘顧出席問題』出版地不詳、出版者不詳、出版年不詳。
編者不詳『中国国民党改組同志会第一次全国代表大会宣言及決議案』出版地不詳、出版者不詳、一九二八年。
編者不詳『中国国民党江蘇省第二次全省代表大会会議紀録』鎮江、出版者不詳、出版年不詳。

◆報告類

工商部編印『全国工人生活及工業生産調査統計報告書(一)』南京、一九二九年。
広州平社『広州事変与上海会議』広州、広州平社、一九二八年。
河北省党部『中国国民党河北省党務統計報告』北平、中国国民党河北省党務整理委員会、一九三二年。
河北省財政庁編印『河北省財政概要―中華民国十九年十月至二十一年六月―』天津、出版年不詳。
河北省民政庁編印『河北省民政庁半年工作概要』天津、一九二八年。
河北省県政建設研究院編印『定県地方自治概況調査報告書』定県、一九三四年。
河北省政府秘書処編印『河北省第一次行政会議報告書』天津、一九三四年。
河北省政府秘書処編印『河北省行政報告民国二十年六月份』天津、一九三一年。
河北省政府秘書処編印『河北省政府行政報告民国二十四年十月份』保定、一九三五年。
江蘇省政府秘書処『三年来江蘇省政述要』鎮江、江蘇省政府秘書処第三科、一九三六年。
南京特別市党務指導委員会編印『南京特別市党務指導委員会工作総報告』南京、一九二九年。
中国国民党編印『中国国民党第二次全国代表大会会議紀録』出版地不詳、一九二九年。
中国国民党河北省党部指導委員会組織部編印『工作彙報』天津、一九二八年。
中国国民党江蘇省党務指導委員会編『中国国民党江蘇省党務指導委員会工作総報告』鎮江、一九二九年。
中国国民党江西省党務指導委員会編『中国国民党江西省党務指導委員会工作総報告』出版地不詳、一九二九年。
中国国民党南京特別市執行委員会編印『中国国民党南京特別市執行委員会工作総報告』南京、一九三〇年。
中国国民党全国訓練会議秘書処編印『中国国民党全国訓練会議報告書』南京、一九三〇年。
中国国民党山西省党務指導委員会編印『中国国民党山西省党務指導委員会党務報告』太原、一九二九年。
中国国民党山西省党務指導委員会編印『山西党務彙刊(十八年一月至四月份)』太原、一九二九年。
中国国民党浙江省党部臨時執行委員会組織部編印『浙江党務概況』杭州、一九二八年。

中国国民党浙江省永嘉県執行委員会編印『中国国民党浙江省永嘉県執行委員会工作総報告』永嘉、一九三〇年。
中国国民党中央監察委員会秘書処編印『中国国民党第三届中央監察委員会報告書』南京、一九三一年。
中国国民党中央執行委員会編印『中国国民党第二次全国代表大会各省区党務報告』広州、一九二六年。
中国国民党中央執行委員会編印『中国国民党中央執行委員会組織部工作概況―十七年三月至七月』南京、一九二八年。
中央民衆運動指導委員会編印『中国国民党最近指導全国民衆運動工作概要』南京、一九三四年。
中央統計処編印『上海市党員専長学歴職業統計詳表』出版地不詳、一九三〇年。
編者不詳『中国国民党各特別市、省、特別党部整理党務概況』出版地不詳、一九二九年。
南京日本領事館編印『第三次全国代表大会概観』南京、一九二九年。

◆日記
中央研究院近代史研究所編印『王子壮日記手稿本』台北、二〇〇一年。

◆全集、文集、書簡集、言論類
陳紅民輯注『胡漢民未刊往来函電稿』桂林、広西師範大学出版社、二〇〇五年。
広東省社会科学院歴史研究所・中国社会科学院近代史研究所中華民国史研究室・中山大学歴史系孫中山研究室合編『孫中山全集』北京、中華書局、一九八一年。
胡漢民『三民主義的連環性』上海、民智書局、一九二八年。
胡漢民『三民主義者之使命』上海、民智書局、一九二八年。
胡漢民編『総理全集』上海、民智書局、一九三〇年。
胡展堂『革命理論与革命工作』上海、民智書局、一九三二年。
蔣中正『自反録』出版地不詳、出版者不詳、一九三一年。
蔣中正『今後推進党務之要領』南京、中国国民党中央執行委員会組織部、一九三六年。
蔣中正『改進党務与調整党政関係』武漢、軍事委員会委員長侍従室、一九三八年。
軍事委員会委員長侍従室編印『蔣委員長訓詞選輯』出版地不詳、出版年不詳。

南華日報社編集部『汪精衛先生最近言論集』香港、南華日報社、一九三〇年。
秦孝儀主編『先総統蔣公思想言論総集』台北、中国国民党中央委員会党史委員会、一九八四年。
孫天民『中正革命語録』南京、軍事編訳社、一九三四年。
汪精衛『汪精衛集』上海、光明書局、一九三〇年。
文化研究社『中国五大偉人手札』上海、大方書局、一九三八年。
訓練総監部政治訓練処編印『蔣介石在平言論集』南京、一九二九年。
豫鄂皖三省剿匪総司令部編印『総部新頒法規的精義及豫鄂皖政制改革与財政整理』武漢、出版年不詳。
中国国民党各省市臨時聯合辦事処編印『蔣中正叛党禍国之罪悪』出版地不詳、一九三〇年。
中国国民党広東省市党務特派員辦事処編印『粤変文件彙編』広州、一九三一年。
中国国民党中央委員会党史委員会編『胡漢民先生文集』台北、一九七八年。
中国国民党中央委員会党史委員会編印『葉楚傖先生文集』台北、一九八三年。
中国国民党中央執監委員非常会議編印『討蔣言論集初編』広州、一九三一年。
中国国民党中央執監委員非常会議編印『討蔣文電集第二編』広州、一九三一年。
中国国民党中央執監委員非常会議編印『国民会議之意義及其使命』広州、一九三一年。
鄒魯『澄廬文選』南京、正中書局、一九四八年。

◆新聞

『中央日報』、『北京益世報』、『益世報』(天津)、『大公報』(天津)、『漢口民国日報』、『民国日報』(上海)、『河北民国日報』、『申報』、『華北日報』、『滬江日報』、『時報』、『晨報』、『新晨報』

◆官報、公報類

『政治官報』、『政府公報』、『国民政府公報』、『内政公報』、『考試院月報』、『河北省政府公報』、『河北財政公報』、『湖北省政府公報』、『南京市政府公報』、『宝坻県政府公報』、『視察特刊』、『中央党務公報』

◆雑誌、定期刊行物

『村治』、『革命評論』、『革命前路』、『革命戦線』、『光明週刊』、『国聞週報』、『河北民政刊要』、『河北月刊』、『河北週刊』、『黄埔怒潮』、『黄埔戦士』、『江蘇党声』、『金陵農学叢刊』、『近代史資料』、『歴史档案』、『民意』、『前進』、『青年呼声』、『社会科学雑誌』、『社会学界』、『統計月報』、『現代中国』、『新創造』、『訓練特刊』、『中国農村』、『現代支那之記録』、『中央半月刊』、『中央党務月刊』、『中央導報』、『中央訓練部部務彙刊』、『中央週報』、『伝記文学』

◆年鑑、統計類

財政部財政年鑑編纂処編『財政年鑑』上海、商務印書館、一九三五年。
広西統計局『第二回広西年鑑』桂林、広西省政府総務処、一九三六年。
国民政府主計処統計局『中華民国統計提要(民国二四年輯)』上海、商務印書館、一九三六年。
河北省政府秘書処編印『河北省政統計概要』北平、一九三〇年。
河北省政府秘書処編印『民国二十年度河北省統計年鑑』天津、一九三四年。
河北省[政府]銓叙股編印『河北省政府県長一覧表』天津、一九三〇年。
内政年鑑編纂委員会編『内政年鑑』上海、商務印書館、一九三六年。
趙如珩編『江蘇省鑑』上海、新中国建設学会、一九三五年。
喬増祥『呉県』呉県、呉県県政府社会調査処、一九三〇年。
申報年鑑社『申報年鑑(民国二三年)』上海、申報館特種発行部、一九三四年。
中国国民党中央執行委員会党史史料編纂委員会編印『中国国民党年鑑—民国一八年—』出版地不詳、出版年不詳。
中国国民党中央執行委員会党史史料編纂委員会編印『中国国民党年鑑—民国二三年—』出版地不詳、出版年不詳。
中国国民党中央執行委員会調査統計局編印『中国国民党党務統計簡報』重慶、一九四五年。
中国国民党中央執行委員会調査統計局統計処編印『中国国民党党務統計輯要(民国三十年度)』重慶、一九四二年。
中国国民党中央執行委員会調査統計局統計処編印『中国国民党党務統計輯要(民国三十一年度)』重慶、一九四三年。
中国国民党中央執行委員会調査統計局統計処編印『中国国民党党務統計輯要(民国三十二年度)』重慶、一九四四年。

中国国民党中央執行委員会調査統計局統計処編印『中国国民党党務統計輯要(民国三十三年度)』南京、一九四五年。
中国国民党中央執行委員会調査統計局統計処編印『中国国民党党務統計輯要(民国三十四年度)』南京、一九四六年。
中華年鑑社編印『中華年鑑(民国三七年)』上海、一九四八年。
中央海外部統計室編印『海外党務統計輯要(三十三年度)』出版地不詳、一九四五年。
東亜同文会調査編纂部『第一回 支那年鑑』東亜同文会調査編纂部、一九一二年。

◆法規類

河北省政府秘書処編印『河北省政府週年紀念特刊法規類編』北平、一九二九年。
立法院編訳処『中華民国法規彙編』上海、中華書局、一九三三年。
徐百斉編『中華民国法規大全』上海、商務印書館、一九三七年。
中央民衆訓練部編印『人民団体法規釈例彙編』南京、一九三七年。
中央組織委員会編印『中国国民党現行組織法規輯要』南京、一九三五年。
台湾総督府編『清国行政法』台北、臨時台湾旧慣行調査会、一九〇五年。

◆調査類

張培剛「冀北察東三十三県農村概況調査」朱炳南・千家駒主編『社会科学雑誌』国立中央研究院社会科学研究所、第六巻第二期、一九三五年六月。
陳伯荘『平漢沿線農村経済調査』上海、交通大学研究所、一九三六年。
顧倬・朱雲泉主編『江蘇無錫県農村経済調査第一集―第四区―』鎮江、江蘇省農民銀行総行、一九三一年。
黄孝方『山東旧済南道属農村経済調査』鄒平、山東郷村建設研究院、一九三四年。
李景漢編『定県社会概況調査』定県、中華平民教育促進会、一九三三年。
張鏡予『社会調査―沈家行』上海、江滬大学勃朗社会学院、一九二四年。
施中一『旧農村的新気象』蘇州、蘇州中華基督教青年会、一九三三年。

行政院農村復興委員会編『陝西省農村調査』上海、商務印書館、一九三四年。

行政院農村復興委員会編『河南省農村調査』上海、商務印書館、一九三四年。

石田文次郎『支那農村慣行調査報告書―土地公租・公課の研究―』東亜研究所、第二輯、一九四四年。

東亜研究所編印『支那農村慣行調査報告書』第一輯、一九三三年。

東亜研究所編印『蔣政権下地方財政に関する調査』一九四二年。

東亜研究所第六調査会学術部委員会編印『支那慣行調査彙報』一九四一年。

中国農村慣行調査刊行会編『中国農村慣行調査』岩波書店、再刊、一九八一年。

満鉄天津事務所調査課編印『河北省現行行政組織』天津、一九三六年。

水野薫『遵化県盧家寨農村実態調査報告』（北支経済資料第二七輯）天津、南満州鉄道株式会社天津事務所調査課、一九三六年。

南満洲鉄道株式会社北支事務局調査部『河北省税制調査報告書』北京、満鉄北支事務局調査部、一九三八年。

◆人名録、名簿類

中国国民党河北省呉橋党務指導委員会編印『党員同志録』呉橋、一九二八年。

中央政治大学『中央政治学校畢業同学録』出版地不詳、中央政治大学指導部、一九三七年。

湖南省档案館『黄埔軍校同学録』長沙、湖南人民出版社、一九八九年。

李雲漢『中国国民党職名録』台北、中国国民党中央委員会党史委員会、一九九四年。

劉国銘『中国国民党百年人物全書』北京、団結出版社、二〇〇五年。

徐友春『民国人物大辞典』石家荘、河北人民出版社、一九九一年。

◆県志類

『宝坻県志』（乾隆）、『涿県志』（民国）、『磁県志』（民国）、『静海県志』（民国）、『順義県志』（民国）、『棗強県志』（民国）

◆その他
徐子長・梁達善編『民諺』上海、商務印書館、一九二六年。

◆史資料集
岑徳彰編輯、新中国建設学会審訂『中華民国憲法史料』上海、新中国建設学会、一九三三年。

国軍政工史編纂委員会編『国軍政工史稿』台北、国防部総政治部、一九六〇年。

故宮博物院明清档案部編『清末籌備立憲档案史料』北京、中華書局、一九七九年。

蔣永敬編『北伐時期的政治資料―一九二七年的中国』台北、正中書局、一九八一年。

羅家倫『革命文献』台北、中央文物供応社、一九五三年〜。

秦孝儀主編『中華民国重要史料初編―対日抗戦時期』台北、中国国民党中央執行委員会党史委員会、緒編、一九八一年。

秦孝儀主編『中華民国重要史料初編―対日抗戦時期』台北、中国国民党中央執行委員会党史委員会、戦時建設、一九八八年。

栄孟源主編『中国国民党歴次代表大会及中央全会資料』北京、光明日報出版社、一九八五年。

中国第二歴史档案館編『国民党政府政治制度档案資料選編』合肥、安徽教育出版社、一九九四年。

中国第二歴史档案館編『中国国民党第一、二次全国代表大会会議史料』南京、江蘇古籍出版社、一九八六年。

中国第二歴史档案館編『中華民国史档案資料匯編』南京、江蘇古籍出版社、第五輯、一九九四年。

中国国民党中央委員会党史委員会編印『中国国民党臨時全国代表大会史料専輯』台北、一九九一年。

中国国民党中央委員会党史委員会編印『中国国民党党務発展史料―組織工作―』台北、一九九三年。

中国国民党中央委員会党史委員会編印『中国国民党党章政綱彙編』台北、一九九四年。

中国国民党中央委員会党史委員会編印『中国国民党党務発展史料―中央常務委員会党務報告―』台北、一九九五年。

中国国民党中央委員会党史委員会編印『中国国民党党務発展史料―海外党務工作―』台北、一九九八年。

中国国民党中央委員会第三組編印『中国国民党在海外―海外党務発展史料初稿彙編』台北、一九六一年。

中国科学院歴史研究所第三所資料整理処編印『現代中国政治史資料彙編』南京、一九五八年。

中国人民大学中共党史系中国近現代政治思想史教研室編印『国民党改組派資料選輯』北京、一九八三年。

中央档案館『中共中央文件選集』北京、中共中央党校出版社、一九八九年～一九九二年。

中央档案館・河北省档案館『河北革命歴史文件彙集』石家荘、河北省档案館、一九九一年。

中央執行委員会秘書処編印『中国国民党第五届中央執行委員会常務委員会会議紀録彙編』台北、出版年不詳。

周美華『国民政府軍政組織史料』新店、国史館、一九九六年。

外務省編印『日本外交文書』一九四七年～。

◆稿本・大事記類

陳訓正『国民革命軍戦史初稿』台北、国防部、一九五二年。

賈栖『河北賛皇県訓政紀略』賛皇、出版者不詳、一九二九年。

李黄宗『中国国民党党史』南京、正中書局、一九三五年。

民革河南省委員会《国民党河南省党務志》編輯組編印『中国国民党河南省党務大事記』出版社不詳、一九八六年。

秦孝儀編『総統蔣公大事長編初稿』台北、出版者不詳、一九八七年～。

◆日記（編集されたもの）

邵元冲『邵元冲日記』上海、上海人民出版社、一九九〇年。

唐縦『在蔣介石身辺八年―侍従室高級幕僚唐縦日記―』北京、群衆出版社、一九九二年。

◆回想録、口述歴史、文史資料

蔡孟堅「八十談『奇』」『伝記文学』第四八巻第一期、一九八六年一月。

陳公博「改組派的史実」『寒風集』台北、漢京文化事業、一九九一年。

陳果夫「一五年至一七年間従事党務工作的回憶」蔣永敬編『北伐時期的政治資料―一九二七年的中国』台北、正中書局、一九八一年。

諶小岑「一九三一年胡漢民被扣前後見聞」中国人民政治協商会議全国委員会文史資料委員会編『文史資料存稿選編』北京、中国文史出版社、二〇〇二年、第一二冊。

程厚之「『実践社』史略」中国人民政治協商会議全国委員会文史資料委員会編『文史資料存稿選編』北京、中国文史出版社、二〇〇二年、第一二冊。
笵予遂「我所知道的改組派」中国人民政治協商会議全国委員会文史資料研究会編『文史資料選輯(合訂本)』北京、中国文史資料出版社、一九八六年、第四五輯。
何漢文「改組派回憶録」中国人民政治協商会議全国委員会文史資料研究会編『文史資料選輯(合訂本)』北京、中国文史資料出版社、一九八六年、第一七輯。
胡漢民「胡漢民自伝続編」『近代史資料』第総五二号、一九八三年一一月。
胡夢華「国民党CC派系的形成経過」柴夫『CC内幕』北京、中国文史出版社、一九八八年。
焦実齋「新中学会与新中革命青年社」中国人民政治協商会議全国委員会文史資料研究委員会編『文史資料選輯(合訂本)』北京、中国文史資料出版社、一九八九年、第一一九輯。
李中舒「有関『実践社』的資料断片」中国人民政治協商会議全国委員会文史資料委員会編『文史資料存稿選編』北京、中国文史資料出版社、二〇〇二年、第一二冊。
羅方仲「関於改組派的一鱗半爪」中国人民政治協商会議全国委員会文史資料研究会編『文史資料選輯(合訂本)』北京、中国文史資料出版社、一九八六年、第一輯。
武和軒「我対改組派的一知半解」中国人民政治協商会議全国委員会文史資料研究会編『文史資料選輯(合訂本)』北京、中国文史資料出版社、一九八六年、第三六輯。
王宣「八秩回憶」王宣徳齋先生八秩寿慶籌備委員会編印『王宣徳齋先生八秩寿慶集錦』台北、一九六八年、第二集。
閻少白「関於国民党南宮県党部(臨時登記処)的一些情況」中国人民政治協商会議河北省南宮市委員会文史資料研究委員会編印『南宮県文史資料』南宮、一九八九年、第二輯。
周仏海「盛衰閲盡話滄桑」周仏海『陳公博周仏海回憶録合編』香港、春秋出版社、一九七一年。
陳存恭他『劉象山先生訪問紀録』台北、中央研究院近代史研究所、一九九八年。
陳公博『寒風集』台北、漢京文化事業、一九九一年。
陳公博『苦笑録』北京、東方出版社、二〇〇四年。
陳立夫『成敗之鑑―陳立夫回憶録』台北、正中書局、一九九四年。
陳立夫『陳立夫英文回憶録』台北、近代中国出版社、二〇〇五年。
程思遠『政壇回憶』桂林、広西人民出版社、一九八三年。

程天固『程天固回憶録』台北、龍文出版社、一九九三年。
鄧文儀『冒険犯難記』台北、学生書局、一九七三年。
桂崇基『中国現代史料拾遺』台北、台湾中華書局、一九八九年。
黄宇人『我的小故事』香港、呉興記書報社、一九八二年。
蔣公侍従人員史編纂小組『蔣公侍従見聞録―侍従人員史―』台北、国防部史政編訳局、一九九七年。
江上清『政海秘聞』香港、香港致誠出版社、一九六六年。
賴景瑚『煙雲思往録―賴景瑚回憶―』台北、伝記文学出版社、一九八〇年。
李宗仁『李宗仁回憶録』桂林、広西人民出版社、一九八八年。
馬超俊『我的革命奮鬥紀実』台北、自刊本(正中書局発行)、一九七三年。
羅敦偉『五十年回憶録』台北、中国文化供応社、一九五二年。
苗培成『往事紀実』台北、正中書局、一九七九年。
董霖『六十載従政講学』台北、台湾商務印書館、一九九一年。
王秉鈞『八十回憶概述』台北、自刊本、一九六七年。
王新命『新聞圏裡四十年』台北、海天出版社、一九五七年。
蕭錚『蕭錚回憶録―土地改革五十年―』台北、中国地政研究所、一九八〇年。
延国符『延国符奮闘生活回憶録』出版地不詳、自刊本、一九七六年。
張金鑑『明誠七十自述』台北、中国行政学会、一九七二年。
張鉄君『蘧然夢覚録』台北、阿波羅出版社、一九七二年。
中国国民党中央委員会党史委員会編印『蕭贊育先生訪問記録』台北、一九九二年。
中国人民政治協商会議河北省南宮市委員会文史資料研究委員会編印『南宮県文史資料』南宮、第二輯、一九八九年。
中国人民政治協商会議全国委員会文史資料研究会編『文史資料選輯(合訂本)』北京、中国文史資料出版社、一九八六年。
中国人民政治協商会議全国委員会文史資料委員会編『文史資料存稿選編』北京、中国文史資料出版社、二〇〇二年。
中央研究院近代史研究所編印『齊世英先生訪問紀録』台北、一九九〇年。
周仏海『陳公博周仏海回憶録合編』香港、春秋出版社、一九七一年。

中央研究院近代史研究所編印『馬超俊先生訪問紀録』台北、一九九二年。
中国国民党中央委員会党史委員会編印『滕傑先生訪問記録』台北、一九九三年。

◆年譜
蔣永敬『胡漢民先生年譜』(第二版)台北、台湾商務印書館、一九八七年。
閻伯川先生紀念会編『民国閻伯川先生錫山年譜長編初稿』台北、台湾商務印書館、一九八八年。
張清源『張清源自著年譜』台北、自刊本、一九七八年。

◆伝記、記念集
程思遠『白崇禧伝』香港、南粤出版社、一九八九年。
王宣徳齋先生八秩寿慶籌備委員会編印『王宣徳齋先生八秩寿慶集錦』台北、一九六八年、第二集。
謝幼田『謝慧生先生事跡紀伝』台北、近代中国出版社、一九九一年。

◆研究書
論文
裴占栄「河北灤県郷村状況」『村治』第一巻第一〇期、一九三〇年一一月。
曹成建「孫中山与蔣介石地方自治思想的差異」『文史雑誌』二〇〇〇年第五期、二〇〇〇年一〇月。
曹成建「二〇世紀二〇年代末三〇年代前期南京国民政府的地方自治政策及其実施成効」『四川師範大学学報(社会科学版)』第三〇巻第一号、二〇〇三年一月。
馮華徳「河北省県財政支出之分析」方顕廷『中国経済研究』長沙、商務印書館、一九三八年。
高華「関於南京十年(一九二七―一九三七)国民政府若干問題」『南京大学学報』一九九二年第二期、一九九二年三月。
黄珍徳「南京国民政府初期地方自治制度探論」『中南大学学報(社会科学版)』第二三巻第五期、二〇一七年九月。
紀彬「農村破産声中冀南一個繁栄的村荘」『益世報(天津)』一九三五年八月一七日。
賈世建・王暁崗「試論南京国民政府『訓政前期』的地方自治」『華北水利水電学院学報(社科版)』第一八巻第四期、

二〇〇二年一一月。
江沛・遅暁静「中国国民党『党国』体制述評」中国社会科学院近代史研究所民国史研究室・四川師範大学歴史文化学院編『一九三〇年代的中国』北京、社会科学文献出版社、二〇〇六年、上巻。
栗国成「中華民国訓政時期的民主建設一九二八―一九三八」『近代中国』第一九期、一九八〇年一〇月。
李国青「南京政府推行『地方自治』的動因探析」『東北大学学報（社会科学版）』第五巻第二期、二〇〇三年三月。
李国青「試論南京国民政府『地方自治』的封建性」『商丘師範学院学報』第一九巻第六期、二〇〇三年一二月。
李林宇「南京国民政府政治体制沿革」『史学月刊』一九九二年第一期、一九九二年一月。
李楊「胡漢民与蔣介石的〝党権〟与〝軍権〟之争」『開放時代』二〇一一年第九期、二〇一一年九月。
劉会軍、李曄曄「論訓政時期南京政府地方党政関係」『北方論叢』二〇一一年第五期、二〇一一年九月。
羅志淵「国民政府訓政体制之研究」『中山学術文化集刊』第一一集、一九七三年三月。
蒲薛鳳「中国的政治建設」薛光前主編『艱苦建設的十年』台北、正中書局、一九七一年。
喬啓明「江寧県淳化鎮郷村社会之研究」金陵大学農学院『金陵農学叢刊』金陵大学農学院、第二三号、一九三四年一一月。
趙明徳・柳蘊琪「略論国民政府中央政治体制述評」『貴州大学学報』一九八七年第一期、一九八七年一月。
孫暁村「中国田賦的征収」中国農村経済研究会編『中国農村』黎明書局、創刊号、一九三四年一〇月。
孫岩「南京国民政府時期地方党政関係研究―以江蘇省為例（一九二七―一九三七年）」博士論文（南京大学）、二〇一一年五月。
孫岩「南京国民政府時期中央与地方党政関係的比較分析」『吉林師範大学学報（人文社会科学版）』二〇一一年第三期、二〇一一年五月。
陶炎武「南京国民政府地方自治初探」『広西梧州師範高等専科学校学報』第一九巻第一期、二〇〇三年一月。
万樹庸「黄土北店村社会調査」燕京大学社会学会編『社会学界』第六巻、一九三二年。
王広懿「河北省二十四年份推行地方自治経過概況」『河北月刊』第四巻第七期、一九三六年七月。
王奇生「党政関係―国民党党治在地方層級的運作（一九二七―一九三七）」『中国社会科学』二〇〇一年第四期。
王奇生「清党以後国民党的組織蛻変」『近代史研究』二〇〇三年第五期、二〇〇三年九月。
王賢知「試論抗戦前国民党組織発展的幾個基本特点」『民国档案』一九九〇年第三期、一九九〇年八月。

楊天石「『約法』之治与蔣介石軟禁胡漢民事件」『中国社会科学』二〇〇〇年第一期、二〇〇〇年一月。

苑書鳳「抗戦前南京国民政府訓政体制述評」『文史哲』一九九四年増刊。

余霖「江南農村衰落的一個索引」『新創造』第二巻第一・二期、一九三二年七月。

趙紅「抗戦時期国民政府政治体制研究」博士論文(吉林大学)、二〇一一年六月。

趙小平「試論国民党地方自治失敗的原因」『貴州社会科学』一九九二年第一二期、一九九二年一二月。

鍾声「論一九二八－一九三七年中国国民党地方組織発展特点及其対地方政治的影響」陳謙平主編『中華民国史新論―政治・中外関係・人物巻―』北京、三聯書店、二〇〇三年。

周文星「訓政時期(一九二八－一九三七)国民党党治体制：法理模式与実際運作的断裂―党権与軍権互動関係的視角」『法制与社会』二〇一三年第一三期、二〇一三年七月。

味岡徹「国民党『訓政』と抗日戦争」中央大学人文科学研究所『日中戦争―日本・中国・アメリカ―』中央大学出版部、一九九三年。

天野元之助「支那農村調査覚書」『支那農村襍記』生活社、一九四二年。

天野元之助「解放前の華南農村の一性格」追手門学院大学文学部『追手門学院大学文学部紀要』追手門学院大学文学部、第三号、一九六九年。

天野祐子「日中戦争期における国民政府の新県制―四川省の事例から―」平野健一郎『日中戦争期の中国における社会・文化変容』東洋文庫、二〇〇七年。

石川忠雄「中華民国訓政時期約法の制定と蔣介石」『法学研究』第三七巻七号、一九六四年六月。

石原潤「明・清・民国時代河北省の定期市」『地理学評論』第四六巻第四期、一九七三年。

岩谷將「中国国民党訓政初期の理念と実態―地方自治政策における地方党部を中心として―」『アジア経済』第四七巻第一号、二〇〇六年一月。

岩谷將「北伐後における中国国民党組織の展開とその蹉跌」『法学政治学論究』第七一号、二〇〇六年一二月。

岩谷將「一九三〇年代半ばにおける中国の国内情勢判断と対日戦略―蔣介石の認識を中心として―」防衛省防衛研究所『戦史研究年報』第一三号、二〇一〇年三月。

岩谷將「蔣介石、共産党、日本軍―二〇世紀前半、中国国民党における情報組織の生成と展開―」山田辰雄・松重

浩充編『蔣介石研究─政治・戦争・日本』東方書店、二〇一三年。

内山雅生「華北農村社会の構造と会首・会頭」『中国華北農村経済研究序説』（金沢大学経済学部研究叢書四）、金沢大学経済学部、一九九〇年。

尾形洋一「易幟後の東北における国民党の活動に就て」『史観』第九一冊、一九七五年。

小田則子「清代華北における差徭と青苗会─嘉慶年間以降の順天賦宝坻県の事例─」『東洋史研究』第五八巻第三号、一九九九年一二月。

戒能通孝「支那土地法慣行序説」東亜研究所『支那農村慣行調査報告書』東亜研究所、第一輯、一九三三年。

蒲池典子「清季華北の「郷保」の任免」『近代中国研究彙報』第一七号、一九九五年。

樹中毅「国民革命期から訓政時期における蔣介石の独裁と政治的不安定の構造」『法学政治学論究』第四五号、二〇〇〇年六月。

樹中毅「強い権威主義支配と弱いレーニン主義党─軍事委員会南昌行営と南京国民政府の地方への権力浸透─」『法学政治学論究』第五一号、二〇〇一年一二月。

久保亨「南京政府成立期の中国国民党」『アジア研究』第三一巻第一号、一九八四年四月。

斎藤道彦「行営（行轅）─中華民国国民政府軍事機構」中央大学経済学部創立一〇〇周年記念事業委員会『中央大学経済学部創立一〇〇周年記念論文集』中央大学経済学部、二〇〇五年。

佐伯富「清代の郷約・地保について─清代地方行政の一齣」『東方学』第二八号、一九六四年。

笹川裕史「戦後日本における中国国民政府（一九二七─一九四九）研究」『近きに在りて』第二四号、一九九三年一一月。

斯波義信「社会と経済の環境」橋本萬太郎編『民族の世界史五─漢民族と中国社会』山川出版社、一九八三年。

張純明「支那農村に於ける新政治」太平洋調査部会編『支那経済建設の全貌』（日本国際協会叢書第一一九輯）日本国際協会、一九三七年。

土田哲夫「南京国民政府期の国家統合─張学良東北政権（一九二八─三一年）との関係の例─」中国現代史研究会編『中国国民政府史の研究』汲古書院、一九八六年。

土田哲夫「中国国民党の統計的研究（一九二四〜四九年）」『史海』第三九号、一九九二年六月。

中村治兵衛「華北農村の村費─現代中国の地方財政の一研究─」仁井田陞『近代中国の社会と経済』刀江書院、一九五一年。

野村浩一『蔣介石と毛沢東』岩波書店、一九九七年。

旗田巍「中国村落研究の方法—平野・戒能論争を中心として—」旗田巍『中国村落と共同体理論』岩波書店、一九七三年。

平野義太郎「会・会首・村長」東亜研究所第六調査会学術部委員会『支那慣行調査彙報』東亜研究所第六調査会学術部委員会、一九四一年。

三谷孝「南京政権と『迷信打破運動』(一九二八–一九二九)」『歴史学研究』第四五五号、一九七八年四月。

安井三吉「中国国民政府論—未完の訓政—」樺山紘一他編『岩波講座 世界歴史』第二四巻(解放の光と影 一九三〇年代–四〇年代)、岩波書店、一九九八年。

横山英「孫文の地方自治制度論」孫文研究会編『孫中山研究日中国際学術討論会報告書』法律文化社、一九八六年。

横山宏章「書評 家近亮子『蔣介石と南京国民政府』」『近きに在りて』第四一号、二〇〇二年六月。

呂芳上(李昱訳)「近代中国における『党国体制』の発展とその考察」『現代中国』第八〇号、二〇〇六年八月。

金世昊「南京国民政府時期国民党地方党部의組織과活動—湖南省地方党部의실태분석(一九二七–一九三七)을중심으로—」『中国近現代史研究』第三一期、二〇〇六年九月。

閔斗基「導論：中国国民革命의理解의方向」閔斗基編『中国国民革命指導者의思想과行動』서울、知識産業社。

尹世哲「胡漢民과清党、参与過程과理念的基礎」閔斗基編『中国国民革命指導者의思想과行動』서울、知識産業社。

単行書
陳紅民『函電里的人際関係与政治—読哈仏—燕京図書館蔵「胡漢民往来函電稿」—』北京、三聯書店、二〇〇三年。

陳謙平主編『中華民国史新論—政治・中外関係・人物巻—』北京、三聯書店、二〇〇三年。

陳希豪『過去三十五年之中国国民党』上海、商務印書館、一九二九年。

陳之邁『中国政府』上海、商務印書館、一九四六年。

成台生『胡漢民的政治思想』台北、黎明文化事業、一九八一年。

程懋型『剿匪地方行政制度』上海、中華書局、一九三六年。

崔之清主編『国民党政治与社会結構之演変（一九〇五―一九四五）』北京、社会科学文献出版社、二〇〇七年。

方顕廷『中国経済研究』長沙、商務印書館、一九三八年。

郭徳宏『中国近現代農民土地問題研究』青島、青島出版社、一九九三年。

郭緒印『国民党派系闘争史』上海、上海人民出版社、一九九二年。

孔充『県政建設』上海、中華書局、一九三七年。

李雲漢『従容共到清党』台北、中国学術著作奨助委員会、一九六六年。

廖従雲『中国歴代県制考』台北、台湾中華書局、一九六九年。

銭端升等『民国政制史』長沙、商務印書館、一九三九年。

喬宝泰『中国国民党与中国民主憲政』台北、中国国民党中央委員会党史会、一九九四年。

喬啓明『中国農村社会経済学』上海、商務印書館、一九四七年。

司馬仙島『北伐後之各派思潮』北平、鷹山社出版部、一九三〇年。

田鎬『県各級組織綱要釈義』重慶、商務印書館、一九四三年。

聞鈞天『中国保甲制度』上海、商務印書館、一九三五年。

王奇生『党員、党権与党争―一九二四～一九四九年中国国民党的組織形態―』上海、上海書店出版社、二〇〇三年。

王兆剛『国民党訓政体制研究』北京、中国社会科学出版社、二〇〇四年。

薛光前主編『艱苦建設的十年』台北、正中書局、一九七一年。

張同新『国民党新軍閥混戦史略』哈爾浜、黒竜江人民出版社、一九八二年。

張天任『寧粵分裂之研究―民国二十年至二十一年―』中壢、安泰出版社、一九九二年。

張仲礼『中国紳士』上海、上海社会科学院出版社、一九九二年。

中国社会科学院近代史研究所民国史研究室・四川師範大学歴史文化学院編『一九三〇年代的中国』北京、社会科学文献出版社、二〇〇六年。

味岡徹『中国国民党訓政下の政治改革』汲古書院、二〇〇八年。

天野元之助『支那農村襍記』生活社、一九四二年。

家近亮子『蔣介石と南京国民政府』慶應義塾大学出版会、二〇〇二年。

石島紀之・久保亨『重慶国民政府史の研究』東京大学出版会、二〇〇四年。

石田浩『中国農村社会経済構造の研究』晃洋書房、一九八六年。

内山雅生『中国華北農村経済研究序説』（金沢大学経済学部研究叢書四）、金沢大学経済学部、一九九〇年。

奥村哲・笹川裕史『銃後の中国社会―日中戦争下の総動員と農村―』岩波書店、二〇〇七年。

戒能道孝『法律社会学の諸問題』日本評論社、一九四三年。

樺山紘一他編『岩波講座 世界歴史』第二四巻（解放の光と影　一九三〇年代－四〇年代）、岩波書店、一九九八年。

銀閘絮子『支那縦横観』東洋書籍出版協会、一九三一年。

黄東蘭『近代中国の地方自治と明治日本』汲古書院、二〇〇五年。

笹川裕史『中華民国期農村土地行政史の研究―国家―農村社会間関係の構造と変容―』汲古書院、二〇〇二年。

サルトーリ、ジョバンニ（岡沢憲芙・川野秀之訳）『現代政党学』早稲田大学出版部、一九八〇年。

スミス、アーサー（白神徹訳）『支那的性格』中央公論社、一九四〇年。

孫文研究会編『孫中山研究日中国際学術討論会報告書』法律文化社、一九八六年。

橘樸『中国革命史論』日本評論社、一九五〇年。

東洋協会調査部編『中華民国政治勢力の現状』東洋協会、一九三五年。

太平洋調査部会編『支那経済建設の全貌』（日本国際協会叢書第一一九輯）、日本国際協会、一九三七年。

大陸調査会上海調査室『中国国民党の研究』上海、大陸調査会上海調査室、一九四〇年。

田中比呂志『近代中国の政治統合と地域社会―立憲・地方自治・地域エリート』研文出版、二〇一〇年。

高橋伸夫『党と農民―中国農民革命の再検討―』研文出版、二〇〇六年。

中央大学人文科学研究所『日中戦争―日本・中国・アメリカ―』中央大学出版部、一九九三年。

中国現代史研究会編『中国国民政府史の研究』汲古書院、一九八六年。

仁井田陞『近代中国の社会と経済』刀江書院、一九五一年。

西川知一・河田潤一『政党派閥―比較政治学的研究―』ミネルヴァ書房、一九九六年。

西村成雄『二〇世紀中国の政治空間―「中華民国的国民国家」の凝集力―』青木書店、二〇〇四年。

橋本萬太郎編『民族の世界史 五―漢民族と中国社会』山川出版社、一九八三年。

旗田巍『中国村落と共同体理論』岩波書店、一九七三年。

パーネビアンコ、アンジェロ(村上信一郎訳)『政党―組織と権力―』ミネルヴァ書房、二〇〇五年。

平野義太郎『大アジア主義の歴史的基礎』河出書房、一九四五年。

深町英夫『近代中国における政党・社会・国家―中国国民党の形成過程―』中央大学出版部、一九九三年。

福武直『中国農村社会の構造』大雅堂、一九四六年。

松田康博『台湾における一党独裁体制の成立』慶應義塾大学出版会、二〇〇六年。

松本善海『中国村落制度の史的研究』岩波書店、一九七七年。

村松裕次『中国経済の社会態制(復刊)』東洋経済新報社、一九七五年。

山田辰雄『中国国民党左派の研究』慶應通信、一九八〇年。

横山宏章『中華民国史―専制と民主の相克―』三一書房、一九九六年。

和田清編著『支那地方自治発達史』中華民国法制研究会、一九三九年。


閔斗基編『中国国民革命指導者의思想과行動』서울、知識産業社。

Angelo Panebianco, *Political Parties: Organization and Power,* Cambridge, New York: Cambridge University Press, 1988.
Bradley K. Geisert, "Power and Society: The Kuomintang and Local Elites in Kiangsu Province, China, 1924-1937," Ph.D. Dissertation, University of Virginia, 1979.
Bradley K. Geisert, *Radicalism and its Demise: The Chinese Nationalist Party, Factionalism, and Local Elites in Jiangsu Province, 1924-1931*, Ann Arbor: The University of Michigan, Center for Chinese Studies Publications, University of Michigan, 2001.
Bruce J. Dickson, *Democratization in China and Taiwan: The Adaptability of Leninist Parties*, Oxford: Clarendon Press, 1997.
David D. Buck, *Urban Change in China: Politics and Development in Tsinan, Shantung, 1890-1949*, Madison: University of Wisconsin Press, 1978.
David Tsai, "Party-Government Relation in Kiangsu Province, 1927-1932," *Select Papers from the Center for Far Eastern Studies*, vol. 1, Chicago: University of Chicago, 1975-76.
Lloyd E. Eastman, *The Abortive Revolution: China under Nationalist Rule 1927-1937*, Cambridge, Massachusetts: Harvard University Press, 1974.

Elizabeth J. Perry, *Rebels and Revolutionaries in North China*, Stanford: Stanford University Press, 1980.

Elizabeth J. Remick, *Building Local States: China during the Republican and Post-Mao Eras*, Cambridge: Harvard University Press, 2004.

Gilbert Chan ed., *China at the Crossroads: Nationalists and Communists, 1927-1949*, Boulder: West view Press, 1980.

Giovanni Sartori, *Parties and Party Systems: A Framework for Analysis*, Cambridge, New York: Cambridge University Press, 1976.

Hung Mao-Tien, *Government and Politics in Kuomintang China 1927-1937*, Stanford: Stanford University Press, 1972.

Hung Mao-Tien, "Factional Politics in KMT China," in Gilbert Chan ed., *China at the Crossroads: Nationalists and Communists, 1927-1949*, Boulder: West view Press, 1980.

Jing Huang, *Factionalism in Chinese Communist Politics*, New York: Cambridge University Press, 2000.

John K. Fairbank and Albert Feuerwerker ed., *The Cambridge History of China*, New York: Cambridge University Press, 1990.

John Lossing Buck, *Land Utilization in China: A Study of 16,786 Farms in 168 Localities, and 38,256 Farm Families in Twenty-two Provinces in China, 1929-1933*, Shanghai: The Commercial Press, 1937.

Joseph W. Esherick and Mary Backus Rankin ed., *Chinese Local Elites and Patterns of Dominance*, Berkeley: University of California Press, 1990.

Lenore Barkan, "Nationalists, Communists, and Rural Leaders: Political Dynamics in a Chinese County, 1927-1937," Ph.D. Dissertation, University of Washington, 1983.

Leonard Binder et al, *Crises and Sequences in Political Development*, Princeton: Princeton University Press, 1971.

Min-Ch'ien T.Z. Tyau ed., *Two Years of Nationalist China*, Shanghai: Kelly and Walsh, 1930.

Myron Weiner, "Political Participation: Crisis of Political Process," Leonard Binder et al, *Crises and Sequences in Political Development*, Princeton: Princeton University Press, 1971.

Noel R. Miner, "Chekiang: The Nationalist's Effort in Agrarian Reform and Construction, 1927-1937," Ph.D. Dissertation, Stanford University, 1973.

Prasenjit Duara," Elites and Structures of Authority in the Villages of North China, 1900-1949," Joseph W. Esherick and Mary Backus Rankin ed., *Chinese Local Elites and Patterns of Dominance*, Berkeley: University of California Press, 1990.

Ramon Mayers, "The Agrarian System," in John K. Fairbank and Albert Feuerwerker ed., *The Cambridge History of China*, New

York: Cambridge University Press, 1990.

Richard H. Tawney, *Land and Labour in China*, London: George Allen and Unwin, 1932.

Samuel P. Huntington, "Social and Institutional Dynamics of One-Party Systems," Samuel P. Huntington and Clement H. Moore ed., *Authoritarian Politics in Modern Society: The Dynamics of Established One-party System*, New York: Basic Book Inc., 1970.

Samuel P. Huntington and Clement H. Moore ed., *Authoritarian Politics in Modern Society: The Dynamics of Established One-party System*, New York: Basic Book Inc., 1970.

Samuel P. Huntington and Joan M. Nelson, *No Easy Choice: Political Participation in Developing Countries*, Cambridge: Harvard University Press, 1976.

Sidney D. Gamble, *North China Villages: Social, Political, and Economic Activities before 1933*, Berkeley: University of California Press, 1963.

Weidner Terry Michael, "Rural Economy and Local Government in Nationalist China: Chekiang Province, 1927-1937," Ph.D. Dissertation, University of California, 1980.

Yeh-chien Wang, *Land Taxation in Imperial China, 1750-1911*, Cambridge: Harvard University Press, 1973.

Jean Escarra, *Le droit chinois, conception et évolution, Institutions législatives et judiciaire, Science et enseignement*, Pekin: Henri Vetch, 1936.

Jean Chesneaux ed., *Mouvements populaires et sociétés Secrètes en Chine aux XIX et XX siècles*, Paris: F. Maspero, 1970.

Lucien Bianco, «Sociétés secrètes et autodéfense paysanne (1921-1933)», Jean Chesneaux ed., *Mouvements populaires et sociétés Secrètes en Chine aux XIX et XX siècles*, Paris: F. Maspero, 1970.

Jurgen Domes, *Vertagte Revolution: Die Politik der Kuomintang in China, 1923-1937*, Berlin: De Gruyter, 1969.

Wilhelm Wagner, *Die chinesische Landwirtschaft*, Berlin: Paul Parey, 1926.

【出所】

①中国国民党編印『中国国民党第二次全国代表大会会議紀録』出版地不詳、1929年。
②中国国民党中央委員会党史委員会『中国国民党党務発展史料－組織工作－』台北、近代中国出版社、1993年。
③陳希豪『過去三十五年之中国国民党』上海、商務印書館、1929年。
④『中国国民党中央執行委員会統計処報告第二類第二号－党員統計－省市部份・海外部份』1929年。
⑤Min-Ch'ien T.Z. Tyau ed., Two years of nationalist China, Shanghai, Kelly and Walsh, 1930.
⑥申報年鑑社『申報年鑑（民国二三年）』上海、申報館特種発行部、1934年。
⑦中央海外部統計室『海外党務統計輯要（三十三年度）』1945年。
⑧中国国民党中央執行委員会調査統計局統計処編『中国国民党党務統計輯要』各年度。
⑨国国民党中央委員会党史委員会『中国国民党党務発展史料－海外党務工作－』台北、近代中国出版社、1998年。
⑩国軍政工史編纂委員会編『国軍政工史稿』台北、国防部総政治部、1960年。
⑪中国国民党中央執行委員会調査統計局『中国国民党党務統計簡報』1945年。
⑫中国国民党中央委員会党史委員会『中国国民党党務発展史料－中央常務委員会党務報告－』台北、近代中国出版社、1995年。
⑬中華年鑑社編印『中華年鑑（民国三七年）』上海、1948年、下、政党、208頁。
⑭中国国民党中央委員会第三組編印『中国国民党在海外－海外党務発展史料初稿彙編』台北、1961年、上、222頁。

※1938年は増加分を加えて算出した数値。

巻末資料　党員総統計

	各省市	海外	軍隊	総数	出典
1926年1月	147,160	87,065	28,175	262,400	①31,46
1926年10月	425,612	97,455	21,589	544,656	③147-149
1929年10月	266,338	82,778	307,568	656,684	④、⑤12，24
1930年10月	270,467	83,516	433,924	787,907	②上、208，311，329
1931年11月	277,539	84,807	402,636	764,982	②上、410-411
1932年12月	296,544	86,045	433,314	815,903	②上、410-411
1933年10月	306,824	85,634	445,935	838,393	⑥C 20
1934年10月	327,197	90,459	461,267	878,923	②536-537
1935年9月	341,070	91,871	477,110	910,051	②570-571
1936年7月	358,089	92,540	490,764	941,393	②下93
1937年1月	367,474	93,795	497,175	958,444	②下93
1937年12月	461,213	112,937	519,003	1,093,153	②下123、⑦
1938年12月	622,965	29,882	528,203	1,181,050	⑧、⑭、⑩1006
1939年12月	522,907	35,084	1,180,982	1,738,973	⑧、⑨388、⑩1006-7
1940年12月	1,180,123	138,692	2,837,250	4,156,065	⑧、⑪
1941年12月	1,715,571	157,605	3,655,358	5,528,534	⑧、⑪
1942年12月	2,001,878	160,921	3,837,579	6,000,378	⑧、⑪
1943年12月	2,315,084	162,693	4,048,873	6,526,650	⑧、⑪
1944年12月	2,555,279	165,791	4,208,711	6,929,781	⑧、⑪
1945年12月	3,114,638	169,369	4,327,623	7,611,630	⑧、⑫663
1946年	3,533,628	129,291	4,327,623	7,990,542	②下588、⑨442、⑬
1947年6月	3,770,289	201,539	4,855,822	8,827,650	②下588、⑭

‖ ラ行 ‖

主要人名索引

ヤ行

ラ行

タ行

ナ行

ハ行

マ行

主要事項索引

数字

ア行

カ行

サ行

［著者略歴］

岩谷將（いわたに・のぶ）

北海道大学大学院公共政策学連携研究部教授、博士（法学）

一九七六年大阪府生まれ。慶應義塾大学大学院法学研究科博士課程単位取得退学。防衛省防衛研究所教官、同主任研究官、北海道大学大学院法学研究科教授などを経て現職。著書に『盧溝橋事件から日中戦争へ』（東京大学出版会）などがある。

民主と独裁の相克——中国国民党の党治による民主化の蹉跌

二〇二四年一一月一四日　初版第一刷発行

著者　岩谷將

発行者　千倉成示

発行所　株式会社 千倉書房

〒一〇四-〇〇三一　東京都中央区京橋三-七-一

電話　〇三-三五二八-六九〇一（代表）

https://www.chikura.co.jp/

印刷・製本　精文堂印刷株式会社

造本装丁　米谷豪

©IWATANI Nobu 2024　Printed in Japan〈検印省略〉

ISBN 978-4-8051-1328-8 C3022

乱丁・落丁本はお取り替えいたします

JCOPY ＜(一社)出版者著作権管理機構 委託出版物＞

本書のコピー、スキャン、デジタル化など無断複写は著作権法上での例外を除き禁じられています。複写される場合は、そのつど事前に、(一社)出版者著作権管理機構（電話 03-5244-5088、FAX 03-5244-5089、e-mail: info@jcopy.or.jp）の許諾を得てください。また、本書を代行業者などの第三者に依頼してスキャンやデジタル化することは、たとえ個人や家庭内での利用であっても一切認められておりません。

マーカス・ガーヴィーと「想像の帝国」

国際的人種秩序への挑戦

荒木圭子 著

白人至上の国際的人種秩序に挑戦した、BLMの先駆けとも言うべきトランスナショナルな運動の全容と顛末。

❖ A5判／定価6050円／978-4-8051-1233-5

バチカンと国際政治

宗教と国際機構の交錯

松本佐保 著

カトリックの総本山バチカンによるダイナミックな国際政治への関与を、国際機関や他宗派との連携の歴史と共に描き出す。

❖ A5判／定価4950円／978-4-8051-1144-4

表示価格は2024年11月現在（消費税10％）

千倉書房

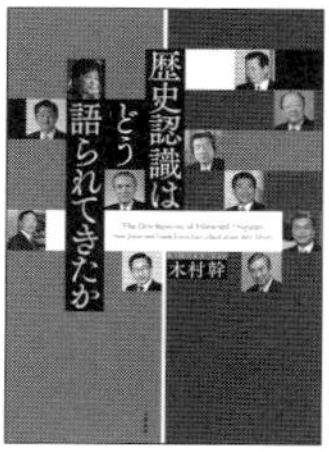

歴史認識はどう語られてきたか

木村幹 著

1990年代前半、日韓関係が「不可逆の変質」を迎えたのはなぜか。基本条約から55年を経て、隘路に迷い込んだ両国関係の現在に迫る。

❖A5判／定価3850円／978-4-8051-1207-6

分極化するアメリカとその起源

共和党中道路線の盛衰

西川賢 著

「一つのアメリカ」はもはや幻想なのか。国家の重要政策をめぐる議論すら非妥協的にしてしまったイデオロギー対立の先鋭化のルーツを探る。

❖A5判／定価4400円／978-4-8051-1073-7

表示価格は2024年11月現在（消費税10％）

千倉書房

強いアメリカと弱いアメリカの狭間で
第一次世界大戦後の東アジア秩序をめぐる日米英関係
中谷直司 著

第一次大戦後の世界をめぐり、東アジアで衝突する日米英の国際秩序構想。日英同盟からワシントン体制へ移行した日本の決断を再検討する。

❖ A5判／定価5500円／978-4-8051-1092-8　在庫僅少

外務省と日本外交の1930年代
東アジア新秩序構想の模索と挫折
湯川勇人 著

中国大陸での特殊権益を追求する陸軍と門戸開放を主張する欧米列強の間で苦悩する外交官たち。その挑戦と挫折の足跡をたどる。

❖ A5判／定価6160円／978-4-8051-1257-1

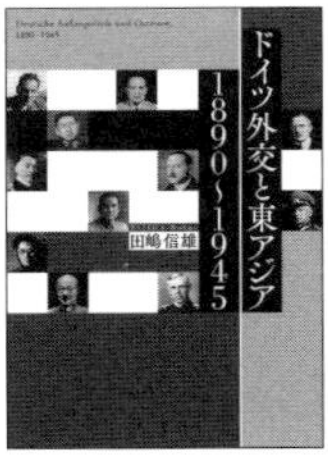

ドイツ外交と東アジア　1890～1945
田嶋信雄 著

英米中心の国際秩序に異を唱えながら、思惑の違いから合従連衡を繰り返した日独中露。錯綜する東アジアの国際関係を再構築する。

❖ A5判／定価6600円／978-4-8051-1316-5

表示価格は2024年11月現在（消費税10％）

千倉書房